高等院校会计

GAODENG YUANXIAO KUAIJI ZHUANYE BENKE XILIE JIAOCAI

会计学基础

第 2 版

KUAIJIXUE JICHU

主　编／梁　微　王大鹏

副主编／刘　芬　谢湘华　黄志媛　陆爱春

重庆大学出版社

内容提要

本书共 10 章,主要内容有:总论、会计要素与会计等式、会计科目与账户、会计记账方法、借贷记账法下主要经济业务的账务处理、会计凭证、会计账簿、财务处理程序、财产清查、财务报表等基础知识。为了使读者更好地掌握各章知识点,各章均配有随堂练习与章节练习;全书通过大量图表对会计理论、方法、技能的重难点进行汇总归纳;每章穿插的相关政策、法规的"知识拓展"可增强学生的学习兴趣,让学生领悟实践提升理论的意义;为了突出会计学的理论与实践相结合的特性,在附录部分附有综合实训内容。

本书可以作为高等学校经济管理类专业本、专科会计学课程的教材。

图书在版编目(CIP)数据

会计学基础 / 梁微,王大鹏主编. -- 2 版. -- 重庆:
重庆大学出版社,2019.2(2025.2 重印)
高等院校会计专业本科系列教材
ISBN 978-7-5689-0537-4

Ⅰ. ①会… Ⅱ. ①梁… ②王… Ⅲ. ①会计学—高等
学校—教材 Ⅳ. ①F230

中国版本图书馆 CIP 数据核字(2019)第 023124 号

会计学基础
(第 2 版)

主 编 梁 微 王大鹏
副主编 刘 芬 谢湘华
黄志媛 陆爱春
策划编辑:尚东亮
责任编辑:尚东亮 版式设计:尚东亮
责任校对:刘 刚 责任印制:张 策

*

重庆大学出版社出版发行
出版人:陈晓阳
社址:重庆市沙坪坝区大学城西路 21 号
邮编:401331
电话:(023) 88617190 88617185(中小学)
传真:(023) 88617186 88617166
网址:http://www.cqup.com.cn
邮箱:fxk@ cqup.com.cn(营销中心)
全国新华书店经销
重庆升光电力印务有限公司印刷

*

开本:787mm×1092mm 1/16 印张:18 字数:396 千
2017 年 8 月第 1 版 2019 年 2 月第 2 版 2025 年 2 月第 7 次印刷
ISBN 978-7-5689-0537-4 定价:45.00 元

前言

经济越发展,会计越重要。随着社会主义市场经济的不断发展、完善,会计作为一种通用管理语言,越来越受到社会各界的重视。同时,新兴的社会主义市场经济也对会计工作提出了更高的要求。

会计学基础是经济管理类专业的一门重要的专业基础课程,也是会计入门的必修课。本教材以公司制企业为主要对象,阐述企业会计核算的基础理论、基本方法和基本操作技术,着重介绍会计基本概念、复式记账原理及应用、会计凭证填制与审核、会计账簿登记、会计报表编制。本教材在习近平新时代中国特色社会主义思想指导下,强调对会计信息的理性认识和逻辑理解,突出对会计概念的整体认识和系统把握,兼顾会计基础理论与操作方法的有机结合。

本教材结构科学合理,内容全面,其特点如下:

一、重视知识的应用和迁移,做到学以致用,理论联系实际

本教材注重提高学生将所学知识运用于实际工作的能力和培养学生从事专业工作的态度与方法,引导学生多动手,把知识的获得与能力的提高联系起来。本教材在理论知识的讲解过程中注重与实际紧密联系,让学生知道会计理论在实践中的表述方式,而且让学生领悟理论对实践的指导。全书通过大量图表对会计理论、方法、技能的重点难点进行汇总归纳,生动简洁,使学习更快速、更有效。

二、简明扼要,有的放矢

本教材通过"学习笔记"帮助学生总结内容,打通各章节脉络,深入浅出,使知识点清晰明了,一目了然;每章配套随堂练习与课后习题,紧抓考点,科学合理地帮助学生完成预习、复习、练习的全过程。

三、内容新颖,知识面广

本教材注重知识与技能相结合的原则,突出实务操作训练,教材附有实训模拟综合练习,以强化基本技能培养,能使学生具备一名会计从业人员应有的基础知识和技能。

四、注重"商业语言"与"商业语法"的搭配

会计工作是政策性很强的工作,受会计制度、准则、相关法规的限定,如果把会计比作一门语言的话,这些政策、法规就是这门语言的语法。《会计法》《税法》《公司法》等相关法律、法规都是会计人员必备的知识。本教材紧跟相关政策变化,采用了最新的会计业务处理方法,充分反映了会计理论与会计实务改革发展的新成果。

虽然力求完美,但由于时间有限,本教材如有不足和遗憾,希望广大读者多提宝贵意见,并将建议及时反馈给我们,以便再版时更臻完善。

【教学建议】

建议改变以一次考试成绩作为考评主要依据的传统做法,课程考核中采用多元化的、全面的考核方法对学生学习效果进行综合评价。平时成绩占 40%,期末成绩占 60%。

其中,平时采用作业评分、分小组讨论等形式进行考查;期末采用闭卷考试的办法,对所学内容进行考核。

【教学内容及学时分配】

如果是非专业课程可设置为 3 学分,计划理论学时为 40 学时(教学周数为 10 周);如果是专业课程可设置为 4.5 学分,计划理论学时为 56 学时(教学周数为 14 周)。

教学内容	学习要点	课时安排		教学建议
		本专业	非专业	
第一章 总论	1.了解会计的概念 2.熟悉会计的基本职能 3.掌握会计基本假设 4.掌握会计信息质量要求	3	2	讲授 讨论 自主学习
第二章 会计要素与 会计等式	1.熟悉会计要素的含义与特征 2.掌握会计要素的确认条件与构成 3.掌握会计等式的表现形式 4.掌握基本经济业务的类型及其对会计等式的影响	4	3	讲授 讨论 自主学习
第三章 会计科目与账户	1.了解会计科目与账户的概念、分类 2.熟悉常用的会计科目 3.掌握账户的结构 4.掌握账户与会计科目的关系	4	3	讲授 讨论 提问 自主学习
第四章 会计记账方法	1.了解复式记账法的概念与种类 2.熟悉借贷记账法的原理 3.掌握借贷记账法下的试算平衡	5	4	讲授 讨论 提问 自主学习 项目训练

续表

教学内容	学习要点	课时安排		教学建议
		本专业	非专业	
第五章 借贷记账法下主要经济业务的账务处理	1.掌握企业资金的循环与周转过程 2.掌握核算企业主要经济业务的会计科目 3.掌握企业主要经济业务的账务处理 4.掌握企业净利润的计算与分配	14	10	讲授 讨论 提问 自主学习 项目训练
第六章 会计凭证	1.了解会计凭证的概念与作用 2.熟悉原始凭证与记账凭证的种类 3.掌握原始凭证与记账凭证的填制 4.掌握原始凭证与记账凭证的审核	6	4	讲授 讨论 提问 自主学习 项目训练 模拟实战
第七章 会计账簿	1.了解会计账簿的概念与分类 2.熟悉会计账簿的登记要求 3.掌握日记账、总分类账及有关明细分类账的登记方法 4.掌握对账与结账的方法 5.掌握错账查找与更正的方法	6	4	讲授 讨论 提问 自主学习 项目训练 模拟实战
第八章 财务处理程序	1.财务处理程序概述 2.记账凭证财务处理程序 3.汇总记账凭证财务处理程序 4.科目汇总表账务处理程序	3	2	讲授 讨论 提问 自主学习 项目训练 模拟实战
第九章 财产清查	1.了解财产清查的意义与种类 2.熟悉财产清查的一般程序 3.掌握银行存款余额调节表的编制 4.掌握财产清查结果的账务处理	3	2	讲授 讨论 提问 自主学习
第十章 财务报表	1.了解财务报表的概念与分类 2.熟悉资产负债表的列示要求与编制方法 3.熟悉利润表的列示要求与编制方法	8	6	讲授 讨论 提问 自主学习 项目训练 模拟实战
课时合计		56	40	

编 者

2018 年 10 月

目录

第一章 总 论

【本章摘要】

本章重点介绍会计的含义与对象、任务与目标、基本准则与核算方法等;主要介绍会计的基本概念和基础知识,其内容贯穿于会计工作的始终。本章是学习本门课程的基础,以理论知识为主。

本章的主要内容包括5个方面:

1.会计的概念与对象。其内容包括会计的概念、基本特征、发展历程、会计对象和目标。其中会计的基本特征有5点,需要重点把握。

2.会计的职能与目标。其中会计的基本职能有两个,即会计核算职能和会计监督职能。

3.会计的核算方法。会计核算的7个方法不是独立的,它们相互配合,形成完整的体系。

4.会计基本假设与会计基础。会计基本假设有4个:会计主体、持续经营、会计分期和货币计量。4个会计基本假设是有一定顺序的,具有内在的联系,在学习时应把握四者之间的关系。会计基础有两个:权责发生制和收付实现制。在学习时要掌握不同会计基础下收入、费用的确认。

5.会计信息的使用者及其质量要求。重点掌握8项质量要求。

【基本要求】

1.了解会计的概念

2.了解会计对象、会计目标、核算方法

3.了解收付实现制

4.熟悉会计的基本特征、基本职能

5.掌握会计基本假设

6.掌握权责发生制

7.掌握会计信息质量要求

会计是伴随着经济发展而发展起来的,会计的历史几乎与人类文明一样久远。物质资料的生产是人类存在和发展的基础,会计是为满足人类生产实践和经济管理的客观需要而产生并发展起来的。会计作为一种社会现象,作为一项记录、计算和汇总工作,它产生于管理的需要,并且一开始就以管理的形式出现。作为一种经济管理活动,会计与社会生产发展有着不可分割的联系,会计的产生和发展离不开人们对生产活动进行管理的客观需要,社会越发展,会计越重要。

第一节 会计的概念与对象

一、会计的含义

物质资料的生产是人类社会赖以生存和发展的基础。不论是生活资料的生产还是生产资料的生产,都是人们运用劳动工具,耗费劳动对象和劳动时间的过程。在任何社会形态下,人们进行生产的目的,都是力求以尽可能少的劳动耗费,取得尽可能多的劳动成果,以提高经济效益。为达到这一目的,人们就必须采用一定的方式、方法,对生产活动进行管理。这种管理,一方面对生产过程中人力、物力、财力的耗费数量和劳动产品的数量进行记录和计算;另一方面将劳动耗费与劳动成果进行比较,考核经济成果。这种借以取得有关生产活动方面的信息(数据资料)的活动就属于会计的内容。会计是社会发展到一定历史阶段的产物。

会计是一定环境下的会计,会计的产生与发展受到会计环境变化的深刻影响。会计环境是指与会计产生、发展密切相关,并决定会计思想、会计理论、会计组织、会计规范以及会计工作发展水平的客观历史条件及特殊情况。随着商品货币经济的建立和社会生产力的不断发展,会计经历了一个由低级到高级、从简单到复杂、从不完善到逐渐完善的发展过程。

(一)会计的产生和发展

物质资料的生产是人类社会存在和发展的基础。以尽可能少的劳动耗费取得尽可能多的劳动成果,是发展生产的客观要求。长期的社会生产实践使人们逐渐认识到,为了更好地发展生产,并在生产中获得最佳的经济成果,就必须对生产活动过程进行有计划、有目的的管理。为管理生产,一方面要对生产过程中人力、物力、财力的消耗数量和劳动产品的数量进行记录、计算、分析、比较;另一方面要对生产过程中的消耗和经济成果进行控制、检查和考核,以达到以最少的生产劳动消耗取得最大经济效益的目的。为了对经济活动进行管理,在客观上就需要对有关数据进行记录、计量、分析和检查的经济管理工作。会计正是在这种要求的基础上,才产生并逐步发展起来的。

在原始社会,生产力水平十分低下,生产过程非常简单,因而,会计是生产职能的附带部分,它是由生产者凭头脑的记忆或简单的记录,在生产时间之外附带地把收入、支付日期等记载下来。随着生产的发展,生产规模的日益扩大、复杂,需要记录的事情多起来,生产者忙于生产工作,无暇兼顾,于是便委托专门人员从事这些工作,会计便从生产职能中分离出来,成为由专门人员采取专门方法进行的一种核算活动。会计发展的历史表明,生产的发展决定了会计的发展,会计是随着生产的发展而发展的。

会计作为人类管理经济的一项实践活动,是随着经济的不断发展而发展的。早在发明数字和文字之前的旧石器时代的中晚期,人类就开始用符号和结绳记事的方法,对劳动工具、劳动成果以及分配进行计量和记录。当时的人类已经认识到,为了更好地进行生产、分配和剩余物资的储备,单凭头脑记事和内心默算已不能达到目的,于是,社会生产实践和生活实践迫使他们在头脑之外寻找一种记事和计量方法,这就引发了人类最早的会计思想和会计行为。从 20 世纪开始,随着科学技术突飞猛进地发展,企业规模越办越大,股份制企业、跨国公司等新的经济组织形式不断出现,社会经济活动日趋复杂,会计无论是理论内涵,还是在方法、操作技术等方面都进入了一个崭新的阶段,这就引发了现代会计的产生。所以,会计是一门既古老又年轻的学科。

会计的发展可划分为古代会计、近代会计和现代会计 3 个阶段。

（1）古代会计

从时间上说,我国至少可追溯到原始社会的"结绳记事"和"刻契记事"。最初的会计只是作为生产职能的附带部分,即由生产者在生产时间之外附带地把收入、支出等事项记载下来。只有当生产力发展到一定水平,出现剩余产品之后,它才逐渐地从生产职能中分离出来,成为一种独立的职能,并产生了从事这一工作的专职人员。在这一阶段,会计的特点是以实物和货币作为计量单位,作为生产职能的附带部分,以官厅会计为主,会计核算采用"单式记账法"。

（2）近代会计

一般认为,从单式记账法过渡到复式记账法是近代会计的形成标志。中世纪地中海的一些城市是世界贸易中心,其中,意大利的佛罗伦萨、热那亚、威尼斯等地的商业和金融业特别繁荣,日益发展的商业和金融业要求不断改进和提高复式记账方法。为了适应实际需要,1494 年,意大利传教士、数学家卢卡·帕乔里出版了一本著作《算术、几何、比及比例概要》,其中一章"簿记论",全面系统地介绍了威尼斯的复式记账法,并从理论上给予必要的阐述。该书推动了复式簿记在全球范围内的广泛传播,从而影响了许多国家的会计发展。因此,该书的出版被誉为会计发展史上重要的里程碑,并标志着近代会计的开始。

（3）现代会计

现代会计是商品经济的产物。生产和经济的发展推动着会计的发展。进入 20 世纪 50 年代,随着生产社会化程度的提高,市场竞争日益激烈,会计工作的内容也由最初的计量、记录、核算,逐步拓展到经济预测、参与决策、规划未来、控制与评价经济活动等方面。1952 年,国际会计师联合会正式通过"管理会计"这一专业术语,标志着会计正式划分为"财务会计"和"管理会计"两大领域。

财务会计是传统会计的继续和发展,它的主要内容是核算企业的经济活动。管理会计是从传统会计系统中分离出来的,也叫对内会计,主要是为企业内部管理服务,侧重于对企业的经济活动进行预测、确定较优经营和投资方案、分析差异原因、控制经营成本、对经济活动业绩进行考核和评价等。因此,经营预测、决策分析、全面预算、责任会计和成本控制是管理会计的主要内容。

（二）会计的概念

关于会计的概念,迄今为止,人们还没有一个统一的定义。中华人民共和国成立以后,我国会计界进行过多次讨论。进入 20 世纪 80 年代,我国会计界对会计概念的讨论达到高潮。在各种观点中,最具代表性的有两种观点:一是"管理活动论",二是"信息系统论"。

"管理活动论"认为:"会计是人们管理生产过程的一种社会活动","会计不仅是管理经济的工具,它本身就具有管理职能,是人们从事管理的一种活动"。这种观点强调会计工作是一种管理工作,因此会计的本质是一种管理活动。这种管理工作是随着经济发展、企业规模扩大,逐渐地从综合管理中分离出来的。"信息系统论"认为:"会计是旨在提高企业和各单位活动的经济效益、加强经济管理而建立的一个以提供财务信息为主的经济信息系统。"会计是一个信息系统这一观点,强调在商品经济条件下会计必然以提供财务信息为主这一特点。

综上所述,会计的基本概念可以表述为:**会计是以货币为主要计量单位,通过一系列的专门方法,对企业、行政事业单位的经济活动进行连续、系统、全面、综合的核算和监督,旨在提供会计信息和提高经济效益的一种管理活动。**

会计按其报告的对象不同,可分为财务会计与管理会计。财务会计主要侧重于过去的信息,可以向企业外部关系人提供有关企业财务状况、经营成果和现金流量情况等信息。管理会计主要侧重于向企业内部管理者提供进行经营规划、经营管理、预测决策所需的相关信息。

随着经济的发展,会计已经成为现代企业一项重要的管理工作。企业的会计工作主要是通过一系列会计程序,运用一系列专门的技术方法,对企业的经济活动和财务收支进行全面、综合、连续、系统的核算和监督,反映企业财务状况、经营成果和现金流量,反映企业管理层受托责任履行情况,为会计信息使用者作决策提供有用的信息,并积极参与经营管理决策,提高企业经济效益,促进市场经济的健康有序发展。

（三）会计的基本特征

1.会计以货币作为主要计量单位

会计主体的经济活动是多种多样、错综复杂的。为了实现会计目的,必须综合反映会计主体的各项经济活动,这就要求有一个统一的计量尺度。在商品经济条件下,货币是商品的一般等价物,是衡量一般商品价值的共同尺度,具有价值尺度的职能。只有采用货币度量,才能按统一标准来综合计算各种不同的经济活动。通过将不同事物转换为货币金额,就能对它们进行量化加总处理。货币计量便于统一衡量和综合比较,能够全面反映企业的生产经营情况。因此,会计需要以货币作为主要计量单位。

2.会计具有核算和监督两项基本职能

会计核算是指为经济管理搜集、处理、存储和输送各种会计信息。会计监督是指通过调节、指导、控制等方式,对特定主体的经济活动的真实性、合理性和合法性进行考核与评价,并采取措施,施加一定的影响,以实现预期的目标。经济越发达,生产、分配、交换和消费的过程越复杂,就越要利用会计进行核算和监督。

3.会计是一个经济信息系统

企业作为一个独立的经济实体,要通过自身的生产经营活动谋取生存与发展的机会。在现代市场竞争日益激烈的今天,企业的经营管理者必须对本企业产品的目标市场供求状况、产品的市场占有率状况以及同行业竞争产品的质量、价格和服务状况进行充分了解,必须对企业在生产经营过程中的原材料采购成本、生产过程、产品销售状况、各种产品的成本费用支出状况以及企业的各项期间费用支出情况有全面、清楚的了解,这样才能把握市场脉搏,作出符合实际的经营决策。然而,即使是最有经营管理才能的经理,对于以上所有这些情况都不可能只靠亲临生产经营第一线去观察和了解,相反,他必须依靠会计所特有的功能将业务交易转变为能够在会计报告中进行概括和汇总的商业语言,把为数众多的复杂变量处理成一目了然的会计信息。

作为已经将资本投入企业的股东,在两权分离的现代企业制度下,他们虽然远离企业的生产经营活动,但投资人的身份使得他们从投资收益的角度关注企业的经营过程及其结果。他们会通过各个途径去采集企业的各种信息,以判断自己的投资决策是否正确。一旦通过各种信息所反映的经营状况与他们的预期相背离,他们就会通过抛售股票、更换代理人或其他方式对企业施加影响。作为拥有一定量资本正在寻找最佳投资项目的潜在投资人,证券市场上公开的财务信息或通过各种渠道取得的内幕信息会引导他们的资金投向。

不仅企业内部的经营管理者和潜在投资人需要信息,政府有关经济管理部门、证券监管部门、债权人以至社会公众都与企业有着千丝万缕的联系,都在不同程度地通过对会计信息的解读有意识地了解某个企业的生产经营过程。企业提供会计信息是为了更好地服务于社会,为了更经济、更节俭地使用稀缺的经济资源,为了更高效地提供各种实体产品和无形服务。一句话,企业提供会计信息是为了满足各种信息使用者的需求。

从表面上看,会计信息似乎产生于会计人员的日常工作之中,而实际上,会计信息源于企业的生产经营过程,是由会计人员根据审核无误的原始凭证对企业在生产经营过程中发生的任何与资金变动有关的经济业务活动进行的如实记录和汇总,这种记录和汇总具有连续性、系统性、完整性。

会计在反映经济活动时具有完整性、连续性和系统性。所谓完整性,一方面是指对应由会计反映的事项,不能遗漏和任意取舍;另一方面是指要将会计事项引起资金运动的来龙去脉反映出来,这样就能反映经济活动的全过程。所谓连续性,是指会计在反映经济活动时,应按其发生时间的先后顺序依次不间断地登记。所谓系统性,是指会计对经济活动的反映,既要全面相互联系地记录,又要科学地分类,使之成为系统的会计数据,便于进行经济管理。

4.会计采用一系列专门的方法

为了反映和监督会计对象,会计工作需要一系列用于确认、计量和报告的专门方法。会计核算方法包括设置账户、复式记账、填制和审核凭证、登记账簿、成本计算、财产清查、编制财务报告等。这些专门方法应按特定的程序进行,不能随意改变顺序。

5.会计是一种经济管理活动

会计的本质就是一项管理活动,它属于管理范畴。会计的基本职能就是对企业的经济活动进行核算和监督,为企业经济管理提供各种数据资料,办理账务业务,对外报送会计报表,通过各种方式参与事前经营预测、决策,对经济活动进行事中控制、监督,开展事后分析、检查。会计无论是过去、现在还是将来,都是人们对经济业务进行管理的活动。

二、会计的对象

(一)会计对象

由于会计的主要特点是以货币为主要计量单位,因而,会计并不能核算和监督再生产过程中所有的经济活动,而只能核算和监督社会再生产过程中能用货币表现的各项经济活动。在商品货币经济条件下,社会再生产过程不仅表现为物质运动过程,而且表现为价值运动过程。社会再生产过程中发生的、能够用货币表现的经济活动,表现为再生产过程的资金活动。

会计核算和监督都有其特定的内容,这些特定的内容就是会计对象。会计工作总是在某一企业、事业单位里进行的,企业进行生产经营活动,事业单位进行业务活动,都需要有一定数额的财产物资,包括必须拥有的房屋、建筑物、车辆、机器设备、能源、材料和各种必要的家具用品等,还有用于日常使用的现金及银行存款等,这些财产物资的货币表现就是各单位的资金。各单位借助其所拥有的资金,进行生产经营或业务活动,企业通过生产经营活动取得一定的营业收入,除抵补已售产品或劳务的各种成本或费用,并扣除各种应缴税金外,取得一定金额的利润,这部分利润将按规定分配使用;事业单位除一部分单位有少量的业务收入外,其余所需资金均由国家财政预算拨款。在这些生产经营活动或业务活动过程中,资金处在运动状态中,从而形成各单位的资金运动。各单位的资金运动就是会计的对象。会计对象是指会计核算和监督的内容,具体是指社会再生产过程中能以货币表现的经济活动,即资金运动或价值运动。

(二)会计的具体对象

企业为进行生产经营活动,必须拥有一定数量的资金。随着生产经营活动的持续进行,就形成了资金运动。资金运动有动态和静态两方面的表现。资金运动的动态表现包括资金投入企业的运动、资金在企业内部的循环与周转运动和资金退出企业的运动;资金运动的静态表现为资产同负债和所有者权益的相对平衡关系。

资金运动可分为资金进入企业、资金在企业内部的循环与周转(即运用)、资金退出企业等过程,而具体到企业、事业、行政单位又有较大的差异。

1.制造企业的会计对象

(1)资金进入企业

企业的资金运动是由资金投入开始的。企业成立时,要扩大规模而自身积累不足或为解决临时的资金需要,就需要通过筹资活动从企业外部取得一定量的资金。投入或取得这些资金的来源主要有两个:一是企业所有者投资,二是从银行以及其他金融机构借入。前者形成所有者权益,后者属于债权人权益——企业负债。资金的投入是企业取得资金的过程,是资金运动的起点。投入企业的资金要用于购买机器设备和原材料并支付职工的工资等。这样投入的资金最终构成企业流动资产、非流动资产和费用。

(2)资金在企业内部的循环和周转

资金投入企业后,伴随着企业生产经营过程的进行开始其持续不断的运动过程。制造企业的生产经营过程可以分为供应、生产和销售3个主要过程。①在供应过程中,企业购买原材料等劳动对象,发生原材料费用,与供货单位发生资金结算关系,在此过程中资金的形态由货币资金转化为储备资金。同时为了形成劳动手段,也会发生购置厂房和机器设备的活动,会使一部分货币资金转化为固定资金。②在生产过程中,将购进的各种原材料投入生产,劳动者借助于劳动手段对劳动对象进行加工生产出产品,其中发生材料的消耗、固定资产的折旧、支付生产工人的劳动报酬等,要发生与职工之间的工资结算关系、与提供劳务单位之间的劳务结算关系等,在此过程中资金的形态由储备资金和一部分的货币资金及固定资金转化为生产资金,然后再转化为成品资金。③在销售过程中,企业将生产出来的产品销售出去,实现商品的价值,这其中要发生销售费用,要收回销货价款,要支付各项税费,要与购货单位发生货款结算关系,与税务部门发生税款结算关系,在此过程中资金的形态由成品资金转化为货币资金。

经过上述3个过程,资金从货币资金开始,依次转化为储备资金、固定资金、生产资金和成品资金,又回到货币资金,称为资金的循环。周而复始的资金循环,称为资金的周转。在资金循环和周转运动中必然发生各种费用(成本),取得各种收入,收入与费用相抵后,即产生利润或亏损。

(3)资金退出企业

投入企业的资金,在生产经营过程中,或者一个经营过程结束时,会有一部分资金退出企业的资金循环和周转,游离于企业的资金循环周转之外,如上缴税金、归还贷款、偿还其他债务、分配给投资者利润等。

下面以制造企业为例说明资金运动的过程,如图1.1所示。

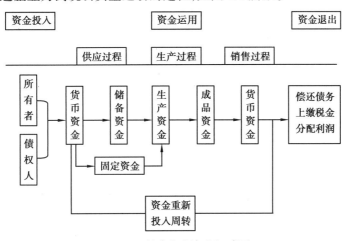

图1.1　制造企业资金运动图

2.商品流通企业的会计对象

商品流通企业是专门从事组织商品流通的经济实体,担负着社会商品交换的任务,也是再生产过程的重要环节,商业企业的经营资金运动与制造企业相比有所不同,一般只有供应和销售两个阶段。在供应阶段,经营资金运动表现为从货币资金形态转化为商品资金形态,主要的经济业务有商品的采购、货款的结算和采购费用的支付等。在销售阶段,经营资金运动表现为由商品资金形态转化为货币资金形态,主要的经济业务有商品销售款的结算、销售费用及工资的支付等。如此不断的循环和周转就构成了商品流通企业的经营资金运动。此外,商品流通企业的资金运动也包括资金的投入、退出、耗费和收回等增减变化。所以,商品流通企业的会计对象就是商品流通企业资金运动的过程。

3.行政事业单位的会计对象

行政事业单位为了完成自身的任务,也需要拥有一定数量的资金。这些资金主要是列入财政预算、由国家拨给并按批准的预算来支用,一般称为预算资金。行政事业单位的财务活动主要是资金的收支活动及其结存,它构成预算资金运动过程。行政事业单位的资金收付和结存就是预算会计的对象。

综上所述,无论是制造企业、商品流通企业还是行政事业单位,它们都是国民经济的基层单位,各自执行着不同的职能,各有自己资金运动的特点,但会计对其核算和监督的内容都是资金运动。

第二节　会计的目标与职能

一、会计的目标

会计目标也称会计目的,是要求会计工作完成的任务或达到的标准,也称为财务报告的目标。即向财务会计报告使用者提供与企业财务状况、经营成果和现金流量等有关的会计信息,反映企业管理层受托责任履行情况,有助于财务会计报告使用者作出经济决策。

从理论上讲,关于会计目标的确认有两大观点,即受托责任论与决策有用论。

1.受托责任论

受托责任论认为,会计的目标在于控制企业的经济活动,以完成企业对受托人的受托责任。也就是说,在现代社会中,任何单位和个人,接受了委托人提供的经济资源,就应该负有受托责任,以最大的动力来运用和管理委托人交付的各种经济资源,确保它们得到保值和增值,从而完成委托人的托付。在受托责任论下,企业具有以下受托责任:合理、有效地管理与应用受托资源,确保受托资源的保值、增值;如实向委托方报告受托责任的履行过程和结果。

为完成企业的受托责任,会计应具有下列目标:会计要对日常经济活动进行确认、计量、记录和汇总,并定期向委托人报告相关可靠的财务会计信息和其他经济信息;会计要对整个经济活动进行预测、决策和监控,要更加积极地参与企业经营管理活动,以帮助企业更好地完成受托责任。

2.决策有用论

决策有用论认为,会计的目标就是为了向信息使用者提供对他们决策有用的信息。决策有用论是在证券市场日益扩大化和规范化的历史背景下形成的。随着市场经济的发展,投资者进行投资决策,需要有大量可靠且相关的会计信息,在投资者对会计信息需求的作用下,出现了会计决策有用论。在决策有用论下,会计目标至少应该包括以下内容。

①会计应该向谁提供会计信息。也就是说,会计信息使用者有哪些人。一般而言,政府、与企业有经济利益关系的外部单位或个人以及企业内部经营管理层均应是会计信息的使用者。

②会计应该提供什么样的会计信息。概括而言,会计应该提供对信息使用者决策有用的会计信息。具体来说,会计应该提供有助于国家宏观调控的信息,提供有助于外部利益关系人进行投资、信贷或其他决策有用的信息,提供有助于内部经营管理者加强企业经营管理的信息。

③会计应该怎样提供会计信息。会计应通过确认、计量、记录和汇总整理形成各种会计信息,以财务报告的形式向信息使用者提供会计信息。

受托责任论和决策有用论分别从不同的角度阐述了会计目标。受托责任论主要从受托关系这一角度论述了会计应该向委托人报告受托责任的履行结果。而决策有用论则强调会计应该向所有信息使用者提供对决策有用的信息,而不仅仅是委托人或者企业所有者。

二、会计的职能

会计的职能是指会计在经济管理过程中所具有的功能,会计具有会计核算和会计监督两项基本职能,同时,还具有预测经济前景、参与经济决策、评价经营业绩等拓展职能。

(一)基本职能

1.核算职能

会计核算职能,又称会计反映职能,是指会计以货币为主要计量单位,对特定主体的经济活动进行确认、计量和报告。

会计确认是指依据一定的标准,辨认某些数据能否输入、何时输入会计信息系统以及如何进行报告的过程。会计确认解决的是定性问题,以判断发生的经济活动是否属于会计核算的内容、归属于哪类性质的业务、是作为资产还是负债或其他会计要素等。会计确认分为初始确认和后续确认。

会计计量是指在会计确认的基础上确定具体金额,会计计量解决的是定量问题。

会计报告是确认和计量的结果,即通过报告,将确认、计量的结果进行归纳和整理,以财务报告的形式提供给信息使用者。

会计核算的基本特点如下：

①以货币为主要计量单位，以实物度量和劳动度量为辅助度量单位，从数量上综合反映各单位的经济活动状况。

②会计核算具有完整性、连续性和系统性。

会计核算的内容主要包括：

①款项和有价证券的收付；②财物的收发、增减和使用；③债权、债务的发生和结算；④资本、基金的增减；⑤收入、支出、费用、成本的计算；⑥财务成果的计算和处理；⑦需要办理会计手续、进行会计核算的其他事项。

2.监督职能

会计监督职能又称会计控制职能，是指对特定主体经济活动和相关会计核算的真实性、合法性和合理性进行监督检查。

会计监督具有如下特点：

①主要通过价值指标进行监督。会计核算利用货币计量形成的价值指标来综合地反映经济活动过程及其结果，会计监督主要是依据这些价值指标来全面、及时、有效地控制单位的经济活动。

②会计监督是一个过程，是对经济活动的全过程进行监督，分为事前监督、事中监督和事后监督。

事前监督是指在经济活动开始前进行的监督，即依据国家制定的有关法规和制度以及经济活动的一般规律，对未来经济活动的合法性、合理性和可行性进行审查。

事中监督是对正在发生的经济活动过程及其核算资料进行审查，并据此纠正经济活动过程中的偏差与失误，促使有关部门合理组织经济活动，使其按照预定目标与要求进行，发挥控制经济活动进程的作用。

事后监督是对已经发生的经济活动及其相应核算资料进行审查和分析。通过分析已形成的会计信息，对已发生的经济活动的合法性、合理性和效益性进行的考核和评价。

3.会计核算职能与监督职能的关系

会计核算与会计监督两项基本职能相辅相成、辩证统一。会计核算是会计监督的基础，没有会计核算所提供的各种信息，会计监督就失去了依据；而会计监督又是会计核算质量的保障，如果只有会计核算没有会计监督，就难以保证会计核算所提供信息的真实性和可靠性。核算与监督职能之间的关系如图 1.2 所示。

图 1.2　核算与监督职能之间的关系

(二)拓展职能

随着生产力水平的日益提高，社会经济关系的日益复杂和管理理论的不断深化，会计所发挥的作用日益重要，其职能也在不断丰富和发展。除了上述基本职能外，会计还具有预测经济前景、参与经济决策、评价经营业绩等职能。

1.预测经济前景

会计预测是根据已有的会计信息和相关资料，对生产经营过程及其发展趋势进行判断、预计和估测,找到财务方面的预定目标,作为下一个会计期间实行经济活动的指标。

2.参与经济决策

决策是企业经营管理的中心。会计决策是指会计按照提供的预测信息和既定目标,在多个备选方案中,帮助主管人员选择最佳方案的过程。

3.评价经营业绩

企业经营业绩评价是为了实现企业的生产目的。会计评价是以会计核算资料为基础,结合其他相关资料,运用专门的方法,对经济活动的过程和结果进行分析,为企业生产经营管理提供与决策有关的信息。

【随堂-多选题】

下列各项中,属于会计拓展职能的有(　　　　)。

A.会计监督　　　　　　　　　　　　B.预测经济前景

C.参与经济决策　　　　　　　　　　D.会计核算

第三节　会计核算方法

会计核算方法是指对会计对象进行连续、系统、全面、综合的确认、计量和报告所采用的各种方法。

会计作为经济管理的重要组成部分,需要有一套完整、科学的方法体系。客观经济业务往往非常复杂,在生产、交换、分配和消费的过程中发生的经济信息也往往非常繁多,要将发生的一系列经济信息转换为有用的会计信息,就必须按照会计准则的规定进行确认、计量、记录、分类、汇总和加工处理,使其成为有效的会计信息。由经济信息转换为会计信息的过程就是会计核算。

当会计主体发生了经济业务之后,就可以依据会计准则从大量的经济信息中进行选择和确认,并且以货币为尺度进行计量;在选定某种标志进行分类以后,就需要按一定的规则进行记录,将经济信息转换为会计信息;对形成的会计信息还需要进行加工处理,即进行调整、分类、汇总,最后编制会计报表予以揭示。会计核算又包括一系列具体的会计核算方法。

会计核算方法就是指对会计对象进行连续、系统、完整的记录、计算、反映和监督所应用的基本方法。主要包括设置账户、复式记账、填制和审核会计凭证、登记账簿、成本计算、财产清查和编制会计报表等方法。

1.填制和审核会计凭证

企业、行政、事业等单位发生的任何会计事项,都必须填制或取得原始凭证,证明经济业务正在进行或者经济业务已经完成。原始凭证要送交会计机构进行审核,审核其填写内容是否完整,手续是否齐全,业务的发生是否合理、合法,只有审核无误的凭证,才能作为记账的依据。因此,填制和审核会计凭证,既是会计核算的一种方法,也是会计监督的重要方法。通过这一专门方法的运用,就能为账簿记录提供真实、可靠的数据资料,保证会计记录的完整、可靠及会计核算的质量。

2.设置账户

设置账户是对会计对象的具体内容进行归类核算和监督的一种专门方法。会计对象的具体内容是多种多样的,如财产物资就有各种存在的形态,包括厂房建筑物、机器设备、各种材料、半成品等,它们在生产中不但作用不同,而且管理的要求也不同;又如,企业取得这些财产物资所需的经营资金来自不同的渠道,有银行贷款、投资者投入等。为了对各自不同的内容分别进行反映和记录,会计上必须设置一系列的账户。

3.复式记账

复式记账是指每一项经济业务都要在两个或两个以上互相联系的账户中同时登记的一种记账方法。在现实生活中,任何一项经济业务的发生都有其来龙去脉,如企业银行存款减少2 000 元,去向或是购买材料,或是提取现金备用等。采用复式记账就是对任何一项经济业务,一方面在有关账户中登记其来源,另一方面在有关账户中登记其去向。这样既能相互联系地反映经济业务的全貌,又便于试算平衡,核对账簿记录是否正确。

4.登记账簿

账簿是由具有一定格式、相互连接的账页组成的。登记账簿就是根据审核无误的会计凭证,用复式记账的方法,将经济业务的内容连续、系统地记录在账页上的一种专门方法。通过登记账簿,就能将分散的经济业务进行汇总,连续、系统地提供每一类经济活动完整的资料,了解经济活动发展变化的全过程。

5.成本计算

成本计算是企业会计中采用的专门方法,它是按照成本计算对象归集生产经营活动中发生的各项费用,并确定各成本计算对象的总成本和单位成本的一种方法。如产品制造企业生产经营各个阶段都会有各项费用发生或支付,供应过程采购材料需要支付材料采购费用,生产过程为生产各种产品需要发生材料消耗、支付工资和其他费用等。为了考核各个阶段费用支出的多少和成本水平的高低,必须分别按照材料采购品种、数量,生产产品的品种、数量归集费用,计算其总成本和单位数量所应负担的费用,即单位成本。利用成本计算所提供的资料,可以了解各阶段费用支出和各成本计算对象实际成本的高低,考核成本计划的完成情况,从而挖掘降低成本的潜力,不断降低成本。

6.财产清查

财产清查就是对各项财产物资、货币资金进行实物盘点,对各项往来款项进行核对,以查明其实有数的一种专门方法。具体做法是将实物盘点的结果与账面结果相核对,将企业的债权、债务逐笔与其对方核对,如果发现账实不符,应立即查明原因,确定责任该由谁负,并调整账面价值,做到账实相符。运用财产清查方法能保护财产物资的安全、完整,改进财产管理,挖掘物资潜力,加速资金周转。

7.编制会计报表

会计报表是根据账簿记录,按照规定的表格,主要运用数字形式,定期编制的总结报告。通过编制会计报表,能对分散在账簿中的日常核算资料进行综合、分析、加工整理,提供全面反映经济活动的有用信息。同时,基层单位会计报表逐级汇总后,又可以为国家综合平衡提供依据。因此,编制会计报表是会计核算的一种专门方法。

上述会计核算的 7 个方法不是独立的,它们相互配合,形成完整的体系。即对于日常发生的经济业务,填制和审核凭证;按照设置的账户,运用复式记账方法计入有关账簿;对于生产经营过程中发生的费用,进行归集和分类,计算成本;一定时期终了,通过财产清查,在账证、账账、账实、账款相符的基础上,根据账簿记录编制会计报表。因此,这些会计核算方法,必须密切地配合在一起加以运用。

会计核算方法之间的相互关系如图 1.3 所示。

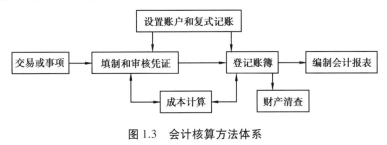

图 1.3　会计核算方法体系

第四节　会计基本假设与会计核算基础

会计要核算和监督企业单位的资金运动过程,要对所占有的资产、承担的债务、发生的费用、取得的收入等进行确认、计量和记录。但会计所处的社会环境极为复杂,面对的是变化不定的社会经济环境。在这种情况下,会计人员必须对会计核算的经济环境作出判断。如核算的资金运动是哪个单位什么范围内的资金运动,以什么手段来反映企业的资金运动过程,如何确认收入、费用、利润等,都必须事先确定下来,只有这样才能发挥会计的职能。正是基于这种需要,在长期的会计实践中,人们逐渐认识并总结出会计核算工作赖以存在的一些前提条件,并把它们规定下来,形成了会计核算的基本前提。

一、会计基本假设

会计假设是会计核算的基本前提,是对会计核算所处的时间、空间环境所作的合理设定。会计准则中所规定的各种程序和方法只能在满足会计核算基本前提的基础上进行选择使用。会计基本假设是会计人员在长期的工作实践中,不断总结经验而形成的既定前提和行动规范。即会计人员对于自身所处的变化不定的经济环境需要作出一些假设作为前提条件,在此条件下来决定所选择的会计方法和程序。只有这样,会计核算工作才能正常地进行。会计基本假设包括会计主体、持续经营、会计分期和货币计量 4 个方面。

(一)会计主体

会计主体是指会计所核算和监督的特定单位或者组织,是会计确认、计量和报告的空间范围。

会计主体确定了会计核算所处的立场。会计主体或称会计实体,是指会计工作为之服务的特定单位或组织。会计核算的对象是企业生产经营活动中的资金运动,因此,在组织会计核算之前,必须首先明确核算和监督的资金运动是哪一个单位的资金运动,资金运动是由各项具体的经济活动组成,每项经济活动又与其他有关经济活动相联系。从某一项经济活动来说,经济活动总是可分解为两个方面,如材料采购业务:一方面是企业支付价款,取得材料;另一方面则是企业发出商品,取得收入。对于企业会计来说,核算的只能是企业自身的生产经营活动,企业的会计核算只能站在自身的角度,来反映经济活动,因此,企业的会计核算应以自身发生的生产经营活动为主体,核算和监督本身的生产经营活动。

会计主体应该看作一个独立的整体。它在经济上是独立的,不仅要把会计主体之间的经济关系划分清楚,还要把企业的财务活动与企业主及企业职工个人的财务活动相分离。应区分企业的经济活动与企业投资者的经济活动,企业的会计记录和会计报表涉及的只是企业主体的活动,既不核算反映企业投资者或所有者的经济活动,也不核算其他企业或其他经济主体的经济活动。典型的会计主体是企业。会计核算必须站在本企业角度观察所发生的经济业务,不能与其他会计主体相混淆。例如,企业股东的经济交易属于企业股东主体的经济事项,不应纳入企业会计核算的范围;但是企业股东投入企业的资本或企业向股东发放的股利,则属于企业会计主体的经济事项,应纳入该企业的会计核算范围。

要注意的是会计主体不同于法律主体,一般而言,法律主体必然是一个会计主体,例如一个企业作为一个法律主体,应当建立财务会计系统,独立反映其财务状况、经营成果和现金流量。但是会计主体不一定是法律主体。会计主体可以是法人,如企业、事业单位,也可以是非法人组织,如合伙经营组织;可以是一个企业,也可以是企业中的内部单位或企业中的一个特定部分;可以是单一企业,也可以是几个企业组成的联营公司或企业集团。会计主体和法律主体的关系如图1.4所示。

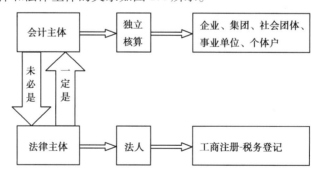

图1.4 会计主体和法律主体的关系

【随堂-判断题】

法律主体是一个会计主体,会计主体也一定是法律主体。( )

(二)持续经营

持续经营是指在可以预见的未来,企业将会按当前的规模和状态持续经营下去,不会停业,也不会大规模削减业务。即在可预见的未来,该会计主体不会破产清算,所有的资产将正常营运,所负的债务将正常偿还。

会计核算上所使用的一系列会计处理原则、会计处理方法都是建立在会计主体持续经营的前提下。企业是否持续经营,在会计处理原则、会计处理方法的选择上有很大差别。明确这个基本假设,就意味着会计主体将按照既定用途使用资产,按照既定的合约条件清偿债务,会计人员在此基础上选择会计处理原则和会计处理方法。正是在这一前提下,企业在会计信息的收集和处理上所使用的会计处理方法才能稳定,企业的会计记录和会计报表才能真实、可靠。否则,一些公认的会计处理方法将缺乏存在的基础,也将无法使用。例如,在持续经营的前提下,企业对它所使用的机器设备等固定资产应当按成本记账,企业在机器设备的使用年限内连续使用,按其价值和使用期限,可以确定采用某一折旧方法计提折旧费用。而在破产清算的情况下,资产的价值必须按照实际变现的价值来计算。这就是说,在破产清算的情况下,一些公认的会计原则和会计处理方法将不能采用。

（三）会计分期

企业的生产经营活动大都具有连续性的特点。因而,为充分发挥会计管理的积极作用,不可能等到企业全部经济活动结束,各项资产都转化为现金,各项负债都清偿完毕再进行结算、编制会计报表。企业的投资者、债权人、国家财税部门等也需要及时了解企业的生产经营情况,需要企业定期地提供财务信息。所以,就必须人为地把连续不断的企业生产经营活动过程划分为一个个首尾相接、等间距的会计期间,这种人为的分期就是会计分期。

会计分期是指将一个企业持续经营的经济活动划分为一个个连续的、长短相同的期间,以便分期结算账目和编制财务会计报告。由此可见,会计分期是在持续经营假设前提下,为了便于结算盈亏,按期编制财务报告,及时向有关方面提供企业财务状况、经营成果和现金流量等会计信息而人为划分的。

根据《企业会计准则——基本准则》规定,会计期间分为年度和中期。这里的会计年度采用的是公历年度,即从每年的1月1日到12月31日为一个会计年度。所谓中期是短于一个完整会计年度的报告期间,又可以分成月度、季度、半年度。

明确会计分期假设意义重大。由于有了会计分期,才产生了本期与非本期的区别,才产生了权责发生制和收付实现制的区别。会计期间的划分,使企业连续不断的生产经营活动分为若干较短的会计期间,有利于企业及时结算账目,编制会计报表,及时提供企业经营情况的财务信息,满足企业内部加强经营管理及其他有关方面进行决策的需要。

（四）货币计量

货币计量也是会计核算的基本前提之一。它是指企业在会计核算过程中采用同一种货币作为计量尺度,记录、反映企业的经营情况。具体来说,这一前提包括两个方面的内容。

①企业的生产经营活动具体表现为商品的购销、各种原材料的耗费等实物运动,可

用自然单位、物理单位、劳动时间单位、货币单位等反映其运动过程。但由于商品和各项耗费在实物数量上无法比较、汇总,为全面地反映企业的生产经营活动,会计核算客观上需要一种统一的计量单位作为核算的计量尺度。在商品经济条件下,只有货币计量单位前后一致,贯彻始终,也唯有采用货币计量单位,才能系统、全面地记录、汇总、分析和揭示企业的财务状况和经营过程及结果。因此,会计核算就必然选择货币作为其基本计量单位,以货币形式反映企业生产经营活动的全过程。当然,在会计报告中还需要用文字或附注的方式揭示企业经营中重大的,但不能用货币表示的信息。

②在多种货币存在的情况下,或某些业务用外币结算时,就需要一种货币作为记账本位币。编制分录和记账时,需采用某种汇率折合为记账本位币登记入账。在我国,由于人民币是国家法定的货币,在我国境内具有广泛的流通性,所以我国的会计核算应以人民币为记账本位币,企业的生产经营活动一律通过人民币进行核算反映。外商投资等业务收支以外币为主的企业,也可以选定某种外币作为记账本位币,但这些单位在编制和提供会计报表时必须折合为人民币反映。对于我国在境外设立的企业,一般以当地的货币进行生产经营活动,用当地的货币进行会计核算,但为了便于国内有关部门了解企业的财务状况和经营成果,在向国内报送会计报表时,必须折合为人民币,以人民币为计量单位反映企业的经营情况。

货币计量这一前提,还要求选择外币作为记账本位币的企业务应考虑币值稳定的问题。

二、会计核算基础

会计核算基础,即会计事项的记账基础,是会计确认、计量和报告的基础,是确认一定会计期间的收入和费用,从而确认损益的标准。其包括权责发生制和收付实现制。

(一)权责发生制

权责发生制,也称应计制或应收应付制,是指收入、费用的确认应当以收入和费用的实际发生作为确认的标准,合理确认当期损益的一种会计基础。

在实务中,企业交易或者事项的发生时间与相关货币收支时间有时并不完全一致。例如,款项已经收到,但销售并未实现;或者款项已经支付,但并不是为本期生产经营活动而发生的。为了更加真实、公允地反映特定会计期间的财务状况和经营成果,《企业会计准则——基本准则》第九条规定,"企业应当以权责发生制为基础进行会计确认、计量和报告"。

权责发生制主要是从时间上规定会计确认的基础,其核心是根据权、责关系实际发生的期间来确认收入和费用。权责发生制要求凡是当期已经实现的收入、已经发生和应当负担的费用,不论款项是否收付,都应当作为当期的收入、费用;凡是不属于当期的收入、费用,即使款项已经在当期收付,也不应当作为当期的收入、费用。根据权责发生制进行收入与成本、费用的核算,最大的优点是:更加准确地反映特定会计期间真实的财务状况及经营成果。

【例1.1】 在权责发生制下,2018年10月份,某企业销售了一批商品,款项没有收到,而在12月份收到款项,应当作为10月份的收入。

【例1.2】 在权责发生制下,2018年10月份,某企业预收了一笔货款,尽管货款已经收到,但货物还没有发出,就不能作为2018年10月份的收入,而应作为货物发出月份的收入。

(二)收付实现制

收付实现制,也称现金制,是以收到或支付现金作为确认收入和费用的标准,是与权责发生制相对应的一种会计基础。

采用收付实现制,以实际现金的收付为标准,来记录收入的实现或费用的发生。凡属本期实际收到款项的收入和支付款项的费用,不管其是否应归属于本期,都应作为本期的收入和费用入账;反之,凡本期未实际收到款项的收入和未支付款项的费用,也不应作为本期的收入和费用入账。

目前,我国行政事业单位会计核算一般采用收付实现制;事业单位存在经营业务需要采用权责发生制的,由财政部在相关会计制度中具体规定。

【例1.3】 在收付实现制下,2018年10月份,某企业销售了一批商品,款项没有收到,而在12月份收到款项,应当作为12月份的收入,注意与【例1.1】的区别。

【例1.4】 在收付实现制下,2018年10月份,某企业预收了一笔货款,这时货款已经收到,虽然货物还没有发出,也应当作为2018年10月份的收入,注意与【例1.2】的区别。

(三)权责发生制的意义

配比原则。配比原则是指营业收入与其相应的成本费用应当相互配合。它要求一定会计期间内的各项收入和与其相关联的成本、费用,应当在同一会计期间内确认、计量。因为有所得必有所费,费用的发生总是为了取得一定的收入,收入的取得一般要发生一定的耗费。在会计核算时坚持配比原则,使各个会计期间的费用和收入在同一时期内相互配比进行记录和反映,有利于正确计算和考核企业的经营成果。

【随堂-单选题】
以权责发生制为记账基础,下列业务应确认为当期费用的是( )。
A.预付下季度房租 　　　　B.支付下年的杂志费
C.支付上月的税费 　　　　D.计提本月的短期借款利息

第五节　会计信息的使用者及其质量要求

一、会计信息的使用者

会计信息使用者包括企业管理者、投资者和潜在投资者、债权人、政府及其相关部门和社会公众等。

（一）企业内部的会计信息使用者

企业管理者是企业内部主要的会计信息使用者,他们需要借助会计信息等相关信息来管理企业,对企业进行控制,作出财务决策。

（二）企业外部的会计信息使用者

1.投资者

投资者即企业主要产权所有者。投资者需要借助会计信息对受托管理层是否很好地管理其资金进行评价和监督,并通过了解企业的获利能力、股利支付能力、未来现金流量等情况来判断投资风险与投资报酬。

2.债权人

作为债权人的银行或其他金融机构,可以借助会计信息分析企业的偿债能力、衡量贷款风险,作出贷款决策。

3.政府及其相关部门

通过制定税收政策等宏观调控和管理措施,进行税收征管,对国民经济的运行情况进行调节,促进资源的合理配置,保证整个国民经济发展规划的顺利实施。

4.社会公众

社会公众也关心企业的生产经营活动,包括对所在地区经济作出的贡献,如增加就业、刺激消费、提供社区服务等。因此,在会计信息中提供有关企业发展前景及其能力、经营效益及其效率等方面的信息,可以满足社会公众的信息需要。

二、会计信息的质量要求

会计信息质量要求是对企业财务会计报告中所提供高质量会计信息的基本规范,是使财务会计报告中所提供的会计信息对信息使用者决策有用所应具备的基本特征,主要包括可靠性、相关性、可理解性、可比性、实质重于形式、重要性、谨慎性和及时性等。

（一）可靠性

可靠性要求企业应当以实际发生的交易或者事项为依据进行会计确认、计量和报告,如实反映符合确认和计量要求的各项会计要素及其他相关信息,保证会计信息真实可靠、内容完整。为了贯彻可靠性要求,企业应做到以下两点。

①企业应以实际发生的交易或者事项为依据进行确认、计量,将符合会计要素定义及其确认条件的资产、负债、所有者权益、收入、费用和利润等如实反映在财务报表中,不得根据虚构的、没有发生的或者尚未发生的交易或者事项进行确认、计量和报告。

②企业应当在符合重要性和成本效益原则的前提下,保证会计信息的完整性,其中包括应当编报的报表及其附注内容等应当保持完整,不能随意遗漏或者减少应予披露的信息,与使用者决策相关的有用信息都应当充分披露。

可靠性是对会计信息质量最基本的要求。会计信息要有用,必须以可靠性为基础,否则,会对财务报告使用者的决策产生误导,会计工作也就失去了存在的意义。

（二）相关性

相关性要求企业提供的会计信息应当与财务会计报告使用者的经济决策需要相关，有助于财务会计报告使用者对企业过去和现在的情况作出评价，对未来的情况作出预测。

会计信息是否有用，是否具有价值，关键是看其与使用者的决策需要是否相关，是否有助于决策或者提高决策水平。相关的会计信息应当能够有助于使用者评价企业过去的决策，证实或者修正过去的有关预测，因而具有反馈价值。相关的会计信息还应当具有预测价值，有助于使用者根据财务报告所提供的会计信息预测企业未来的财务状况、经营成果和现金流量。

企业提供的会计信息应尽可能满足各个方面的要求。通常，我国企业的会计信息必须满足3方面的需要：一是符合国家宏观经济管理的要求；二是满足有关各方面了解企业财务状况和经营成果的需要；三是满足企业内部加强经营管理的需要。

（三）可理解性

可理解性要求企业提供的会计信息应当清晰明了，便于财务会计报告使用者理解和使用。

企业编制财务报告、提供会计信息的目的在于使用，而要使使用者有效使用会计信息，应当能让其了解会计信息的内涵，弄懂会计信息的内容，这就要求财务报告所提供的会计信息应当清晰明了，易于理解。

会计信息是一种专业性较强的信息产品，在强调会计信息的可理解性要求的同时，还应假定使用者具有一定的有关企业经营活动和会计方面的知识，并且愿意付出努力去研究这些信息。对于某些复杂的信息，如交易本身较为复杂或者会计处理较为复杂，但其与使用者的经济决策相关的，企业就应当在财务报告中予以充分披露。

（四）可比性

可比性要求企业提供的会计信息应当相互可比。具体包括下列两层含义：

1.同一企业不同时期可比(纵比)

为了便于投资者等财务报告使用者了解企业财务状况、经营成果和现金流量的变化趋势，比较企业在不同时期的财务报告信息，全面、客观地评价过去、预测未来，从而作出决策。会计信息质量的可比性要求同一企业不同时期发生的相同或者相似的交易或者事项，应当采用一致的会计政策，不得随意变更。但是，满足会计信息可比性要求，并非表明企业不得变更会计政策，如果按照规定或者在会计政策变更后可以提供更可靠、更相关的会计信息的，可以变更会计政策。有关会计政策变更的情况，应当在附注中予以说明。

2.不同企业相同会计期间可比(横比)

为了便于投资者等财务报告使用者评价不同企业的财务状况、经营成果和现金流量及其变动情况，会计信息质量的可比性要求不同企业同一会计期间发生的相同或者相似的交易或者事项，应当采用规定的会计政策，确保会计信息口径一致、相互可比，以便不同企业按照一致的确认、计量和报告要求提供有关会计信息。

【随堂-单选题】

企业的会计核算方法前后各期应保持一致,不得随意变更,体现的会计信息质量要求是( )。

A.可靠性 B.重要性 C.可比性 D.可理解性

(五)实质重于形式

实质重于形式要求企业应当按照交易或事项的经济实质进行会计确认、计量和报告,不应仅以交易或者事项的法律形式为依据。

企业发生的交易或事项在多数情况下的经济实质和法律形式是一致的,但在有些情况下也会出现不一致。在实务中,交易或事项的法律形式并不总能完全真实地反映其实质内容。所以,会计信息要想反映其所应反映的交易或事项,就必须根据交易或事项的实质和经济现实来进行判断,而不能仅仅依据它们的法律形式。

例如,企业融资租入的固定资产,虽然从法律上所有权仍属于出租人,但由于其租赁期占其使用寿命的大部分,且租赁期满承租企业有优先购买该资产的选择权,最主要的是,租赁期间其经济利益归承租人所有,所以,按照实质重于形式的原则,融资租入固定资产应视为自有固定资产核算,列入承租企业的资产负债表中。又如,企业按照销售合同销售商品但又签订了售后回购协议,虽然从法律形式上看实现了收入,但如果企业没有将商品所有权上的主要风险和报酬转移给购货方,没有满足收入确认的各项条件,即使签订了商品销售合同或者已将商品交付给购货方,也不应当确认销售收入。

(六)重要性

重要性要求企业提供的会计信息应当反映与企业财务状况、经营成果和现金流量有关的所有重要交易或者事项。

在评价某些项目的重要性时,重要性的应用需要依赖职业判断,企业应当根据其所处环境和实际情况,从项目的性质和金额大小两方面加以判断。

例如,某企业1月份订全年报刊一份金额240元。该项业务,按照权责发生制处理,每月应计费用20元,每月均需对该项业务进行处理;若按收付实现制处理,支付报刊费当月,即可将240元全部计入费用,其他月份不再需要对该项业务进行处理。由于费用金额小,采用收付实现制对企业盈亏没有实质性影响,而且会计处理简化,节约了核算成本。因此,可以选择使用收付实现制处理。

对重要会计事项,必须按照规定的会计方法和程序进行处理,并在财务会计报告中予以充分、准确地披露;对于次要的会计事项,在不影响会计信息真实性和不至于误导财务会计报告使用者的前提下,可适当简化处理。

(七)谨慎性

谨慎性要求企业对交易或者事项进行会计确认、计量和报告时应当保持应有的谨慎,不应高估资产或者收益、低估负债或者费用。

在市场经济环境下,企业的生产经营活动面临着许多风险和不确定性,如应收款项的可收回性、售出存货可能发生的退货或者返修等。会计信息质量的谨慎性要求,需要企业在面临不确定性因素的情况下作出职业判断时,应当保持应有的谨慎,充分估计到各种风险和损失,既不高估资产或者收益,也不低估负债或者费用。例如,要求企业定期或至少于年度终了时,对可能发生的各项资产损失计提资产减值或跌价准备,充分体现了谨慎性的要求。

（八）及时性

及时性要求企业对于已经发生的交易或者事项,应当及时进行确认、计量和报告,不得提前或者延后。

会计信息的价值在于帮助所有者或者其他方面作出经济决策,具有时效性。即使是可靠、相关的会计信息,如果不及时提供,就失去了时效性,对于使用者的效用就大大降低,甚至不再具有实际意义。在会计确认、计量和报告过程中贯彻及时性,一是要求及时收集会计信息,即在经济交易或者事项发生后,及时收集整理各种原始单据或者凭证;二是要求及时处理会计信息,即按照会计准则的规定,及时对经济交易或者事项进行确认或者计量,并编制财务报告;三是要求及时传递会计信息,即按照国家规定的有关时限,及时地将编制的财务报告传递给财务报告使用者,便于其及时使用和决策。

章节练习

一、单选题

1.下列会计处理方法中,符合权责发生制基础的是（　　）。

　A.销售商品的收入只有在收到款项时才予以确认

　B.产品已销售,货款未收到也应确认收入

　C.厂房租金只有在支付时才计入当期费用

　D.职工薪酬只能在支付给职工时计入当期费用

2.会计具有（　　）的基本职能。

　A.记录和分析　　　B.核算和监督　　　C.计算和考核　　　D.核算和分析

3.下列各项中,属于会计主要计量单位的是（　　）。

　A.货币　　　　　　B.实物　　　　　　C.劳动量　　　　　D.价值

4.在会计核算的基本前提中,界定会计工作和会计信息的空间范围的是（　　）。

　A.会计主体　　　　B.持续经营　　　　C.会计分期　　　　D.货币计量

5.企业对于已经发生的交易和事项,应当及时进行会计确认、计量和报告,不得提前或者延后,这体现的是（　　）。

　A.及时性　　　　　B.相关性　　　　　C.谨慎性　　　　　D.重要性

6.下列方法中,不属于会计核算方法的有（　　）。

　A.填制会计凭证　　B.登记会计账簿　　C.编制财务预算　　D.编制会计报表

7.会计核算上将以融资租赁方式租入的资产视为企业的资产所反映的会计信息质量

要求的是( )。

  A.实质重于形式 B.谨慎性   C.相关性   D.及时性

8.下列关于会计的表述中,不正确的是( )。

  A.会计的主要工作是核算和监督   B.会计是一项经济管理活动

  C.会计对象是特定主体的经济活动 D.货币是会计唯一的计量单位

二、多选题

1.下列各项中,属于会计基本职能的有( )。

  A.会计监督   B.会计决策   C.会计核算   D.会计预测

2.我国《企业会计制度》规定,会计期间分为( )。

  A.年度   B.半年度   C.季度   D.月度

3.下列关于会计核算和会计监督之间关系的说法,正确的有( )。

  A.会计核算是会计监督的基础

  B.会计监督是会计核算的保障

  C.两者之间存在着相辅相成、辩证统一的关系

  D.会计监督是会计核算的前提和基础,会计监督是对会计核算的实现

4.下列属于我国会计信息的使用者的有( )。

  A.股东   B.债务人

  C.企业管理者   D.政府及相关部门

5.下列选项可以作为会计主体核算的有( )。

  A.企业的事业部   B.分公司

  C.企业集团   D.销售部门或生产车间

三、判断题

1.投资者、债权人、政府部门、企业管理者都属于企业的外部信息使用者。 ( )

2.会计主体就是法律主体。 ( )

3.企业会计的确认、计量和报告应当以收付实现制为基础。 ( )

4.按照权责发生制原则的要求,凡是本期实际收到款项的收入和付出款项的费用,不论是否归属于本期,都应当作为本期的收入和费用处理。 ( )

5.将融资租入的资产视同承租企业的自有资产一样进行会计核算,体现了会计信息质量要求的谨慎性原则。 ( )

四、计算分析题

按照权责发生制和收付实现制,分别计算本月发生的收入和费用。

A 公司 2018 年 1 月发生下列经济业务:

①13 日,收到上月应收销货款 20 000 元。

②15 日,收到购货单位预付款 50 000 元。

③18 日,缴纳本月应负担的设备维修费 5 000 元。

④31 日,收到本月银行存款利息收入 800 元。

⑤31 日,预付下一年度租用办公室租金 13 000 元。

第二章　会计要素与会计等式

【本章摘要】

本章主要是针对会计要素与会计等式内容进行详细讲解,是学习日常会计处理方法的一个重点,同时也是一个难点,学习时要在理解的基础上加以必要的记忆。

本章的主要内容包括两个方面:

1.会计要素。其内容包括会计要素的概念及分类,会计要素的确认与计量。其中资产、负债、所有者权益是反映财务状况的会计要素,收入、费用、利润是反映经营成果的会计要素。会计要素的计量属性主要包括历史成本、重置成本、可变现净值、现值和公允价值。

2.会计等式。其内容包括反映财务状况等式和反映经营成果等式。"资产=负债+所有者权益"是复式记账法的理论基础,也是编制资产负债表的依据;"收入-费用=利润"是编制利润表的依据。

【基本要求】

1.熟悉会计要素的含义与特征

2.掌握会计要素的确认条件与构成

3.掌握常用的会计计量属性

4.掌握会计等式的表现形式

5.掌握基本经济业务的类型及其对会计等式的影响

第一节　会计要素

一、会计要素的含义与分类

(一)会计要素的含义

会计要素是指根据交易或者事项的经济特征所确定的财务会计对象的基本分类,是会计核算对象的具体化。

（二）会计要素的分类

我国《企业会计准则》将会计要素划分为资产、负债、所有者权益、收入、费用和利润6类。其中,前3类属于反映财务状况的会计要素,在资产负债表中列示,也称资产负债表要素,反映企业在一定日期的财务状况,表现了资金运动的相对静止状态,属于静态要素。后3类属于反映经营成果的会计要素,在利润表中列示,也称利润表要素,反映企业在一定时期内的经营成果,表现了资金运动的显著变动状态,属于动态要素。会计对象与会计要素间的关系如图2.1所示。

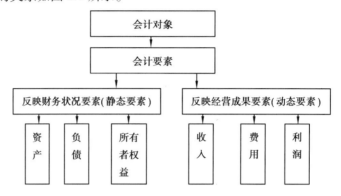

图2.1　会计对象与会计要素之间的关系

【随堂-单选题】

下列关于会计要素的表述中,不正确的是(　　　)。

A.会计要素是对会计对象的基本分类

B.会计要素是对会计核算对象的具体化

C.资产、负债和所有者权益称为静态会计要素

D.收入、费用和利润称为静态会计要素

二、会计要素的确认

（一）资产

1.资产的含义与特征

资产是指企业过去的交易或者事项形成的、由企业拥有或者控制的、预期会给企业带来经济利益的资源。从定义分析,资产具有以下3方面的特征:

（1）资产是由企业过去的交易或者事项形成的

资产是过去已经发生的交易或事项所产生的结果,资产必须是现实的资产,而不能是预期的资产。未来交易或事项可能产生的结果不能作为资产确认。

例如,A企业准备于下月购买一台设备,由于相关交易尚未发生,准备购买的设备就不能作为企业的资产,而应在实际购买的当月确认为企业的资产。

（2）资产是企业拥有或者控制的资源

资产作为一项资源,应当由企业拥有或者控制,具体是指企业享有某项资源的所有权,或者虽然不享有某项资源的所有权,但该资源能够被企业所控制。企业享有资产的

所有权,通常表明企业能够排他地从资产中获取经济利益。但是有些情况下,资产虽然不为企业所拥有,即企业并不享有其所有权,但是企业控制了这些资产,这同样表明企业能够从该资产中获取经济利益,符合会计上对资产的定义。反之,如果企业既不拥有也不控制资产所能带来的经济利益,那么就不能将其作为企业的资产予以确认。如企业以融资租赁方式租入一项固定资产,对承租方而言,尽管其并不拥有该资源的所有权,但租赁合同规定的租赁期相当长,接近于该资产的使用寿命,承租方实际控制了该资产的使用及其所能带来的经济利益,所以承租方应将其作为资产确认。

(3)资产预期会给企业带来经济利益

资产预期会给企业带来经济利益,是指资产具有直接或者间接导致现金或现金等价物流入企业的潜力。这种潜力可以来自企业日常的生产经营活动,也可以是非日常生产经营活动;带来的经济利益可以是现金或者现金等价物,或者是可以转化为现金或者现金等价物的其他资产。资产导致经济利益流入企业的方式有多种,如换取其他资产、用于偿付债务等。企业以前已经确认为资产的项目,如果未来不能再为企业带来经济利益,也就不能再确认为企业的资产。如资产发生毁损、变质,或者债务人破产导致企业应收账款无法收回等,此时应作为费用或损失处理。

【随堂-多选题】

下列各项应确认为资产的有(　　　)。

A.已经过期、腐败变质的存货　　　　　B.计划下个月购入的设备

C.已经购入正在使用的无形资产　　　　D.融资租入的固定资产

2.资产的确认条件

将一项资源确认为资产,首先应当符合资产的定义。此外,还需要同时满足以下两个条件。

(1)与该资产有关的经济利益很可能流入企业

根据资产的定义,能够带来经济利益是资产的一个本质特征,但是由于经济环境瞬息万变,与资源有关的经济利益能否流入企业或者能够流入多少,实际上带有不确定性。因此,资产的确认应当与经济利益流入的不确定性程度的判断结合起来,如果根据编制财务报表时所取得的证据,与该资源有关的经济利益很可能流入企业,那么就应当将其作为资产予以确认。

(2)该资产的成本或者价值能够可靠地计量

可计量性是所有会计要素确认的重要前提,资产的确认同样需要符合这一要求。只有当有关资源的成本或者价值能够可靠地计量,资产才能予以确认。企业取得的许多资产一般都是发生了实际成本的,比如企业购买或者生产的存货、企业购置的厂房或者设备等,对于这些资产,只要实际发生的购买或者生产成本能够可靠地计量,就应视为符合了资产的可计量性确认条件。

关于资产的确认,除了应当符合定义外,上述两个条件缺一不可,只有在同时满足的情况下,才能将其确认为一项资产。

3.资产的分类

资产按流动性进行分类,可以分为流动资产和非流动资产。

（1）流动资产

流动资产是指预计在一个正常营业周期中变现、出售或耗用，或者主要以交易为目的而持有，或者预计在资产负债表日起 1 年内（含 1 年）变现的资产，以及自资产负债表日起 1 年内交换其他资产或清偿负债的能力不受限制的现金或现金等价物。流动资产主要包括货币资金、交易性金融资产、应收票据、应收账款、预付账款、应收利息、应收股利、其他应收款、存货等。

一个正常营业周期是指企业从购买用于加工的资产起至实现现金或现金等价物的期间。正常营业周期通常短于一年，在一年内有几个营业周期。但是，也存在正常营业周期长于一年的情况，在这种情况下，与生产循环相关的产成品、应收账款、原材料尽管是超过一年才变现、出售或耗用，仍应作为流动资产。

①货币资金是指企业生产经营过程中处于货币形态的资产，包括库存现金、银行存款和其他货币资金，它们是企业流动性最强的资产。

②交易性金融资产是指企业为了近期内出售而持有的金融资产，包括企业以赚取差价为目的从二级市场购入的股票、债券、基金等。

③应收及预付款是指企业在日常生产经营中发生的各项债权，包括应收款项和预付款项等。应收款项包括应收票据、应收账款和其他应收款等；预付款项则是指企业按照合同规定预付的款项，如预付账款等。

④存货是指企业在日常经营过程中持有以备出售的产成品或商品，处在生产过程中的在产品，在生产过程或提供劳务过程中耗用的材料、物料等，包括各类材料、商品、在产品、半成品、产成品等。

（2）非流动资产

非流动资产是指流动资产以外的资产，主要包括长期股权投资、固定资产、在建工程、工程物资、无形资产等。

①长期股权投资是指企业持有的对其子公司、合营企业及联营企业的权益性投资。

②固定资产是指企业为生产商品、提供劳务、出租或经营管理而持有的，使用寿命超过 1 个会计年度，在使用过程中基本保持原形不变的资产。其包括房屋、建筑物、机器、机械、运输工具以及其他与生产经营有关的设备、器具、工具等。

③无形资产是指企业拥有或控制的没有实物形态的可辨认非货币性资产。其包括专利权、非专利技术、商标权、著作权、特许权、土地使用权等。

资产要素的内容如图 2.2 所示。

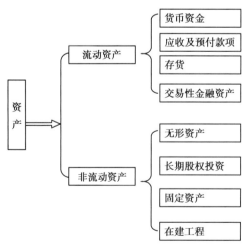

图 2.2　资产要素内容示意图

（二）负债

1.负债的含义与特征

负债是指企业过去的交易或者事项形成的,预期会导致经济利益流出企业的现时义务。根据负债的定义,负债具有以下基本特征:

（1）负债是由过去的交易或事项形成的

换句话说,只有过去的交易或者事项才形成负债,企业将在未来发生的承诺、签订的合同等交易或者事项,不形成负债。例如,已经发生的银行借款行为会形成企业的负债,而计划中的银行借款行为则不会形成企业的负债;已经发生的商品购买行为可能形成企业的负债,而计划中的商品购买行为则不会形成企业的负债。

（2）负债是企业承担的现时义务

现时义务,是指企业在现行条件下已承担的义务,是过去已经发生的交易或事项所产生的结果。例如,企业购买原材料形成的应付账款、企业按照税法规定应当缴纳的税款等,均属于企业承担的现时义务。而企业将在未来发生的交易或者事项形成的义务,不属于现时义务,不得确认为负债。

（3）负债预期会导致经济利益流出企业

预期会导致经济利益流出企业是负债的一个本质特征,如果不会导致经济利益流出企业,就不符合负债的定义。负债通常是在未来某一日期通过交付资产（包括现金和其他资产）或提供劳务来清偿。有时,企业也可以通过承诺新的负债或转化为所有者权益来了结一项现有的负债,但最终都会导致企业经济利益的流出。

【随堂-判断题】

负债是指企业过去的交易或者事项形成的,预期会导致经济利益流出企业的潜在义务。（　　）

2.负债的确认条件

将一项现时义务确认为负债,除了需要符合负债的定义,还应当同时满足以下两个条件:

（1）与该义务有关的经济利益很可能流出企业

负债的一个特征是预期会导致经济利益流出企业,但在会计实务中,履行义务所需流出的经济利益具有一定的不确定性,因此,负债的确认应当与经济利益流出的不确定性程度的判断结合起来,如果有确凿证据表明,与现实义务有关的经济利益很可能流出企业,那么就作为负债予以确认;反之,不能确认为负债。

（2）未来流出的经济利益的金额能够可靠地计量

负债的确认在考虑经济利益流出企业的同时,对于未来流出的经济利益的金额应当能够可靠计量。

3.负债的分类

按偿还期限的长短,一般将负债分为流动负债和非流动负债。

（1）流动负债

流动负债是指预计在一个正常营业周期中偿还,或者主要为交易目的而持有,或者自资产负债表日起1年内（含1年）到期应予以清偿，或者企业无权自主地将清偿推迟至资产负债表日以后1年以上的负债。流动负债主要包括短期借款、应付票据、应付账款、预收账款、应付职工薪酬、应交税费、应付利息、应付股利、其他应付款等。

①短期借款是指企业向银行或其他金融机构等借入的期限在1年以下（含1年）的各种借款。

②应付票据是指企业购买材料、商品和接受劳务等而开出、承兑的商业汇票，包括商业承兑汇票和银行承兑汇票。

③应付账款是指企业因购买材料、商品和接受劳务等经营活动应支付的款项。

④预收账款是指企业按照合同规定向购货单位预收的款项。与应付账款不同，预收款项所形成的负债不是以货币偿付，而是以货物偿付。

⑤应付职工薪酬是指企业根据有关规定应付给职工的各种薪酬，包括职工工资、奖金、津贴和补贴，职工福利费，医疗、养老、失业、工伤、生育等社会保险费，住房公积金，工会经费，职工教育经费，非货币性福利等企业因职工提供服务而产生的义务等。

⑥应交税费是指企业根据税法规定应缴纳的各种税费。其包括增值税、城市维护建设税、所得税、应交教育费附加、矿产资源补偿费等。

⑦应付股利是指企业根据股东大会或类似机构审议批准的利润分配方案，确定分配给投资者的现金股利或利润。

⑧其他应付款是指企业除应付票据、应付账款、应付职工薪酬、应交税费、应付股利等经营活动以外的其他各项应付、暂收的款项。

（2）非流动负债

非流动负债是指流动负债以外的负债，主要包括长期借款、应付债券、长期应付款等。

①长期借款是指企业向银行或其他金融机构借入的期限在1年以上（不含1年）的各种借款。

②应付债券是指企业为筹集长期资金而发行的各种债券。

③长期应付款是指企业除长期借款、应付债券以外的其他各种长期应付款，如应付融资租赁款。

负债要素的内容如图2.3所示。

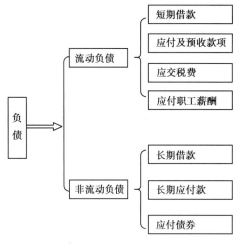

图2.3 负债要素内容示意图

（三）所有者权益

1.所有者权益的含义与特征

所有者权益是指企业资产扣除负债后由所有者享有的剩余权益。公司的所有者权益又称为股东权益。对任何企业而言，其资产形成的资金来源不外乎两个：一是债权人；二是所有者。债权人对企业资产的要求权形成企业负债，所有者对企业资产的要求权形成企业的所有者权益。其金额为资产减去负债后的余额。

根据所有者权益的定义,所有者权益具有以下基本特征:

①除非发生减资、清算或分派现金股利,企业不需要偿还所有者权益。

②企业清算时,只有在清偿所有的负债后,所有者权益才返还给所有者。

③所有者凭借所有者权益能够参与企业利润的分配。

2.所有者权益的确认条件

所有者权益的确认、计量不能单独进行,主要取决于资产、负债、收入、费用等其他会计要素的确认和计量。所有者权益在数量上等于企业资产总额扣除债权人权益后的净额,即为企业的净资产。例如,一个企业规模为1 500万元,其中负债部分为400万元,则所有者权益部分为1 100万元。

3.所有者权益的分类

所有者权益按其来源主要包括所有者投入的资本、直接计入所有者权益的利得和损失、留存收益等。具体表现为实收资本(或股本)、资本公积(含资本溢价或股本溢价)、盈余公积和未分配利润。

①所有者投入的资本,是指所有者投入企业的资本部分,它既包括构成企业注册资本或者股本部分的金额,也包括投入资本超过注册资本或者股本部分的金额,即资本溢价或者股本溢价。这部分投入资本在我国企业会计准则体系中被计入了资本公积,并在资产负债表中的资本公积项目下反映。

②直接计入所有者权益的利得和损失,是指不应计入当期损益、会导致所有者权益发生增减变动的、与所有者投入资本或者向所有者分配利润无关的利得或者损失。其中,利得,是指由企业非日常活动所形成的、会导致所有者权益增加的、与所有者投入资本无关的经济利益的流入;损失,是指由企业非日常活动所发生的、会导致所有者权益减少的、与向所有者分配利润无关的经济利益的流出。直接计入所有者权益的利得和损失主要包括可供出售金融资产的公允价值变动额等。

③留存收益,是企业历年实现的净利润留存于企业的部分,主要包括计提的盈余公积和未分配利润。

实收资本:实收资本(股份制企业称为股本)是指投资者(或股东)按照企业章程,或合同、协议的约定,实际投入企业的资本,在一般情况下无须偿还,可以长期周转使用。它是企业注册成立的基本条件之一,也称注册资本,是企业承担民事责任的财力保证。

资本公积:是指企业收到投资者超出其在企业注册资本(或股本)中所占份额的投资,以及直接计入所有者权益的利得和损失等。

盈余公积:是指企业按照规定从净利润中提取的企业积累资金,包括法定盈余公积、任意盈余公积。

未分配利润:是指企业留待以后年度进行分配的历年结存利润。

所有者权益要素的内容如图2.4所示。

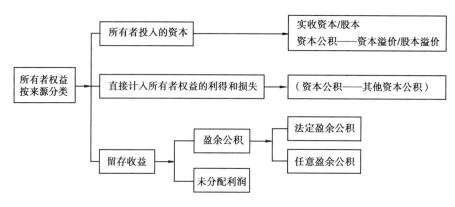

图 2.4　所有者权益要素内容示意图

（四）收入

1.收入的含义与特征

收入是指企业在日常活动中形成的、会导致所有者权益增加的、与所有者投入资本无关的经济利益的总流入。收入具有以下特征：

（1）收入是企业在日常活动中形成的

"日常活动"是指企业为完成其经营目标所从事的经常性活动以及与之相关的活动。这些活动所产生的经济利益的总流入构成企业的收入。企业所从事或者发生的某些活动，虽然也能为企业带来经济利益，但是不属于企业为完成其经营目标所从事的经常性活动，它们的活动所产生的经济利益则不构成企业的收入。工业企业对外出售不需用的材料等活动，虽不属于企业的经常性活动，但属于企业为完成经营目标所从事的与经常性相关的活动，由此形成的经济利益的总流入，也构成企业的收入。

明确界定日常活动是为了将收入与利得相区分，日常活动是确认收入的重要判断标准，凡是日常活动所形成的经济利益的流入应当确认为收入；反之，非日常活动所形成的经济利益的流入不能确认为收入，而应当计入利得。比如，处置固定资产属于非日常活动，所形成的净利益就不应确认为收入，而应当确认为利得。再如，无形资产出租所取得的租金收入属于日常活动所形成的，应当确认为收入，但是处置无形资产属于非日常活动，或因其他单位违约而收取的罚款等，所形成的净利益，不应当确认为收入，而应当确认为利得。

（2）收入会导致所有者权益的增加

与收入相关的经济利益的流入应当会导致所有者权益的增加，不会导致所有者权益增加的经济利益的流入不符合收入的定义，不应确认为收入。例如，企业向银行借入款项，也导致了企业经济利益的流入，但并不导致所有者权益的增加，还使企业承担了一项现时义务，不应将其确认为收入，应当确认为一项负债。

（3）收入是与所有者投入资本无关的经济利益的总流入

收入应当会导致经济利益的流入，从而导致资产的增加。但是，经济利益的流入有时是所有者投入资本的增加所致，所有者投入资本的增加不应当确认为收入，而应当直接确认为所有者权益。因此，与收入相关的经济利益的流入应当将所有者投入的资本排除在外。

2.收入的确认条件

企业收入的来源渠道多种多样,不同收入来源的特征有所不同,其收入确认条件也往往存在差别。一般而言,收入的确认至少应当符合以下条件:

①与收入相关的经济利益应当很可能流入企业;

②经济利益流入企业的结果会导致资产的增加或者负债的减少;

③经济利益的流入额能够可靠计量。

3.收入的分类

(1)收入按企业经营业务的主次可分为主营业务收入和其他业务收入

①主营业务收入是指企业为完成其经营活动所从事的经常性活动而实现的收入,如工业企业销售产品的收入、商业企业销售商品的收入。

②其他业务收入是指企业为完成其经营目标所从事的与经营性活动相关的活动而实现的收入,如工业企业对外出售不需用的原材料、转让无形资产使用权、出租固定资产和包装物、提供运输等非工业性劳务收入。

(2)收入按性质不同,可分为销售商品收入、提供劳务收入、让渡资产使用权收入

①销售商品收入是指企业通过销售商品实现的收入,如制造企业生产并销售产品、商业企业销售商品等实现的收入。

②提供劳务收入是指企业通过提供劳务实现的收入,如咨询公司提供咨询服务实现的收入。

③让渡资产使用权收入是指企业通过让渡资产使用权实现的收入,如租赁公司出租资产实现的收入。

收入要素的内容如图2.5所示。

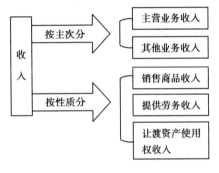

图2.5　收入要素的内容

【随堂-多选题】

下列属于企业"其他业务收入"的有(　　)。

A.销售材料的收入　　　　　　　　B.销售商品的收入

C.出售固定资产取得的收入　　　　D.捐赠收入

(五)费用

1.费用的含义与特征

费用是指企业在日常活动中发生的、会导致所有者权益减少的、与向所有者分配利润无关的经济利益的总流出。费用具有以下特征:

(1)费用是企业在日常活动中发生的

日常活动的界定与收入定义中涉及的日常活动相一致。例如,企业因日常活动所发生的销售成本、职工薪酬、折旧费、无形资产摊销等。有些交易或事项虽然也能使企业发生经济利益的流出,但不属于企业的日常活动,因此其流出的经济利益不属于费用,而应

当计入损失。例如,企业出售固定资产发生的净损失属于损失,而不是费用。

（2）费用会导致所有者权益的减少

与费用相关的经济利益的流出应当会导致所有者权益的减少,不会导致所有者权益减少的经济利益的流出不符合费用的定义,不应确认为费用。例如,偿还银行借款会导致经济利益流出,但是不会导致所有者权益减少,因而不能确认为费用。

（3）费用是与向所有者分配利润无关的经济利益的总流出

企业向所有者分配利润也会导致经济利益流出企业,而该经济利益的流出属于所有者权益的抵减项目,不应确认为费用。

2.费用的确认条件

费用的确认除了应当符合定义外,至少应当符合以下条件:

①与费用相关的经济利益应当很可能流出企业;

②经济利益流出企业的结果会导致资产的减少或者负债的增加;

③经济利益的流出额能够可靠计量。

3.费用的分类

费用是为了实现收入而发生的支出,应与收入配比确认、计量。以工业企业为例,一定时期的费用通常由产品生产成本和期间费用两部分构成,产品生产成本由直接材料、直接人工和制造费用3个成本项目构成,期间费用包括管理费用、财务费用和销售费用3项。期间费用是指企业本期发生的、不能直接或间接归入生产成本,而是直接计入当期损益的各项费用(无法与收入匹配,按期计算归纳)。费用具有以下特征。

①费用应当是企业在日常活动中发生的,这些日常活动的界定与收入定义中涉及的日常活动相一致。日常活动中所产生的费用通常包括销售成本、职工薪酬、折旧费、无形资产摊销费等。将费用界定为日常活动中所形成的,是为了将其与损失相区分,因企业非日常活动所形成的经济利益的流出不能确认为费用,应当计入损失。如企业处置固定资产发生的净损失,虽然会导致所有者权益减少和经济利益的总流出,但不属于企业的日常活动,因此不应确认为企业的费用,而应确认为营业外支出。

②费用应当会导致经济利益的流出,该流出不包括向所有者分配的利润。费用应当会导致经济利益的流出,从而导致资产的减少或者负债的增加(最终也会导致资产的减少)。其表现形式包括:现金或者现金等价物的流出;存货、固定资产和无形资产等的流出或者消耗等。鉴于企业向所有者分配利润也会导致经济利益的流出,而该经济利益的流出属于所有者权益的抵减项目,因而不应确认为费用,应当将其排除在费用之外。

③费用应当最终会导致所有者权益的减少。与费用相关的经济利益的流出最终应当会导致所有者权益的减少,不会导致所有者权益减少的经济利益的流出不符合费用的定义,不应确认为费用。如某企业用银行存款100万元购买工程用物资,该购买行为尽管使企业的经济利益流出了100万元,但并不会导致企业所有者权益的减少,而是使企业增加了另外一项资产。在这种情况下就不应当将该经济利益的流出确认为费用。

费用要素的内容如图 2.6 所示。

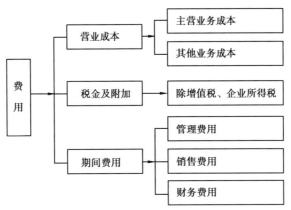

图 2.6　费用要素的内容

（六）利润

1.利润的含义与特征

利润是指企业在一定会计期间的经营成果。通常情况下,企业实现了利润(即利润为正数),表明企业所有者权益增加,业绩得到了提升;反之,企业若发生了亏损(即利润为负数),表明企业所有者权益减少,业绩下滑。利润是评价企业管理层业绩的指标之一,也是投资者等财务会计报告使用者进行决策时的重要参考依据。

2.利润的确认条件

利润反映收入减去费用、直接计入当期利润的利得减去损失后的净额。利润的确认主要依赖于收入和费用,以及直接计入当期利润的利得和损失的确认,其金额的确定也主要取决于收入、费用、利得、损失金额的计量。

3.利润的分类

利润包括收入减去费用后的净额、直接计入当期损益的利得和损失等。其中,收入减去费用后的净额反映企业日常活动的经营业绩,属于营业利润;直接计入当期损益的利得和损失反映企业非日常活动的业绩。营业利润加上营业外收入,减去营业外支出后的金额,就构成利润总额;利润总额减去所得税费用后的金额,就是企业的净利润。

第二节　会计等式

任何一个企业为了进行生产经营活动,都需要拥有一定数量的经济资源,从数量上看,有一定数额的资产,就必然有一定数额的权益;反之亦然。资产与权益是相互依存的,资产总额必定等于权益总额,二者之间始终保持着平衡关系,这种平衡关系用公式表示出来就是会计恒等式。

一、会计等式的表现形式

(一)财务状况等式

任何形式的企业,无论其规模大小,要进行正常的生产经营活动,都必须拥有一定数量和结构的资产。其中,资产要素表明了企业的资金占用,这些资产分布在企业生产经营活动的各个方面,表现为不同的存在形态,如货币资金、原材料、机器设备、房屋及建筑物等。而负债和所有者权益要素表明了企业的资金来源,即资产来源渠道有所有者的投入资本和债权人的借入资金。归属于所有者的部分形成所有者权益,归属于债权人的部分形成债权人权益(即企业的负债),两者统称为权益。一个在正常持续经营的企业,不论在任何一个时点上,有多少资金来源,必然形成多少资金占用,即"资金占用=资金来源"。资金占用即资产,表明企业拥有什么样的经济资源和多少经济资源;资金来源即权益,表明是谁提供了这些经济资源。所以"资金占用=资金来源"可以改写为"资产=债权人的权益+投资者的权益",债权人的权益构成了负债要素,投资者的权益属于所有者权益要素。所以,3个要素之间的等量关系就表现为:

资产=负债+所有者权益

这是最基本的会计等式,通常称为基本会计等式或静态会计等式。它表明了资产与负债、所有者权益之间的基本关系。它是复式记账法的理论基础,也是编制资产负债表的依据,在会计核算中占有极为重要的地位。

(二)经营成果等式

企业经营的目的是为了获取收入,实现盈利。企业在取得收入的同时,也必然要发生相应的费用。通过收入与费用的比较,才能确定企业一定时期的盈利水平。企业一定时期所获得的收入扣除所发生的各项费用后的余额,即表现为利润。用公式表示,即:

收入-费用=利润

这个会计等式是对基本会计等式的补充和发展,称为动态会计等式,该等式也是企业编制利润表的基础。

【随堂-单选题】

下列会计等式中,不正确的是(　　　)。

A.资产=负债+权益　　　　　　　B.资产=负债+所有者权益

C.收入-费用=利润　　　　　　　D.资产-负债=所有者权益

二、经济业务对会计等式的影响

经济业务,又称会计事项,是指在经济活动中使会计要素发生增减变动的交易或者事项。

企业在生产经营过程中,每天会发生多种多样、错综复杂的经济业务,从而引起各会计要素的增减变动,但分析可以发现,这些业务不论多复杂,只能影响要素的数量,但最终并不影响等式的恒等关系。

任何一项经济业务的发生,必然会引起各项会计要素的增减变动。根据"资产＝负债+所有者权益"这一基本等式可将经济业务归纳为 4 种类型:

①会计等式两边项目同时等额增加;

②会计等式两边项目同时等额减少;

③会计等式左边(资产)有关项目等额一增一减;

④会计等式右边(负债及所有者权益)有关项目等额一增一减。

上述 4 种类型的经济业务具体化,可表现为以下 9 种情况,具体如表 2.1 所示。

表 2.1　4 种类型的经济业务对会计等式的影响

		资产 ↓	=	负债 ↓	+	所有者权益 ↓
两边金额等额增加	1	增加		增加		—
	2	增加		—		增加
两边金额等额减少	3	减少		减少		—
	4	减少		—		减少
资产内部变动	5	一增一减		—		—
权益内部变动	6	—		一增一减		—
	7	—		—		一增一减
	8	—		增加		减少
	9	—		减少		增加

【例 2.1】　分析企业经济的类型,并验证会计等式的恒等性。

甲公司 2018 年 1 月发生下列经济业务:

①1 月 15 日,甲公司用银行存款 80 000 元购买一台设备,设备已交付使用。

这项经济业务使企业的固定资产增加 80 000 元,同时银行存款减少 80 000 元,企业的资产内部发生增减变动,但资产总额不变,并没有改变等式的平衡关系。

②甲公司从银行取得借款 50 000 元。

这项经济业务使企业的资产增加 50 000 元,同时借入款项使得负债增加 50 000 元,等式两边同时增加 50 000 元,并没有改变等式的平衡关系。

③甲公司收到所有者追加的投资 500 000 元,款项存入银行。

这项经济业务使企业的资产增加 500 000 元,同时收到投资使得所有者权益增加 500 000 元,等式两边同时增加 500 000 元,并没有改变等式的平衡关系。

④甲公司用银行存款归还所欠 B 公司的货款 20 000 元。

这项经济业务使企业的资产减少 20 000 元,同时负债也减少 20 000 元,等式两边同时减少 20 000 元,并没有改变等式的平衡关系。

⑤某投资者收回投资 500 000 元,甲企业以银行存款支付。

这项经济业务使企业的资产减少 500 000 元,同时某投资者收回投资使得所有者权益减少 500 000 元,等式两边同时减少 500 000 元,并没有改变等式的平衡关系。

⑥甲公司向银行借入短期借款 100 000 元直接用于归还拖欠的货款。

这项经济业务使企业的应付账款减少 100 000 元,同时短期借款增加 100 000 元,即企业的负债内部发生增减变动,但负债总额不变,并没有改变等式的平衡关系。

⑦甲公司宣告向投资者分配现金股利 300 000 元。

这项经济业务使企业的未分配利润减少 300 000 元,同时应付股利增加 300 000 元,即企业的所有者权益减少,负债等额增加,权益总额不变,并没有改变等式的平衡关系。

⑧甲公司将应偿还给乙企业的账款 100 000 元转作乙企业对本企业的投资。

这项经济业务使企业的应付账款减少 100 000 元,同时实收资本增加 100 000 元,即企业的所有者权益增加,负债等额减少,权益总额不变,并没有改变等式的平衡关系。

⑨甲公司经批准同意以资本公积 10 000 000 元转增实收资本。

这项经济业务使企业的资本公积减少 10 000 000 元,同时实收资本增加 10 000 000 元,即企业的所有者权益内部发生增减变动,但所有者权益总额不变,并没有改变等式的平衡关系。

通过上述例题分析可以看出,9 笔业务正好对应了 9 个业务类型,所有业务发生后,无论是否改变资产、负债、所有者权益各自的总额,但是期末资产总额等于负债总额与所有者权益总额之和,不会破坏"资产=负债+所有者权益"的平衡关系。

综上所述,每一项经济业务的发生都不会破坏资产总额与负债和所有者权益总额的平衡关系,也就是说,资产总额与负债及所有者权益总额是恒等的。这一原理是设置账户、复式记账、试算平衡以及编制资产负债表的重要理论依据。也就是说,记账、编制会计报表都不能破坏这个平衡关系。

章节练习

一、单选题

1.下列不属于企业资产的是(　　)。

    A.经营租入的设备　　　　　　　　　　B.长期经营性出租的房屋

    C.融资性租入的设备　　　　　　　　　　D.应收账款

2.下列项目不属于流动资产的是(　　)。

    A.货币资金　　　　　　　　　　　　　　B.交易性金融资产

    C.存货　　　　　　　　　　　　　　　　D.固定资产

3.负债是指过去的交易或事项形成的、预期会导致经济利益流出企业的(　　)。

    A.现时义务　　　　　　　　　　　　　　B.推定义务

    C.法定义务　　　　　　　　　　　　　　D.潜在义务

4.下列各项中,不属于收入的是( )。

A.提供劳务的收入 B.销售材料的收入

C.固定资产出售收入 D.固定资产出租收入

5.下列各项会引起收入增加的是( )。

A.销售库存商品 B.变卖报废设备

C.出售专有技术所有权 D.取得投资人投入资金

6.会计要素是对( )的基本分类。

A.会计核算 B.会计对象

C.会计主体 D.会计科目

7.( )是指企业在销售商品、提供劳务以及让渡资产使用权等日常活动中形成的经济利益的总流入。

A.库存现金 B.银行存款

C.货币资金 D.收入

8.下列经济业务引起资产与负债同时减少的是( )。

A.购入设备款未付 B.购入设备款已支付

C.向银行借入款项 D.归还银行借款

二、多选题

1.下列项目中,属于非流动资产的有( )。

A.存货 B.无形资产

C.预付账款 D.长期股权投资

2.下列属于利润表基本要素项目的有( )。

A.资产 B.收入

C.费用 D.留存收益

3.下列项目中,属于资产要素特点的有( )。

A.预期能给企业带来未来经济利益的资源

B.过去的交易或事项形成的

C.必须拥有所有权

D.必须是有形的

4.下列属于期间费用的有( )。

A.制造费用 B.销售费用

C.管理费用 D.财务费用

5.企业取得长期借款存入银行,这项业务引起( )。

A.负债增加 B.资产增加

C.所有者权益增加 D.收入增加

三、判断题

1.损失即费用,计入损失即计入当期费用。 ( )

2.收入是导致所有者权益增加的经济利益的总流入。 ( )

3.资产是由企业拥有或控制的、预期会给企业带来经济利益的资源。　　　　　（　　）

4.某单位因违反合同的规定支付 A 公司 20 万违约金,则 A 公司应计入收入。

（　　）

5.负债是指企业过去的交易或事项形成的,预期会导致企业经济利润流出企业的未来义务。　　　　　（　　）

6.企业对融资租入的固定资产虽不拥有所有权,但能对其进行控制,故应将其作为本企业的固定资产核算。　　　　　（　　）

第三章　会计科目与账户

【本章摘要】

　　本章主要是针对会计科目与账户内容进行详细讲解,是会计核算的理论基础,学习时要在理解的基础上加以必要的记忆。

　　本章的主要内容包括两个方面:

　　1.会计科目。其内容包括会计科目的概念、分类、设置原则以及常用的会计科目。

　　2.账户。其内容包括账户的概念、分类、功能、结构以及账户与会计科目的关系。

【基本要求】

　　1.了解会计科目与账户的概念

　　2.了解会计科目与账户的分类

　　3.熟悉会计科目设置的原则

　　4.熟悉常用的会计科目

　　5.掌握账户的结构

　　6.掌握账户与会计科目的关系

　　会计科目是指对会计要素的具体内容进行分类核算的项目。会计科目涵盖了各类企业的各种交易或事项,是以企业会计准则中确认、计量的规定为依据制定的。账户是根据会计科目设置的,具有一定的格式和结构,用于分类反映会计要素增减变动情况及其结果的载体。

　　会计科目是在对各个会计要素内容分类的基础上形成的一个项目名称,并不能通过其本身把这些内容的数量变动表现出来,因而必须设置账户,对经济业务进行记录,并把这些信息资料加以汇总整理、分析,以全面、完整、系统地反映一定期间的经济活动情况及结果。

第一节　会计科目

　　会计科目是将经济信息转换成会计信息的基础,会计科目是对会计对象的分类,通过本节的了解可以深刻理解会计要素的含义及在会计恒等式中各个会计要素之间的关系,明确我国现行的会计科目,并能够计算账户的期末余额。

一、会计科目的概念与分类

（一）会计科目的概念

企业经济业务的内容多种多样,包括筹资、投资、采购、生产和销售等,它们所引起的各个会计要素的内部构成以及各会计要素之间的变化情况错综复杂,表现为不同的形式。如果仅仅使用资产、负债、所有者权益、收入、费用和利润这6个会计要素来记录经济业务,则提供的会计信息就过于综合,不利于会计信息使用者了解企业的具体经营状况。例如,固定资产和库存商品,虽然都属于资产要素,但是它们的经济内容和在经济活动中所起的作用却不相同。会计要素仅仅是对会计对象的基本分类,6项会计要素对会计的对象来说,仍显得过于粗略,难以满足有关各方面对会计信息的需要。因此,需要对会计要素进行更为具体的分类,并分别赋予每一类别一个能概括说明其经济内容的名称,即会计科目。

会计科目,简称科目,是对会计要素的具体内容进行分类核算的项目,是进行会计核算和提供会计信息的基础。会计对象、会计要素与会计科目之间的关系如图3.1所示。

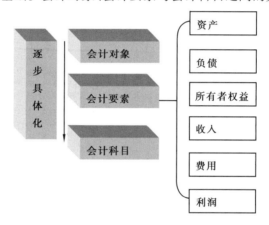

图3.1　会计对象、会计要素、会计科目之间的关系示意图

【随堂-单选题】

会计科目是对(　　　　)的具体内容进行分类核算的项目。

A.经济业务　　　　　B.会计账户　　　　　C.会计要素　　　　　D.会计对象

（二）会计科目的分类

会计科目可按其反映的经济内容(即所属会计要素)、所提供信息的详细程度及其统驭关系分类。

1.按反映的经济内容分类

会计科目按其反映的经济内容不同,可分为五大类:资产类、负债类、所有者权益类、成本类和损益类。

2.按提供信息的详细程度关系分类

会计科目按提供核算指标的详细程度,可以分为总分类科目和明细分类科目。

①总分类科目(也称总账科目或一级科目),是对会计要素的具体内容进行总括分类的科目,它提供总括核算指标。总分类科目由财政部统一制定颁布。

②明细分类科目(也称明细科目),是对总分类科目进一步分类的科目,它提供明细核算指标。明细科目的设置,除制度已有规定外,各单位可根据实际情况和经营管理的需要自行设置。

如果某一总分类科目下面设置的明细分类科目较多,可增设二级科目(也称子目)。二级科目是介于总分类科目与明细分类科目之间的科目,它提供的核算指标要比总分类科目详细,但又比明细分类科目概括。由于设置了二级科目,所以总分类科目也称为一级科目,二级科目和三级科目统称为明细分类科目。在一般情况下可设置3个层次的会计科目,根据需要也可设置四级科目、五级科目。会计科目按提供指标详细程度的分类举例如表3.1所示。

表3.1　会计科目按提供指标详细程度分类举例

总分类科目	明细分类科目	
	二级科目(子目)	三级科目(细目)
原材料	主要材料	铝片
		铝锭
	辅助材料	汽油
		机油

二、会计科目的设置

(一)会计科目的设置原则

由于各单位经济业务活动的具体内容、规模大小与业务繁简程度等情况不尽相同,因此在具体设置会计科目时,应考虑其自身特点和具体情况,但设置会计科目时都应遵循以下原则:

1.合法性原则

合法性指所设置的会计科目应当符合国家统一会计制度的规定。在我国,总分类科目原则上由财政部统一制定。遵循这一原则的目的是为了保证会计核算指标口径的一致,便于不同企业的会计指标的可比性和逐级汇总。

2.相关性原则

相关性指所设置的会计科目应为提供有关各方所需要的会计信息服务,满足对外报告与对内管理的要求。

3.实用性原则

实用性指所设置的会计科目应符合单位自身特点,满足单位实际需要。企业可根据自身的生产经营特点,在不影响会计核算要求以及对外提供统一财务会计报表的前提下,自行增设、减少或合并某些会计科目。

（二）常用会计科目

我国财政部于 2006 年公布的《企业会计准则——应用指南》规定了企业的会计科目,我国企业常用的会计科目如表 3.2 所示。

表 3.2　常用企业会计科目一览表

编号	名　　称	编号	名　　称
	一、资产类		
1001	库存现金	1122	应收账款
1002	银行存款	1123	预付账款
1012	其他货币资金	1131	应收股利
1101	交易性金融资产	1132	应收利息
1121	应收票据	1221	其他应收款
1231	坏账准备	1521	投资性房地产
1401	材料采购	1531	长期应收款
1402	在途物资	1601	固定资产
1403	原材料	1602	累计折旧
1404	材料成本差异	1603	固定资产减值准备
1405	库存商品	1604	在建工程
1406	发出商品	1605	工程物资
1407	商品进销差价	1606	固定资产清理
1408	委托加工物资	1701	无形资产
1471	存货跌价准备	1702	累计摊销
1501	持有至到期投资	1703	无形资产减值准备
1502	持有至到期投资减值准备	1801	长期待摊费用
1503	可供出售金融资产	1811	递延所得税资产
1511	长期股权投资	1901	待处理财产损溢
1512	长期股权投资减值准备		
	二、负债类		
2001	短期借款	2232	应付股利
2201	应付票据	2241	其他应付款
2202	应付账款	2501	长期借款
2203	预收账款	2502	应付债券

编号	名　　称	编号	名　　称
2211	应付职工薪酬	2701	长期应付款
2221	应交税费	2801	预计负债
2231	应付利息	2901	递延所得税负债
	三、所有者权益类		
4001	实收资本	4103	本年利润
4002	资本公积	4104	利润分配
4101	盈余公积		
	四、成本类		
5001	生产成本	5201	劳务成本
5101	制造费用	5301	研发支出
	五、损益类		
6001	主营业务收入	6601	销售费用
6051	其他业务收入	6602	管理费用
6101	公允价值变动损益	6603	财务费用
6111	投资收益	6701	资产减值损失
6301	营业外收入	6711	营业外支出
6401	主营业务成本	6801	所得税费用
6402	其他业务成本	6901	以前年度损益调整
6403	税金及附加		

表 3.3　常用会计科目简要解析表

一、资产类

序号	编号	科目名称	科目解释	记账规则
1	1001	库存现金	是指单位为了满足经营过程中零星支付需要而保留的现金	借增贷减
2	1002	银行存款	指企业存放在银行和其他金融机构的货币资金	借增贷减
3	1012	其他货币资金	存放地点和用途均与现金和银行存款不同的货币资金,包括外埠存款、银行汇票存款、银行本票存款、信用证存款和在途货币资金等	借增贷减
4	1101	交易性金融资产	是指企业为交易目的而持有的债券投资、股票投资和基金投资	借增贷减

续表

序号	编号	科目名称	科目解释	记账规则
5	1121	应收票据	指企业持有的、尚未到期兑现的商业票据。是一种载有一定付款日期、付款地点、付款金额和付款人的无条件支付的流通证券	借增贷减
6	1122	应收账款	指该账户核算企业因销售商品、材料、提供劳务等，应向购货单位收取的款项	借增贷减
7	1123	预付账款	是付款性质的科目，属于资产类科目	借增贷减
8	1131	应收股利	指企业因股权投资而应收取的现金股利以及应收其他单位的利润，一般指企业对外投资应分得的现金股利或利润	借增贷减
9	1132	应收利息	指短期债券投资实际支付的价款中包含的已到付息期但尚未领取的债券利息	借增贷减
10	1221	其他应收款	应收的各种赔款、罚款；应收出租包装物租金；应向职工收取的各种垫付款项等	借增贷减
11	1231	坏账准备	是"应收账款"账户的备抵账户，是一种坏账损失	借减贷增
12	1401	材料采购	是指企业单位采用计划成本法进行材料日常核算而购入的材料采购成本	借增贷减
13	1402	在途物资	企业采用实际成本(进价)进行材料、商品等物资的日常核算、货款已付尚未验收入库的各种物资(即在途物资)的采购成本	借增贷减
14	1403	原材料	指经过一些加工的原料。举例来讲，林业生产的原木属于原料，将原木加工为木板，就变成了材料。但实际生活和生产中对原料和材料的划分不一定清晰，所以一般用"原材料"一词来统称	借增贷减
15	1404	材料成本差异	用于核算企业各种材料的实际成本与计划成本的差异，借方登记实际成本大于计划成本的差异额(超支额)，贷方登记实际成本小于计划成本的差异额(节约额)以及已分配的差异额(节约用红字，超支用蓝字)	
16	1405	库存商品	指企业已完成全部生产过程并已验收入库，合乎标准规格和技术条件可以作为商品对外销售的产品	借增贷减
17	1406	发出商品	是指企业采用托收承付结算方式进行销售而发出的产成品	借增贷减
18	1471	存货跌价准备	是指在中期期末或年度终了，如由于存货遭受毁损、全部或部分陈旧过时或销售价格低于成本等原因，使存货成本不可以收回的部分	借减贷增
19	1531	长期应收款	指企业融资租赁产生的应收款项	借增贷减

序号	编号	科目名称	科目解释	记账规则
20	1601	固定资产	固定资产是指企业使用期限超过 1 年的房屋、建筑物、机器、机械、运输工具以及其他与生产、经营有关的设备、器具、工具等	借增贷减
21	1602	累计折旧	固定资产备抵科目,指固定资产使用过程中耗费掉的价值	借减贷增
22	1603	固定资产减值准备	固定资产发生损坏、技术陈旧或者其他经济原因,导致其可收回金额低于其账面价值	借减贷增
23	1604	在建工程	是指企业固定资产的新建、改建、扩建,或技术改造、设备更新和大修理工程等尚未完工的工程支出	借增贷减
24	1605	工程物资	是指用于固定资产建造的建筑材料(如钢材、水泥、玻璃等)等	借增贷减
25	1606	固定资产清理	是指固定资产的报废和出售,以及因各种不可抗力的自然灾害而遭到损坏和损失的固定资产所进行的清理工作	
26	1701	无形资产	指企业拥有或者控制的没有实物形态的可辨认非货币性资产	借增贷减
27	1702	累计摊销	无形资产备抵科目	借减贷增
28	1801	长期待摊费用	企业已经支出,但摊销期限在 1 年以上(不含 1 年)的各项费用,包括开办费、租入固定资产的改良支出等	借增贷减
29	1901	待处理财产损溢	企业在清查财产过程中查明的各种财产物资的盘盈、盘亏和毁损	

二、负债类

序号	编号	科目名称	科目解释	记账规则
1	2001	短期借款	是指企业为维持正常的生产经营所需的资金或为抵偿某项债务而向银行或其他金融机构等外单位借入的、还款期限在一年以下(含一年)的各种借款	借减贷增
2	2201	应付票据	是指企业在商品购销活动和对工程价款进行结算因采用商业汇票结算方式而发生的,由出票人出票,委托付款人在指定日期无条件支付确定的金额给收款人或者票据的持票人,它包括商业承兑汇票和银行承兑汇票	借减贷增
3	2202	应付账款	是指企业因购买材料、商品或接受劳务供应等而应付给供应单位的款项	借减贷增
4	2203	预收账款	是收款性质的科目,属于负债类科目	借减贷增

续表

序号	编号	科目名称	科目解释	记账规则
5	2211	应付职工薪酬	是企业根据有关规定应付给职工的各种薪酬	借减贷增
6	2221	应交税费	是指企业应交而未交的各项税费	借减贷增
7	2232	应付股利	是指企业经股东大会或类似机构决议确定分配的现金股利或利润	借减贷增
8	2231	应付利息	是指企业按照合同约定应支付的利息	借减贷增
9	2241	其他应付款	其他应付款是指企业在商品交易业务以外发生的应付和暂收款项	借减贷增
10	2501	长期借款	是指企业向银行或其他金融机构借入的期限在一年以上（不含一年）或超过一年的一个营业周期以上的各项借款	借减贷增

三、所有权益类

序号	编号	科目名称	科目解释	记账规则
1	4001	实收资本	是指投资者按照企业章程或合同、协议的约定,实际投入企业的资本	借减贷增
2	4002	资本公积	是指投资者所投入金额超过法定资本部分的金额	借减贷增
3	4101	盈余公积	是指公司按照规定从净利润中提取的各种积累资金,上市公司按照税后利润按比例提取	借减贷增
4	4103	本年利润	是用来核算企业当年实现的净利润（或发生的净亏损）的会计科目	借减贷增
5	4104	利润分配	是将企业实现的净利润,按照国家财务制度规定的分配形式和分配顺序,在国家、企业和投资者之间进行的分配	借减贷增

四、成本类

序号	编号	科目名称	科目解释	记账规则
1	5001	生产成本	是生产单位为生产产品或提供劳务而发生的各项生产费用,包括各项直接支出和制造费用	借增贷减
2	5101	制造费用	主要包括企业各个生产单位（车间、分厂）为组织和管理生产所发生的一切费用	借增贷减

五、损益类

序号	编号	科目名称	科目解释	记账规则
1	6001	主营业务收入	指企业日常活动产生的、主要业务取得的销售收入	借减贷增
2	6051	其他业务收入	是指企业主营业务收入以外的所有通过销售商品、提供劳务收入及让渡资产使用权等日常活动中所形成的经济利益的流入	借减贷增
3	6111	投资收益	是对外投资所取得的利润、股利和债券利息等收入减去投资损失后的净收益	借减贷增
4	6301	营业外收入	是指与企业生产经营活动没有直接关系的各种收入	借减贷增
5	6401	主营业务成本	是指企业销售与主营业务有关的产品或服务所发生的实际成本	借增贷减
6	6402	其他业务成本	核算企业除主营业务活动以外的其他经营活动所发生的成本	借增贷减
7	6403	税金及附加	企业日常主要经营活动应负担的税金及附加,包括消费税、城市维护建设税、资源税、印花税、房产税、土地增值税和教育费附加等	借增贷减
8	6601	销售费用	企业在销售产品、自制半成品和提供劳务等过程中发生的费用,包括广告费、销售服务费、销售部门人员工资、职工福利费、差旅费、办公费、折旧费等	借增贷减
9	6602	管理费用	是指企业行政管理部门为组织和管理生产经营活动而发生的各项费用	借增贷减
10	6603	财务费用	指企业在生产经营过程中为筹集资金而发生的各项费用,包括企业生产经营期间发生的利息支出(减利息收入)、金融机构手续费等	借增贷减
11	6701	资产减值损失	是指因资产的账面价值高于其可收回金额而造成的损失	借增贷减
12	6711	营业外支出	是指不属于企业生产经营费用,与企业生产经营活动没有直接的关系,但应从企业实现的利润总额中扣除的支出,包括固定资产盘亏、报废、毁损和出售的净损失、赔偿金、违约金等	借增贷减
13	6801	所得税费用	指国家对法人、自然人和其他经济组织在一定时期内的各种所得征收的一类税收	借增贷减
14	6901	以前年度损益调整	是指企业对以前年度多计或少计的重大盈亏数额所进行的调整,以使其不至于影响到本年度利润总额	

第二节　账　户

一、账户的概念与分类

（一）账户的概念

会计科目是对会计要素进行分类核算项目的名称,而不具有一定的格式和结构,难以连续、系统、综合地反映和记录会计要素的增减变化,也不便于计算各具体项目变化的结果,更无法据以编制会计报表,输出会计信息。所以,还必须设置账户。账户是根据会计科目设置的,具有一定的格式和结构,用于分类反映会计要素增减变动情况及其结果的载体。

它是分类和归集会计数据并进行记录的工具。前面介绍过的会计科目仅仅是分类核算的标志,而核算指标的具体数据资料,则要通过账户记录取得。所以,设置会计科目以后,还必须根据规定的会计科目开设一系列反映不同经济内容的账户,用来对各项经济业务进行分类记录。会计科目的名称就是账户的名称。

（二）账户的分类

因为账户是根据会计科目设置的,所以账户的分类同会计科目的分类具有相似性,账户可根据其核算的经济内容、提供信息的详细程度及其统驭关系进行分类。

1.根据核算的经济内容分类

根据核算的经济内容,账户分为资产类账户、负债类账户、所有者权益类账户、成本类账户和损益类账户。

其中,有些资产类账户、负债类账户和所有者权益类账户存在备抵账户。例如,"累计折旧""固定资产减值准备"账户是"固定资产"账户的备抵账户;"累计摊销""无形资产减值准备"账户是"无形资产"账户的备抵账户等。

备抵账户,又称抵减账户,是指用来抵减被调整账户余额,以确定被调整账户实有数额而设置的独立账户。

2.根据提供信息的详细程度及其统驭关系分类

根据提供信息的详细程度及其统驭关系,账户分为总分类账户和明细分类账户。

（1）总分类账户

总分类账户又称一级账户,它是根据总分类会计科目设置的,是对企业经济活动的具体内容进行总括核算的账户。总分类账户的名称、核算内容、使用方法通常是国家《企业会计准则》统一制定的。如:根据"原材料"科目开设的"原材料"账户,能够提供企业所拥有的原材料总额。具体如表3.4所示。

表 3.4 原材料总分类账

会计科目:原材料

20＊＊年		凭证		摘　要	借　方	贷　方	借或贷	余　额
月	日	种类	号数					
3	1			月初余额			借	30 000
	1	转	1	甲材料入库	10 000		借	40 000
	2	转	2	发出甲材料		5 000	借	35 000
				...				
3	31			本月合计	10 000	5 000	借	35 000

(2)明细分类账户

明细分类账户是根据明细分类科目设置的,是提供明细分类核算资料指标的账户,它是根据总分类账户的核算内容,按照实际需要和更详细的分类要求设置的。明细分类账户能够提供具体经济业务活动的详细资料。如表 3.5 所示。

表 3.5 甲材料明细分类账

20＊＊年		凭证		摘　要	单价	借　方		贷　方		余　额	
月	日	种类	号数			数量	金额	数量	金额	数量	金额
3	1			月初余额	10					200	2 000
	1	转	1	甲材料入库	10	1 000	10 000				
	2	转	2	发出甲材料	10			1 000	10 000		
				...							
3	31			本月合计			10 000		10 000		2 000

总分类账户和明细分类账户都是用来提供会计核算指标的,两者核算的内容相同,只是反映内容的详细程度有所不同,两者相互补充,相互制约,相互核对。从其提供指标之间的关系来看,总分类账户统驭和控制所属明细分类账户,明细分类账户从属于总分类账户。总分类账户与其所属明细分类账户在总金额上应当相等。

二、账户的功能与结构

（一）账户的功能

账户的功能在于连续、系统、完整地提供企业经济活动中各会计要素增减变动及其结果的具体信息。其中，会计要素在特定会计期间增加和减少的金额，分别称为账户的"本期增加发生额"和"本期减少发生额"，两者统称为账户的"本期发生额"；会计要素在会计期末的增减变动结果，称为账户的"余额"，具体表现为期初余额和期末余额，账户上期的期末余额转入本期，即为本期的期初余额；账户本期的期末余额转入下期，即为下期的期初余额。

账户的期初余额、期末余额、本期增加发生额和本期减少发生额统称为账户的 4 个金额要素。对于同一账户而言，它们之间的基本关系为：

$$期末余额＝期初余额＋本期增加发生额－本期减少发生额$$

（二）账户的结构

账户以会计科目作为名称，同时又具备一定的格式，即结构。账户的结构是指账户的组成部分及其相互关系。账户的基本结构包括两部分，一部分反映数额的增加情况，另一部分反映数额的减少情况。根据这个需要，把账户划分为左右两方，账户的左方称为"借方"，账户的右方称为"贷方"，即"左借右贷"。

账户哪一方登记数额的增加，哪一方登记数额的减少，取决于所记录的经济业务和账户的性质。

账户基本结构中包括的具体内容：

①账户名称，即会计科目；

②日期，即所依据记账凭证中注明的日期；

③凭证字号，即所依据记账凭证的编号；

④摘要，即经济业务的简要说明；

⑤金额，即增加额、减少额和余额。

以实务中的总分类账使用的账页为例，均包括了上述 5 项内容，具体如表 3.3 所示。

从账户名称、记录增加额和减少额的左右两方来看，账户结构在整体上类似于汉字"丁"和大写的英文字母"T"，因此，账户的基本结构在实务中被形象地称为"丁"字账户或者"T"型账户。T 型账户的基本结构如图 3.2 所示。

图 3.2　简化的"T"型账户示意图

三、账户与会计科目的关系

1.联系

①会计科目与账户都是对会计对象具体内容的分类,两者核算内容一致,性质相同。会计科目是账户的名称,也是设置账户的依据;账户是会计科目的具体运用,具有一定的结构和格式,并通过其结构反映某项经济内容的增减变动及其余额。

②没有会计科目,账户便失去了设置的依据;没有账户,会计科目就无法发挥作用。

2.区别

①会计科目仅仅是账户的名称,不存在结构;而账户则具有一定的格式和结构。

②会计科目仅说明反映的经济内容是什么,而账户不仅能反映经济内容是什么,而且还可系统地反映和控制其增减变化及结余情况。

③会计科目的作用主要是为了开设账户、填写凭证;而账户的作用主要是提供某一具体会计对象的会计资料,以便编制会计报表。

章节练习

一、单选题

1.会计科目按会计要素(即经济内容)分类,"本年利润"科目属于(　　)。

　　A.资产类科目　　　B.所有者权益类科目　　　C.成本类科目　　　D.损益类科目

2.每个单位设置会计科目都应当遵循相关性原则,相关性原则是指(　　)。

　　A.所设置的会计科目应当符合国家统一的会计制度的规定

　　B.所设置的会计科目应当符合单位自身特点,满足单位实际需要

　　C.所设置的会计科目应当为提供有关各方所需要的会计信息服务,满足对外报告和对内管理的要求

　　D.所设置的会计科目应当满足编制财务会计报表的需要

3.下列会计科目中,属于所有者权益类的是(　　)。

　　A.盈余公积　　　B. 固定资产　　　C.生产成本　　　D.财务费用

4."预收账款"科目按其所归属的会计要素不同,属于(　　)类科目。

　　A.资产　　　B.负债　　　C.成本　　　D.所有者权益

5.总分类会计科目是根据(　　)进行设置的。

　　A.企业管理的需要　　　　　　　　B.国家统一会计制度的规定

　　C.会计核算的需要　　　　　　　　D.经济业务的种类不同

6.制造费用按其所归属的会计要素不同,属于(　　)类科目。

　　A.所有者权益　　　B.负债　　　C.成本　　　D.费用

7.下列项目中,与"管理费用"属于同一类会计科目的是(　　)。

　　A.无形资产　　　B.本年利润　　　C.所得税费用　　　D.制造费用

8.在下列项目中,属于一级会计科目的是(　　　)。

　A.应交增值税　　　　B.应付账款　　　　　　　　C.房屋　　　　　　　　D.专利权

二、多选题

1.账户中各项金额的关系可用(　　　)表示。

　A.期末余额＝期初余额+本期增加发生额–本期减少发生额

　B.期初余额+本期增加发生额＝本期期末余额+本期减少发生额

　C.本期期末余额＝本期增加发生额+本期减少发生额

　D.本期期初余额＝上期期末余额

2.下列说法正确的有(　　　)。

　A.账户的期末余额等于期初余额

　B.余额一般与增加额在同一方向

　C.账户的左方发生额等于右方发生额

　D.如果一个账户的左方记增加额,右方就记减少额

3.关于账户与会计科目的联系和区别,下列表述中正确的有(　　　)。

　A.会计科目是账户的名称,账户是会计科目的具体运用

　B.会计科目与账户两者口径一致,性质相同

　C.会计科目不存在结构,账户则具有一定的格式和结构

　D.会计科目可以记录经济业务的增减变化及其结果

4.下列各项,属于损益类科目的有(　　　)。

　A.主营业务收入　　B.其他业务收入　　　　　C.制造费用　　　D.管理费用

5.下列属于资产类账户的备抵账户的有(　　　)。

　A.固定资产　　　　　　　　　　　　B.坏账准备

　C.存货跌价准备　　　　　　　　　　D.固定资产减值准备

6.下列账户的结构与“预收账款”账户的结构相同的有(　　　)。

　A.库存商品　　　　B.应付账款　　　　C.短期借款　　　D.应收账款

7.下列项目中,不属于成本类会计科目的是(　　　)。

　A.生产成本　　　　B.财务费用　　　　C.主营业务成本　　D.制造费用

8.以下关于总账账户和明细分类账户的关系,表述正确的有(　　　)。

　A.两者都是用来提供会计核算指标的,两者核算的内容相同

　B.两者反映内容的详细程度有所不同,两者相互补充,相互制约,相互核对

　C.从其提供指标之间的关系来看,总分类账户统驭和控制所属明细分类账户,明细
　　分类账户从属于总分类账户

　D.同一会计期间,总分类账户与其所属明细分类账户在总金额上应当相等

三、判断题

1.在会计核算的具体方法中,设置账户占有重要位置,它决定着会计科目的开设,是
正确进行会计核算的一个重要条件。　　　　　　　　　　　　　　　　　　　　　(　　　)

2.明细分类账户是根据明细分类科目设置的,用于对会计要素具体内容进行总括分

类核算的账户。　　　　　　　　　　　　　　　　　　　　　　　（　　）

3.在不影响会计核算要求和会计报表指标汇总,对外提供统一的财务会计报表的前提下,企业可以自行增设、减少或合并某些会计科目。　　　　　　　（　　）

4.明细分类科目就是二级科目。　　　　　　　　　　　　　　　（　　）

5.会计科目是对会计对象的具体内容进行分类的,它既有分类的名称,又有一定的格式。　　　　　　　　　　　　　　　　　　　　　　　　　　　（　　）

6."应收账款"和"预付账款"都属于负债类科目。　　　　　　　　（　　）

7.实际工作中,具体会计科目的设置与会计要素的分类相同,分为资产、负债、所有者权益、收入、费用、利润六大类。　　　　　　　　　　　　　　　（　　）

8.账户的简单格式分为左右两方,其中,左方表示增加,右方表示减少。　（　　）

第四章　会计记账方法

【本章摘要】

　　本章是会计核算的基础,应重点掌握借贷记账法下不同性质账户的结构、借贷记账法下的试算平衡。

　　本章的主要内容包括两个方面:

　　1.复式记账法。复式记账法是会计核算方法的重要组成部分。复式记账法根据记账符号的不同,分为借贷记账法、收付记账法和增减记账法3种,根据《企业会计准则》规定,我国企业应当采用借贷记账法。

　　2.借贷记账法。其内容包括记账符号、账户结构、账户的对应关系和会计分录、借贷记账法下的试算平衡。其中试算平衡包括发生额试算平衡和余额试算平衡。

【基本要求】

　　1.了解复式记账法的概念与种类

　　2.熟悉借贷记账法的原理

　　3.掌握借贷记账法下的账户结构

　　4.了解会计分录的分类

　　5.掌握借贷记账法下的试算平衡

第一节　会计记账方法的种类

　　所谓记账方法,是指根据特定会计主体所发生的经济业务(或会计事项),采用特定的记账符号并运用一定的记账原理(程序和方法),在账簿中进行登记的方法。按记录经济业务方式的不同划分为单式记账法和复式记账法。

一、单式记账法

　　单式记账法是指对发生的每一项经济业务,只在一个账户中加以登记的记账方法。

　　单式记账法一般只记录现金、银行存款的收付以及应收、应付等往来账项,大多时候不记录收入的来源和费用支出的用途等。例如,企业用银行存款 10 000 元购入一批原材料,材料已经验收入库。该笔业务发生后,只在"银行存款"账户中记录支出 10 000元,而对材料验收入库的业务内容,却不在账户中予以记录和反映,因此单从会计记录中只看到银行存款的减少,而无法看出银行存款用来干什么,即无法查询资金的用途。可见,单式记账法只能反映经济业务的一个侧面,不能全面、系统地反映经济业务的来龙去脉。

二、复式记账法

(一)复式记账法的概念

复式记账法是指对于每一笔经济业务,都必须用相等的金额在两个或两个以上相互联系的账户中进行登记,全面、系统地反映会计要素增减变化的一种记账方法。

例如,上述例子中,企业用银行存款 5 000 元购入一批原材料,材料已经验收入库。该笔业务发生后,若用复式记账法在账簿中予以反映和记录,则不仅要在"银行存款"账户中记录支出 5 000 元,也同时需要在"原材料"账户中对材料验收入库的业务内容予以记录和反映,记录"原材料"增加 5 000 元。由此可见,与单式记账法相比,复式记账法能清楚地反映资金的来龙去脉。

(二)复式记账法的优点

相对于单式记账法来说,复式记账法是一种科学的记账方法。其优点主要有:
①能够全面反映经济业务内容和资金运动的来龙去脉。
②复式记账法对于每一项经济业务,都要在两个或两个以上的账户中进行相互联系的记录,不仅可以通过账户记录,完整、系统地反映经济活动的过程和结果,而且还能清楚地反映资金运动的来龙去脉。
③能够进行试算平衡,便于查账和对账。

复式记账法对于每一项经济业务,都以相等的金额进行对应记录,便于核对和检查账户记录结果,防止和纠正错误记录。

【随堂-单选题】
关于复式记账法的表述,正确的有(　　　)。
A.复式记账法能全面反映资金运动的来龙去脉
B.复式记账法记账手续简单
C.复式记账法对于每一项经济业务,都要在两个或两个以上相互联系的账户中进行记录
D.复式记账法便于核对和检查账户记录结果

(三)复式记账法的种类

复式记账法主要有借贷记账法、收付记账法和增减记账法等。借贷记账法是目前国际上通用的记账方法,也是我们学习的重点。我国《企业会计准则》中依然明确规定企业应当采用借贷记账法记账。

①借贷记账法是用"借"和"贷"作为记账符号的一种复式记账方法。这种记账方法是国际上通用的记账方法。

②收付记账法是用"收"和"付"作为记账符号的一种复式记账方法。这种记账方法是在我国传统的收付记账法的基础上发展起来的记账方法。

③增减记账法是用"增"和"减"作为记账符号的一种复式记账方法。这种记账方法是在20世纪60年代我国商业系统在改革记账方法时设计提出的记账方法。

借贷记账法是历史上第一种复式记账法,也是当前世界各国普遍采用的一种记账方法,是现代会计中最具代表性的一种科学的复式记账法。为了同国际惯例接轨,适应我国对外开放的需要,我国《企业会计准则》规定:"会计记账采用借贷记账法。"根据我国企业会计制度的规定,我国所有企业从1993年7月1日起统一采用借贷记账法。

(四)复式记账的理论依据

如前所述,会计的对象是资金运动,而企业经营过程中所发生的每一项经济业务,都是资金运动的具体过程,只有把企业所有经济业务无一遗漏地进行核算,才能完整地反映出企业资金运动的全貌,为经营管理提供所需要的全部核算资料。

企业发生的所有经济业务无非就是涉及资金增加和减少两个方面,并且某项资金在量上的增加或减少,总是与另一项资金在量上的增加或减少相伴而生。换言之,在资金运动中,一部分资金的减少或增加,总是有另一部分资金的增减变动作为其变化的原因。这样就要求会计在记账的时候,必须要把每项经济业务所涉及的资金增减变化的原因和结果都记录下来,从而完整、全面地反映经济业务所引起的资金运动的来龙去脉。而复式记账方法恰恰就是适应了资金运动的这一规律性的客观要求,把每一项经济业务所涉及的资金在量上的增减变化,通过两个或两个以上账户的记录予以全面反映。可见,资金运动的内在规律性是复式记账的理论依据。

(五)复式记账的基本原则

1.以会计等式作为记账基础

会计等式是将会计对象的具体内容即会计要素之间的相互关系,运用数学方程式的原理进行描述而形成的。它是客观存在的经济现象,同时也是资金运动规律的具体化。为了揭示资金运动的内在规律,复式记账必须以会计等式作为记账基础。

2.对每项经济业务必须同时在两个或两个以上相互联系的账户中进行等额记录

前已述及,经济业务的发生必然要引起资金的增减变动,而这种变动势必导致会计等式中至少有两个要素或同一要素中至少两个项目发生等量变动。为反映这种等量变动关系,就必须在两个或两个以上账户中进行等额双重记录。

3.定期汇总的全部账户记录必须平衡

通过复式记账的每笔经济业务的双重等额记录,定期汇总的全部账户的数据必然会保持会计等式的平衡关系。复式记账试算平衡的方法有发生额试算平衡法和余额试算平衡法两种。

第二节 借贷记账法

一、借贷记账法的概念

借贷记账法是复式记账法的一种,通常又称为借贷复式记账法。它是以"资产=负债+所有者权益"为理论依据,以"借"和"贷"为记账符号,以"有借必有贷,借贷必相等"为记账规则,对每项经济业务都以相等的金额在两个或两个以上有关账户进行记录的一种复式记账法。

二、借贷记账法下账户的结构

借贷记账法下,账户的左方称为借方,右方称为贷方。所有账户的借方和贷方按相反方向记录增加数和减少数,即一方登记增加额,另一方就登记减少额。至于"借"表示增加,还是"贷"表示增加,则取决于账户的性质与所记录经济内容的性质。

(一)资产类和成本类账户的结构

借贷记账法下,资产类账户与成本类账户的结构是相同的,其借方登记增加额,贷方登记减少额。资产类账户期末一般都有余额,余额的方向与记录增加的方向一致,即期末余额一般在借方;成本类账户期末如果有余额,通常在借方,如果余额为零,说明刚好没有在产品,如图4.1所示。

图 4.1 资产和成本类账户结构示意图

资产类或成本类账户余额计算公式为:

期末借方余额=期初借方余额+本期借方发生额-本期贷方发生额

(二)负债及所有者权益类账户的结构

会计恒等式"资产=负债+所有者权益",因为负债和所有者权益要素同在会计等式的右侧,所以负债和所有者权益两类账户的结构相同。另外,因其在等式中与资产类要素不在同侧,所以记账方向与资产类账户正好相反。负债和所有者权益账户均为借方记减少,贷方记增加。期末一般都有余额,余额的方向与记录增加的方向一致,即贷方。其结构如图4.2所示。

负债类或所有者权益类账户余额计算公式为:

期末贷方余额＝期初贷方余额＋本期贷方发生额－本期借方发生额

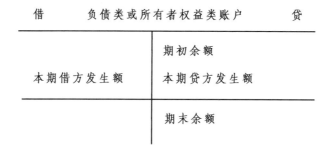

图 4.2　负债类或所有者权益类账户的结构

（三）损益类账户的结构

损益类账户是记录企业各项收入（如营业收入、利得等）和各项费用（如销售费用、损失等）的账户。损益类账户按反映的具体内容不同，又可分为反映各项收入的账户（即收入类账户）和反映各项费用的账户（即费用类账户）。损益类账户期末余额要结转到本年利润，其结转后，一般无余额。

1.收入类账户的结构

收入产生通常会使所有者权益增加，所以在借贷记账法下，收入类账户的增减记录方向，通常与所有者权益类账户类似，借方登记减少额，贷方登记增加额。本期收入净额在期末转入"本年利润"账户，用以计算当期损益，结转后无余额。其结构如图 4.3 所示。

图 4.3　收入类账户的结构

2.费用类账户的结构

费用的产生通常会使所有者权益减少，所以费用类账户的增减记录方向，通常与所有者权益类账户增减记录方向相反，借方登记增加额，贷方登记减少额。本期费用净额在期末转入"本年利润"账户，用以计算当期损益，结转后无余额。其结构如图 4.4 所示。

借	费用类账户	贷
本期借方发生额（费用增加额）	本期贷方发生额（费用减少额）	
期末无余额		

图 4.4　费用类账户的结构

58

【随堂-多选题】

借贷记账法下,"借"可以表示(　　　)。

A.资产增加　　　　　B.费用减少　　　　　C.所有者权益增加　　　　　D.收入减少

【学习笔记】

表 4.1　"借"和"贷"所表示增减的含义

账户类别	借	贷
资产类账户	+	−
负债类账户	−	+
所有者权益类账户	−	+
收入类账户	−	+
成本类账户	+	−
费用类账户	+	−

三、借贷记账法的记账规则

记账规则是指采用某种记账方法登记具体经济业务时应当遵循的规律。借贷记账法的记账规则是"有借必有贷,借贷必相等"。

【例 4.1】　企业收到投资者投入现金 60 000 元存入银行。

此项经济业务一方面使资产类账户"银行存款"增加 60 000 元,记入该账户的借方;另一方面使所有者权益类账户"实收资本"增加了 60 000 元,记入该账户的贷方,借贷金额相等。

【例 4.2】　企业用银行存款偿还应付账款 80 000 元。

此项经济业务一方面使资产类账户"银行存款"减少 80 000 元,记入该账户的贷方;另一方面使负债类账户"应付账款"减少 80 000 元,记入该账户的借方,借贷金额相等。

【例 4.3】　企业向银行提取现金 5 000 元。

此项经济业务一方面使资产类账户"库存现金"增加 5 000 元,记入该账户的借方;另一方面使资产类账户"银行存款"减少 5 000 元,记入该账户的贷方,借贷金额相等。

【例 4.4】　企业使用银行存款 50 000 元购买固定资产(假设不考虑增值税)

此项经济业务使资产类账户"银行存款"减少 50 000 元,记入该账户的贷方;另一方面使资产类账户"固定资产"增加 50 000 元,记入该账户借方,借贷金额相等,资产总额不变。

四、借贷记账法下的账户对应关系与会计分录

(一)账户的对应关系

账户的对应关系是指采用借贷记账法对每笔交易或事项进行记录时,相关账户之间形成的应借、应贷的相互关系。存在对应关系的账户称为对应账户。

例如,企业从银行提取现金 10 000 元,由于现金增加,按借贷记账法应记入"库存现金"账户借方,银行存款减少,按借贷记账法应记入"银行存款"账户贷方。在该项经济业务中,"库存现金"和"银行存款"账户形成应借、应贷的关系,即账户的对应关系。

(二)会计分录

1.会计分录的含义

会计分录,简称分录,是对每项经济业务列示出应借、应贷的账户名称及其金额的一种记录。会计分录由应借应贷方向、相互对应的科目及其金额 3 个要素构成。在我国,会计分录记载于记账凭证中。

2.会计分录的分类

按照所涉及账户的多少,会计分录分为简单会计分录和复合会计分录。简单会计分录指只涉及一个账户借方和另一个账户贷方的会计分录,即一借一贷的会计分录。复合会计分录指由两个以上(不含两个)对应账户组成的会计分录,即一借多贷、多借一贷或多借多贷的会计分录。

3.会计分录的编制步骤

①分析经济业务的内容,确定它涉及哪些会计要素;

②根据经济业务引起的会计要素的增减变化,确定涉及哪些账户,是增加还是减少;

③根据账户性质和账户结构,确定应记入哪个(或哪些)账户的借方,哪个(或哪些)账户的贷方;

④根据借贷记账法的记账规则,确定应借应贷账户是否正确,借贷方金额是否相等。

例如,M 公司从某银行借入 3 个月的短期借款 100 000 元,银行通知企业款项已进入企业账户。这一业务发生后,按照会计分录的编制步骤思考如下:

①这一经济业务是资产和负债同时增加的业务;

②资产的变化应记入"银行存款"账户,负债的变化应记入"短期借款"账户;

③根据资产和负债账户的结构,资产增加记入账户借方,负债增加记入账户贷方,确定借贷方金额;

按照会计分录格式要求编制会计分录如下:

借:银行存款　　　　　　　　　　　　　　　　　　100 000

　　贷:短期借款　　　　　　　　　　　　　　　　　　100 000

④写完分录核对"有借有贷,借贷相等"与之前分析的账户名称、方向、金额一致。分录编写已完成。

下面根据【例 4.1】到【例 4.4】编制会计分录如下：

【例 4.1】 企业收到投资者投入现金 60 000 元存入银行。

借：银行存款   60 000

   贷：实收资本   60 000

【例 4.2】 企业用银行存款偿还应付账款 80 000 元。

借：应付账款   80 000

   贷：银行存款   80 000

【例 4.3】 A 企业向银行提取现金 5 000 元。

借：库存现金   5 000

   贷：银行存款   5 000

【例 4.4】 企业使用银行存款 50 000 元购买固定资产（假设不考虑增值税）。

借：固定资产   50 000

   贷：银行存款   50 000

五、借贷记账法下的试算平衡

（一）试算平衡的含义

试算平衡，是指根据借贷记账法的记账规则和资产与权益的恒等关系，通过对所有账户的发生额和余额的汇总计算和比较，来检查记录是否正确的一种方法。

（二）试算平衡的分类

1.发生额试算平衡

发生额试算平衡法是根据本期所有账户借方发生额合计与所有账户贷方发生额合计的恒等关系，检验本期发生额记录是否正确的方法。其试算平衡公式如下：

$$全部账户本期借方发生额合计＝全部账户本期贷方发生额合计$$

2.余额试算平衡

余额试算平衡是根据本期所有账户借方余额合计与贷方余额合计的恒等关系，检验本期账户记录是否正确的方法。根据时间不同又分为期初余额平衡与期末余额平衡两类。其试算平衡公式如下：

$$全部账户的借方期初（末）余额合计＝全部账户的贷方期初（末）余额合计$$

（三）试算平衡表的编制

试算平衡是通过编制试算平衡表进行的，可定期或不定期地编制。试算平衡表通常是在期末结出各账户的本期发生额合计和期末余额后编制的，试算平衡表中一般应设置"期初余额""本期发生额"和"期末余额"三大栏目，其下分设"借方"和"贷方"两个小栏。各大栏中的借方合计与贷方合计应该平衡相等，否则，便存在记账错误。

在日常会计核算中，通常是在月末进行一次试算平衡，下面通过【例 4.5】来说明：

【例4.5】 甲有限责任公司(简称甲公司)2018年3月初有关总分类账户的期初余额如表4.2所示。

表4.2 甲公司2018年3月有关总分类账户的期初余额表

单位:元

账户名称	金额	账户名称	金额
库存现金	500	短期借款	1 000
银行存款	2 000	实收资本	17 000
固定资产	10 000		
无形资产	5 500		
总计	18 000	总计	18 000

2018年3月份发生下列经济业务:

①从银行提取现金1 000元。

该经济业务属于一项资产增加,另一项资产减少的类型。此业务使甲公司的"库存现金"增加1 000元,同时又使"银行存款"减少1 000元。二者都属于资产类账户,应记入"库存现金"的借方和"银行存款"的贷方。

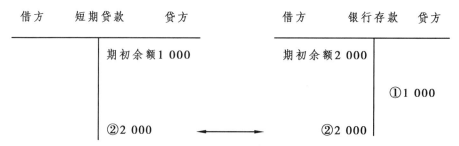

②申请银行短期借款2 000元,贷款划转到企业账户。

该经济业务属于一项资产和负债同时增加的类型,此业务使甲公司的"银行存款"增加2 000元,同时"短期借款"增加2 000元,"银行存款"属于资产类账户,增加记借方;"短期借款"属于负债类账户,增加记贷方。

③收到投资者投入5 000元,其中包括设备2 000元,专利权3 000元。

该经济业务属于资产和所有者权益同时增加的类型,此业务使甲公司的"固定资产"增

62

加 2 000 元,"无形资产"增加 3 000 元,同时使"实收资本"增加 5 000 元。"固定资产""无形资产"属于资产类账户,增加记借方;"实收资本"属于所有者权益类账户,增加记贷方。

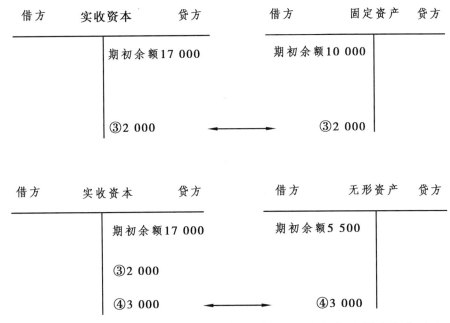

根据各账户的期初余额、本期发生额和期末余额编制账户试算平衡表进行试算平衡,如表 4.3 所示。

表 4.3　试算平衡表

账户名称	期初余额		本期发生额		期末余额	
	借方	贷方	借方	贷方	借方	贷方
库存现金	500		1 000		1 500	
银行存款	2 000		2 000	1 000	3 000	
固定资产	10 000		2 000		12 000	
无形资产	5 500		3 000		8 500	
短期借款		1 000		2 000		3 000
实收资本		17 000		5 000		22 000
合计	18 000	18 000	8 000	8 000	25 000	25 000

在编制试算平衡表时应注意如下问题。

①必须保证所有账户的余额均已记入试算表。

②如果试算表借贷不相等,肯定账户记录有错误,应认真查找,直到实现平衡为止。

③即使实现了有关三栏的平衡关系,也不能说明账户记录绝对正确,因为有些错误

并不会影响借贷双方的平衡关系。

试算平衡只是通过借贷金额是否平衡来检查账户记录是否正确的一种方法。但有些错误并不影响借贷双方的平衡。不影响借贷双方平衡关系的错误通常有：

①漏记某项经济业务,使本期借贷双方的发生额等额减少,借贷仍然平衡。

②重记某项经济业务,使本期借贷双方的发生额等额虚增,借贷仍然平衡。

③某项经济业务记录的应借应贷科目正确,但借贷双方金额同时多记或少记,且金额一致,借贷仍然平衡。

④某项经济业务记错有关账户,借贷仍然平衡。

⑤某项经济业务在账户记录中,颠倒了记账方向,借贷仍然平衡。

章节练习

一、单选题

1.符合资产类账户记账规则的是(　　)。

　　A.增加记借方　　　B.增加记贷方　　　C.减少记借方　　　D.期末若有余额,在贷方

2.应付账款账户期初贷方余额为 1 000 元,本期贷方发生额为 5 000 元,本期贷方余额为 2 000 元,该账户借方发生额为(　　)元。

　　A.借方 4 000　　　B.借方 3 000　　　C.借方 2 000　　　D.贷方 2 000

3.年末所有损益类科目的余额均为零,表明(　　)。

　　A.当年收入一定为零

　　B.当年费用一定为零

　　C.损益类科目发生额在结账时均已转入"本年利润"科目

　　D.当年利润一定是零

4.在借贷记账法下,一般有借方余额的会计科目是(　　)。

　　A.成本类会计科目　　　　　　　　B.负债类会计科目

　　C.损益类会计科目　　　　　　　　D.费用类会计科目

5.通常一借多贷或一贷多借的会计分录对应(　　)。

　　A.一笔经济交易与事项　　　　　　B.一笔或多笔经济交易与事项

　　C.两笔以上经济交易与事项　　　　D.多笔经济交易与事项

6.余额试算平衡法下的平衡关系有(　　)。

　　A.全部会计科目的本期借方发生额合计＝全部会计科目的本期贷方发生额合计

　　B.全部会计科目的期初借方余额合计＝全部会计科目的期末贷方余额合计

　　C.借方科目金额＝贷方科目金额

　　D.全部会计科目的期末借方余额合计＝全部会计科目的期末贷方余额合计

7.下列错误事项能通过试算平衡查找的有(　　)。

　　A.某项经济业务未入账　　　　　　B.某项经济业务重复记账

C.应借应贷账户中借贷方向颠倒　　　D.应借应贷账户中金额不等

8.简单会计分录中的对应关系可称为(　　　)。

　　A.一借一贷　　　　B.一借多贷　　　　C.一贷多借　　　　D.多借多贷

9.复式记账法的基本理论依据是(　　　)。

　　A.收入−费用＝利润

　　B.本期借方发生额合计＝本期贷方发生额合计

　　C.资产＝负债+所有者权益

　　D.期初余额+本期增加数−本期减少数＝期末余额

10.企业从银行借入三年期借款,应贷记的科目是(　　　)。

　　A.短期借款　　　B.长期应付款　　　C.库存现金　　　D.长期借款

11.单位员工出差预借差旅费2 000元,应计入的借方科目是(　　　)。

　　A.其他应收款　　　B.应收账款　　　C.短期借款　　　D.预付账款

12.借贷记账法下"贷"可以表示(　　　)。

　　A.费用增加　　　　　　　　B.负债减少

　　C.所有者权益减少　　　　　　D.收入增加

二、多选题

1.所有者权益类账户的期末余额根据(　　　)计算。

　　A.贷方期末余额＝贷方期初余额+贷方本期发生额−借方本期发生额

　　B.贷方期末余额＝贷方期初余额+借方本期发生额−贷方本期发生额

　　C.借方本期发生额＝贷方期初余额+贷方本期发生额−贷方期末余额

　　D.借方期末余额＝借方期初余额+借方本期发生额−贷方本期发生额

2.借方登记本期减少发生额的账户有(　　　)。

　　A.资产类账户　　B.负债类账户　　C.收入类账户　　D.费用类账户

3.与单式记账法相比,复式记账法优点有(　　　)。

　　A.可以反映每一项经济业务的来龙去脉

　　B.可以反映账户之间的对应关系

　　C.便于检查账户记录的正确性

　　D.便于检查账户记录的完整性

4.下列选项中,无法通过试算平衡发现的有(　　　)。

　　A.整笔漏记　　　　　　　　B.整笔重记

　　C.借贷方金额不等　　　　　　D.科目方向记反

5.下列关于收入类账户,表述正确的有(　　　)。

　　A.本期的增加发生额记入账户的借方

　　B.本期的增加发生额记入账户的贷方

　　C.期末结账后无余额

　　D.期末有借方余额

6.下列账户中,期末余额一般在借方的有(　　　)。

A.预付账款　　　B.应收账款　　　C.应付账款　　　D.累计摊销

7.下列属于复合会计分录的有(　　　)。

  A.一借一贷　　　B.一借多贷　　　C.多借一贷　　　D.多借多贷

8.复式记账法是指对发生的每一笔经济业务都要(　　　)的一种记账方法。

  A.在同一会计期间内

  B.以相等的金额

  C.在相互联系的两个或两个以上的会计科目中

  D.进行登记

9.下列经济业务中,引起资产内部增减变动的有(　　　)。

  A.购买一批材料,款项尚未支付　　　B.收回应收账款存入银行

  C.从银行提取现金备用　　　D.接受现金投资,款项存入银行

10.期末一般无余额的账户是(　　　)。

  A.收入类账户　　　　　　　　　B.资产类账户

  C.所有者权益类账户　　　　　　D.费用类账户

三、判断题

1.记账时,将借贷方向记错,不会影响借贷双方的平衡关系。　　　　　　　(　　)

2.复合会计分录是指多借多贷形式的会计分录。　　　　　　　　　　　　(　　)

3.负债类账户登记借方金额,表示该账户金额的增加;登记贷方金额,表示该账户金额的减少。　　　　　　　　　　　　　　　　　　　　　　　　　　　　　　(　　)

4.无论发生什么经济业务,会计等式两边会计要素总额的平衡关系都不会被破坏。
　　　　　　　　　　　　　　　　　　　　　　　　　　　　　　　　　(　　)

5.收入类账户期末一般有余额。　　　　　　　　　　　　　　　　　　　(　　)

6.如果试算平衡表借贷双方金额相等,则说明账户记录正确无误。　　　　　(　　)

四、计算分析题

某企业1月份有关科目发生额及余额如下:

要求:填写下表金额

账户名称	期初余额		本期发生额		期末余额	
	借方	贷方	借方	贷方	借方	贷方
银行存款	50 000		(2)	(3)	100 000	
库存商品	(1)			20 000	50 000	
固定资产	80 000		20 000		(4)	
短期借款				50 000		(5)
实收资本		200 000				200 000
合　计	200 000	200 000	80 000	80 000	250 000	250 000

第五章　借贷记账法下主要经济业务的账务处理

【本章摘要】

本章内容是全书的重点,主要介绍了会计核算的具体内容。学习本章内容时,要准确掌握所涉及账户的用途、性质和结构,对于企业常见的经济业务能够作出正确的会计处理。

本章的主要内容包括7个方面:

1.资金筹集业务的账务处理。资金筹集业务主要由所有者和债权人提供企业运营所需资金。

2.固定资产业务的账务处理。固定资产是指为生产商品、提供劳务、出租或者经营管理而持有、使用寿命超过一个会计年度的有形资产。固定资产在使用过程中要采用一定的方法计提折旧。

3.材料采购业务的账务处理。材料的采购成本是指企业物资从采购到入库前所发生的全部支出。材料的日常收发结存可以采用实际成本法核算,也可以采用计划成本法核算。

4.生产业务的账务处理。企业在生产过程中发生的各项生产费用,是企业为获得收入而预先垫支并需要得到补偿的资金耗费。这些费用最终都要归集、分配给特定的产品,形成产品的成本。

5.销售业务的账务处理。其内容涉及商品销售、其他销售等业务收入、成本、费用和相关税费的确认与计量。

6.期间费用的账务处理。期间费用包括管理费用、销售费用和财务费用。

7.利润形成与分配业务的账务处理。利润是指企业在一定会计期间的经营成果。企业的利润分配,是指根据国家有关的规定和章程、投资者协议等,对企业当年可供分配利润指定其特定用途和分配给投资者的行为。

【基本要求】

1.掌握企业资金的循环与周转过程

2.掌握核算企业主要经济业务的会计科目

3.掌握企业主要经济业务的账务处理

企业是独立核算的经济实体。企业生产经营业务性质和所属行业不同,其生产经营业务的内容也存在很大差别,会计核算的内容及方法也自然有一定的区别。但是,由于工业企业的生产经营业务活动内容复杂,涉及面广,其业务具有一定的代表性,因此本章以工业企业的主要经济业务为例,简要说明账户及复式记账法的运用。

第一节　企业的主要经济业务

尽管不同企业的经济业务各有特点,其生产经营业务流程也不尽相同,但为了独立地开展生产经营活动,他们都必须拥有一定数量的经营资金,作为从事经营活动的基础。企业的这些资金都是从一定的渠道取得的,并在经营过程中被具体运用,表现为不同的占用形态,并随着生产经营活动的进行不断转化,周而复始,形成资金的循环与周转。一个企业经营的主要过程包括:①资金筹集过程,②供应过程,③产品生产过程,④产品销售过程,⑤利润形成与分配过程等。具体如图5.1所示。

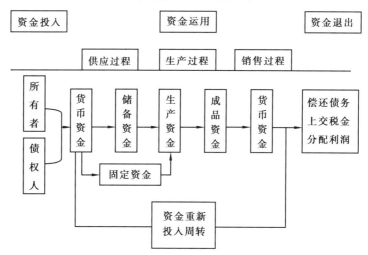

图5.1　企业资金周转示意图

由图5.1可知,企业在不同的经营过程中会发生不同的有典型代表意义的业务。

(1)筹资过程

企业要进行生产经营活动,就必须拥有与生产经营规模相适应的资金。资金的筹集包括投资者投入和向债权人借入,此时,资产表现为货币资金形态。此后,企业以货币资金建造或购买厂房、机器设备等,为生产产品做必要的生产资料准备,此时,资金就从货币资金转化为固定资金形态。

(2)供应过程

企业采购材料,符合条件的费用被归集入不同种类和数量的材料中,构成材料采购成本。同时,与材料供应单位产生结算关系,物资采购业务和因采购而需要进一步完成的资金结算业务成为供应过程核算的重点业务。

（3）生产过程

生产工人借助各种材料，启用机器设备，在生产线上，将材料的成本、机器设备磨损的价值、劳动力的成本、水电照明等耗费的价值完美地结合，形成产成品，这些物化劳动和活劳动的耗费及转化的核算，是生产过程业务核算的重点。

（4）销售过程

企业销售产品，通过结算收回资金，也会产生各种销售费用，还需要计算销售过程中产生的税金，这些都是销售过程需要核算的主要经济业务。

（5）利润形成与分配过程

企业经过一定会计期间的经营，通过会计核算计算企业所实现的利润或发生的亏损。如果盈利，计算缴纳所得税后，还应当按照国家规定的程序进行分配。

本章主要介绍企业的资金筹集、设备购置、材料采购、产品生产、商品销售和利润分配等经济业务。针对企业生产经营过程中发生的上述经济业务，账务处理的主要内容有：

①资金筹集业务的账务处理；

②固定资产业务的账务处理；

③材料采购业务的账务处理；

④生产业务的账务处理；

⑤销售业务的账务处理；

⑥期间费用的账务处理；

⑦利润形成与分配业务的账务处理。

企业必须根据各项经济业务的具体内容和管理上的客观要求，相应地设置不同的账户进行核算，以便完整、连续、系统地核算和监督企业能用货币计量的所有基本经济业务。

第二节　资金筹集业务的账务处理

企业要组织和完成生产经营活动，首要任务是为正常的生产经营活动筹集一定数量的资金。企业的资金筹集业务按其资金来源通常分为所有者权益筹资和负债筹资。

所有者权益筹资形成所有者的权益，这部分资本的所有者既享有企业的经营收益，也承担企业的经营风险。所有者向企业投入的资本，在一般情况下无须偿还，可供企业长期周转使用。所有者投入的资本是企业重要的长期资金来源之一，投资者可以以货币形式投资，也可以以实物、知识产权、土地使用权等可以用货币估价并可以依法转让的非货币性财产作价投资。

负债筹资形成债权人的权益（通常称为债务资本），主要包括企业向债权人借入的资金和结算形成的负债资金等，这部分资本的所有者享有按约收回本金和利息的权利。借入的资金必须按预定的借款用途使用、定期支付利息并到期归还本金。

【随堂-多选题】

企业筹集资金的来源有(　　)。

A.投资者的投资　　　B.固定资产清理收入　　　C.捐赠收入　　　D.向债权人借入资金

一、所有者权益筹资业务

(一)所有者投入资本的构成

按投资形式,投资者投入的资本可以分为货币资金投资、实物投资(如固定资产、原材料等)、无形资产投资等。不同的投资形式,其进行会计计量时,确定其实际投资金额的方法有所不同:①货币资金投资直接以实际收到的价款作为入账金额;②实物和无形资产投资或其他投资,入账金额以双方认可的评估价为准。入账后的实收资本或股本,在企业清算前,除依法转让外,通常不得以任何形式抽逃。

(二)账户设置

企业通常设置以下账户对所有者权益筹资业务进行核算:

1."实收资本(或股本)"账户

实收资本(或股本)是指企业的投资者按照企业章程、合同或协议的约定,实际投入企业的资本金。投资者向企业投入的资本,在一般情况下无须偿还,并可以长期周转使用。我国实行注册资本制度。除国家另有规定外,企业的投入资本应等于注册资本。注册资本是指企业在设立时向工商行政管理部门登记的资本总额,也就是全部出资者设定的出资额之和。注册资本是企业法定资本,是企业承担民事责任的财力保证。

"实收资本"账户(股份有限公司一般设置"股本"账户)属于所有者权益类账户,用以核算企业接受投资者投入的实收资本。该账户贷方登记所有者投入企业资本金的增加额,借方登记按法定程序报经批准减少的注册资本的金额,期末余额在贷方,反映企业期末实收资本(或股本)总额。"实收资本"账户结构和内容如图5.2所示。

借	实收资本	贷
按法定程序减少的资本额	投资者投入的注册资本额	
	资本公积、盈余公积转增资本的金额	
	期末资本实有金额	

图5.2　"实收资本"账户结构和内容

2."资本公积"账户

"资本公积"账户属于所有者权益类账户,用以核算企业收到投资者出资额超出其在注册资本或股本中所占份额的部分,以及直接计入所有者权益的利得和损失等。

资本公积与实收资本虽然都属于投入资本范畴,但两者又有区别。实收资本一般是投资者投入的、为谋求价值增值的原始投资,而且属于法定资本,因此,实收资本无论是在来源上还是在金额上,都有比较严格的限制。资本公积在金额上则并没有严格限制,而且在来源上也相对比较多样,只是由于法律的规定而无法直接以资本的名义出现。资本公积从其实质上看是一种准资本。资本公积的主要用途是可以依法用于转增资本,而不得作为投资利润或股利进行分配。

"资本公积"账户借方登记资本公积的减少额,如股东大会或类似机构决议用资本公积转增资本的金额;贷方登记资本公积的增加额,如企业收到投资者出资额超出其在注册资本或股本中所占份额的部分。期末余额在贷方,反映企业期末资本公积的结余数额。"资本公积"账户结构和内容如图 5.3 所示。

图 5.3　"资本公积"账户结构和内容

3."银行存款"账户

"银行存款"账户属于资产类账户,用以核算企业存入银行或其他金融机构的各种款项,但是银行汇票存款、银行本票存款、信用证保证金存款等,通过"其他货币资金"账户核算。

该账户借方登记存入的款项,贷方登记提取或支出的款项。期末余额在借方,反映企业存在银行或其他金融机构的各种款项的合计数。

(三)账务处理

投入的资本按照投入资本的物质形态不同,可以分为货币投资、实物投资和无形资产投资等。

1.接受现金资产投资的账务处理

企业接受投资者投入的资本,借记"银行存款""固定资产""无形资产"等科目,按其在注册资本或股本中所占份额,贷记"实收资本(或股本)"科目,按其差额,贷记"资本公积——资本溢价(或股本溢价)"科目。

【例 5.1】　甲有限责任公司收到 A 公司投资 50 000 元,款项已存入银行。

这项业务应编制会计分录如下:

借:银行存款　　　　　　　　　　　　　　　　　　　　　50 000

　　贷:实收资本　　　　　　　　　　　　　　　　　　　　　50 000

【例 5.2】　甲有限责任公司收到 A 公司投资 50 000 元,款项已存入银行。按照双方的约定,其中的 40 000 元记入实收资本。

这项业务应编制会计分录如下:

借:银行存款　　　　　　　　　　　　　　　　　　　　　50 000

　　贷:实收资本　　　　　　　　　　　　　　　　　　40 000
　　　资本公积——资本溢价　　　　　　　　　　　　10 000

【例5.3】　乙股份有限公司发行普通股100 000股,每股面值1元,每股发行价格1元。假定股票发行成功,股款100 000元已全部收到存入银行。

股份有限公司发行股票,企业应当按照股票面值的部分记入"股本"账户。这项经济业务的发生,一方面使得公司的银行存款增加100 000元,记入"银行存款"账户借方;另一方面使公司所有者权益中的股本增加100 000元,记入"股本"账户贷方。

这项业务应编制会计分录如下:

借:银行存款　　　　　　　　　　　　　　　　　　100 000
　　贷:股本　　　　　　　　　　　　　　　　　　　100 000

【例5.4】　乙股份有限公司发行普通股100 000股,每股面值1元,按每股1.2元价格发行。假如股款已存入银行。

股份有限公司发行股票,均通过"股本"账户核算。当溢价发行股票时,企业应当将相当于股票面值的部分记入"股本"账户,其余部分记入"资本公积"账户。款项存入银行应记入"银行存款"的借方。

这项业务应编制会计分录如下:

借:银行存款　　　　　　　　　　　　　　　　　　120 000
　　贷:股本　　　　　　　　　　　　　　　　　　　100 000
　　　资本公积——股本溢价　　　　　　　　　　　　20 000

2.接受非现金资产投资的账务处理

企业接受以固定资产、原材料、无形资产等方式投入的资本,应按照投资合同或协议约定价值确认接受的非现金资产的价值(投资合同或协议约定价值不公允的除外),并确定在注册资本中应该享有的份额。借记相应的资产类科目,按照应享有的份额贷记"实收资本"或"股本"科目,两者之间差额记入"资本公积——资本(股本)溢价"科目。

【例5.5】　乙有限责任公司收到甲公司作为投资投入的设备一台,该设备所确认的价值为30 000元,有关设备的移交手续已办妥。

这项业务应编制会计分录如下:

借:固定资产　　　　　　　　　　　　　　　　　　30 000
　　贷:实收资本　　　　　　　　　　　　　　　　　30 000

【例5.6】　丁公司接受B公司投入的商标权,经专家评估确认价值为90 000元。

这项业务应编制会计分录如下:

借:无形资产　　　　　　　　　　　　　　　　　　90 000
　　贷:实收资本　　　　　　　　　　　　　　　　　90 000

【例5.7】　甲公司经股东大会批准,将公司的资本公积200 000元转增资本。

这是一项所有者权益内部转化的业务。该项经济业务的发生,一方面使得公司的实收资本增加200 000元,记入"实收资本"账户贷方;另一方面使得公司的资本公积减少

200 000 元,记入"资本公积"账户借方。

这项业务应编制会计分录如下:

借:资本公积　　　　　　　　　　　　　　　　　200 000
　贷:实收资本　　　　　　　　　　　　　　　　　　200 000

二、负债筹资业务

企业在生产经营过程中,由于周转资金不足,向银行或其他金融机构借入款项而筹集到的资金形成企业的负债。由于负债的产生,形成债权人对企业资产的要求权,也称为"债权人权益"。对这部分权益,企业必须以资产、提供劳务或举借新的负债去偿还。负债按其偿还期限的长短可以分为流动负债和非流动负债。流动负债指将在1年内(含1年)或超过1年的一个营业周期内偿还的债务;长期负债是指偿还期在1年以上或超过1年的一个营业周期以上偿还的债务。作为债务人应该按照贷款合同的规定,按期支付利息,到期归还本金。

(一)负债筹资的构成

负债筹资主要包括向银行或非银行金融机构借入的短期借款和长期借款等。

短期借款是指企业为了满足日常生产经营活动对资金的需求,而向银行或其他金融机构等借入的偿还期限在1年以内(含1年)的各种临时性借款。短期借款一般是企业为维持正常的生产经营所需的资金而借入的或者为抵偿某项债务而借入的款项。短期借款应当按照借款本金和确定的银行借款利率按期计提利息,计入当期损益。

长期借款是企业向银行及其他金融机构借入的偿还期限在1年以上或超过1年的一个经营周期以上的各种借款。一般来说,企业举借长期借款,主要是为了购买大型固定资产等使用。长期借款利息的会计处理,是按照权责发生制原则,企业应当按月提取借款利息,并根据借入资金用途不同进行不同的利息处理。如果借入的款项用于购建固定资产、无形资产,其长期借款利息在工程达到预定可使用状态之前所发生的利息支出记入有关工程成本,当工程达到预定可使用状态之后产生的利息支出应停止借款费用资本化而予以费用化,计入当期财务费用;如果借入的款项用于日常的生产经营,其利息费用记入财务费用。

(二)账户设置

企业通常设置以下账户对负债筹资业务进行会计核算:

1."短期借款"账户

"短期借款"账户属于负债类账户,用以核算企业的短期借款。该账户贷方登记短期借款本金的增加额,借方登记短期借款本金的减少额。期末余额在贷方,反映企业期末尚未归还的短期借款,如图5.4所示。

2."长期借款"账户

"长期借款"账户属于负债类账户,用以核算企业的长期借款。

该账户贷方登记企业长期借款本金的增加额,借方登记归还的本金和利息。期末余

借	短 期 借 款	贷
企业归还的短期借款金额	企业借入的各种短期借款	
	期末尚未偿还的短期借款	

图 5.4 "短期借款"账户结构和内容

额在贷方,反映企业期末尚未偿还的长期借款,如图 5.5 所示。

借	长 期 借 款	贷
企业归还的长期借款金额	企业借入的长期借款本金	
	期末尚未偿还的长期借款	

图 5.5 "长期借款"账户结构和内容

3."应付利息"账户

"应付利息"账户属于负债类账户,用以核算企业按照合同约定应支付的利息,该账户贷方登记企业按合同利率计算确定的应付未付利息,借方登记归还的利息。期末余额在贷方,反映企业应付未付的利息。如图 5.6 所示。

借	应 付 利 息	贷
企业归还的利息金额	企业的应付未付利息金额	
	期末应付支付的利息	

图 5.6 "应付利息"账户结构和内容

4."财务费用"账户

"财务费用"账户属于损益类账户,用以核算企业为筹集生产经营所需资金等而发生的筹资费用,包括利息支出(减利息收入)以及相关的手续费、企业发生的现金折扣或收到的现金折扣等。该账户借方登记财务费用的增加额,贷方登记财务费用的减少或结转。期末结转至"本年利润"后,该账户一般无余额,如图 5.7 所示。

【随堂-单选题】

下列账户中,期末结转后无余额的是(　　　)。

A.短期借款　　　　B.长期借款　　　　C.应付利息　　　　D.财务费用

借	财务费用	贷
企业发生的各种财务费用	应冲减的财务费用 期末结转到"本年利润"账户的金额	
	无余额	

图 5.7　"财务费用"账户结构和内容

(三)账务处理

1.短期借款的账务处理

(1)企业借入的各种短期借款的账务处理

取得借款时

借:银行存款

　　贷:短期借款

归还借款时做相反的会计分录。

(2)计提短期借款利息以及支付利息的账务处理

企业的短期借款利息一般采用月末预提的方式进行核算。企业应当在资产负债表日按照计算确定的短期借款利息费用。

借:财务费用

　　贷:应付利息

实际支付利息时,如果支付的是已经计提的利息:

借:应付利息

　　贷:银行存款

如果支付的是尚未计提的利息:

借:财务费用

　　贷:银行存款

【例 5.8】　某企业于 2018 年 1 月 1 日取得银行借款 100 000 元,期限 3 个月,年利率为 6%,该借款到期后按期如数偿还,利息分月预提,按季支付。要求:编制借款取得、预提利息、支付利息以及到期还本的会计分录。

①1 月 1 日取得借款时,做如下账务处理:

借:银行存款　　　　　　　　　　　　　　　　　　100 000

　　贷:短期借款　　　　　　　　　　　　　　　　　　100 000

②1 月末,计提 1 月份应计利息:

借:财务费用　　　　　　　　　　　　　　　　　　500

　　贷:应付利息　　　　　　　　　　　　　　　　　　500

2 月末计提 2 月份利息费用的处理与 1 月份相同。

③3 月末支付本季度借款利息时,做如下账务处理:

借:财务费用   500

    应付利息   1 000

    贷:银行存款   1 500

④归还短期借款本金时,做如下账务处理:

借:短期借款   100 000

    贷:银行存款   100 000

【学习笔记】

表 5.1　短期借款的账务处理

核算内容	账务处理
取得短期借款	借:银行存款 　贷:短期借款
计提利息	借:财务费用 　贷:应付利息
支付利息	借:财务费用(当月) 　应付利息(以前月份计提的) 　贷:银行存款
偿还短期借款	借:短期借款 　贷:银行存款

如果利息按月支付,或者虽然分期(季、半年)支付或到期一次支付但数额较小,可不用预提的方法,而在实际支付利息时直接计入当期损益。

【例 5.9】　公司于 2018 年 1 月 1 日取得银行借款 20 000 元,期限 6 个月,年利率为 5%。利息直接支付,不预提。

①取得借款时,做如下账务处理:

借:银行存款   20 000

    贷:短期借款   20 000

②归还短期借款和利息时,做如下账务处理:

借:短期借款   20 000

    财务费用   500

    贷:银行存款   20 500

2.长期借款的账务处理

按照付息方式,可将长期借款分为分期付息到期还本的长期借款和到期一次还本付息的长期借款。

（1）长期借款借入和归还的账务处理

企业借入长期借款，应按实际收到的金额：

借：银行存款

　　贷：长期借款

企业归还长期借款的本金时，按应归还的金额：

借：长期借款

　　贷：银行存款

（2）计提长期借款利息以及支付利息的账务处理

【扩展阅读】

会计实务中长期借款计算确定的利息费用，应当按以下原则计入有关成本、费用：

①属于筹建期间的，记入"管理费用"科目；

②属于生产经营期间的，记入"财务费用"科目；

③如果长期借款用于购建固定资产等符合资本化条件的资产，在资产尚未达到预定可使用状态前，所发生的利息支出应当资本化，记入"在建工程""制造费用"等相关资产成本科目；资产达到预定可使用状态后发生的利息支出以及按规定不能资本化的利息支出，记入"财务费用"科目。

注：会计从业学习阶段，关于长期借款的核算，只需要重点掌握"长期借款"借入和归还时的相应核算即可，其他内容可以留待初、中级时再学习。

【例5.10】　假设某公司于2013年1月1日从银行借入资金300 000元，借款期限为3年，年利率为8%，所借款项已存入银行。2016年1月1日借款到期，公司偿还了该笔银行借款本息。

①2013年1月1日，借入长期借款时，做如下账务处理：

借：银行存款　　　　　　　　　　　　　　　　300 000

　　贷：长期借款　　　　　　　　　　　　　　　300 000

②2016年1月1日，偿还该笔长期借款本金时，做如下账务处理：

借：长期借款　　　　　　　　　　　　　　　　300 000

　　贷：银行存款　　　　　　　　　　　　　　　300 000

第三节　固定资产业务的账务处理

一、固定资产的概念与特征

固定资产是指为生产商品、提供劳务、出租或者经营管理而持有、使用寿命超过1个会计年度的有形资产。

固定资产同时具有以下特征:

1.属于一种有形资产

固定资产具有实物特征,这一特征将固定资产与无形资产区别开来。有些无形资产可能同时符合固定资产的其他特征,如无形资产为生产商品、提供劳务而持有,使用寿命超过一个会计年度,但是,由于其没有实物形态,所以不属于固定资产。

2.为生产商品、提供劳务、出租或者经营管理而持有

企业持有固定资产的目的是生产商品、提供劳务、出租或者经营管理,而不是直接用于出售。

3.使用寿命超过一个会计年度

固定资产使用寿命超过一个会计年度,表明固定资产属于非流动资产,随着使用、磨损和损耗,通过计提折旧方式逐渐减少账面价值。

二、固定资产的成本

固定资产的成本是指企业购建某项固定资产达到预定可使用状态前所发生的一切合理、必要的支出。

企业可以通过外购、自行建造、投资者投入、非货币性资产交换和融资租赁等方式取得固定资产。不同取得方式下,固定资产成本的具体构成内容及其确定方法也不尽相同。

外购固定资产的成本,包括购买价款、相关税费、使固定资产达到预定可使用状态前所发生的可归属于该项资产的运输费、装卸费、安装费和专业人员服务费等。

【扩展阅读】

2009 年 1 月 1 日增值税转型改革后,作为一般纳税人的企业购建生产用固定资产发生的增值税进项税额可以从销项税额中抵扣,要单独进行核算,不再记入固定资产的购置成本中。

1.固定资产相关税务知识补充

营改增首次将不动产纳入抵扣范围,无论是制造业、商业等原增值纳税人,还是营改增试点纳税人,都可抵扣新增不动产所含增值税。

①适用一般计税方法的试点纳税人,2016 年 5 月 1 日后取得并在会计制度上按固定资产核算的不动产或者 2016 年 5 月 1 日后取得的不动产在建工程,其进项税额应自取得之日起分两年从销项税额中抵扣。

②第一年抵扣比例为 60%,第二年抵扣比例为 40%。取得不动产,包括以直接购买、接受捐赠、接受投资入股、自建以及抵债等各种形式取得不动产,不包括房地产开发企业自行开发的房地产项目。

③融资租入的不动产以及在施工现场修建的临时建筑物、构筑物,其进项税额不适用上述分两年抵扣的规定。

2.增值税基本含义

增值税是以商品(含应税劳务)在流转过程中产生的增值额作为计税依据而征收的

一种流转税。从计税原理上说,增值税是对商品生产、流通、劳务服务中多个环节的新增价值或商品的附加值征收的一种流转税。实行价外税,也就是由消费者负担,有增值才征税没增值不征税。但在实际当中,商品新增价值或附加值在生产和流通过程中是很难准确计算的。

因此,中国也采用国际上普遍采用的税款抵扣的办法。即根据销售商品或劳务的销售额,按规定的税率计算出销售税额,然后扣除取得该商品或劳务时所支付的增值税款,也就是进项税额,其差额就是增值部分应交的税额,这种计算方法体现了按增值因素计税的原则。

【例5.11】 某企业为增值税一般纳税人,2018年7月1日购入设备一台,价款200 000元,增值税专用发票注明税款32 000元,发生设备运费取得公司开具的增值税专用发票注明金额5 000元,增值税税额500元。

①计算该项设备的入账价值;

②计算购入该设备可以抵扣的增值税进项税额。

【答案】

①设备的入账价值=价款+运费(不包括可以抵扣的增值税进项税)= 200 000+5 000=205 000(元);

②可以抵扣的增值税进项税=购入价的增值税进项税+可以抵扣的运费进项税=32 000+500=32 500(元)。

三、固定资产的折旧

(一)固定资产折旧的概念

固定资产折旧是固定资产由于磨损和损耗而逐渐转移的价值。这部分转移的价值以折旧费的形式计入相关成本费用,并从企业的营业收入中得到补偿。因此,企业应当在固定资产的使用寿命内,按照确定的方法对应计折旧额进行系统分摊。其中,应计折旧额是指应当计提折旧的固定资产的原价扣除其预计净残值后的金额。

预计净残值是指假定固定资产的预计使用寿命已满并处于使用寿命终了时的预期状态,企业目前从该项资产的处置中获得的扣除预计处置费用后的金额。预计净残值率是指固定资产预计净残值额占其原价的比率。企业应当根据固定资产的性质和使用情况,合理确定固定资产的预计净残值。预计净残值一经确定,不得随意变更。

(二)固定资产的折旧范围和时间

企业应当按月对所有的固定资产计提折旧,但是已提足折旧仍继续使用的固定资产除外。当月增加的固定资产,当月不计提折旧,从下月起计提折旧;当月减少的固定资产,当月仍计提折旧,从下月起不计提折旧。提前报废的固定资产,不再补提折旧。

(三)固定资产的折旧方法

企业应当根据与固定资产有关的经济利益的预期实现方式,合理选择固定资产折旧方法。折旧方法一经选定,不得随意变更。

企业可选用的折旧方法有年限平均法、工作量法、双倍余额递减法和年数总和法等。其中,双倍余额递减法和年数总和法属于加速折旧法。本书重点介绍年限平均法和双倍余额递减法。

(1)年限平均法

年限平均法又称直线法,是将固定资产的应计折旧额均衡地分摊到固定资产预计使用寿命内的一种方法。使用这种方法计算的每期折旧额均是相等的。其计算公式如下:

$$年折旧额=(固定资产原值-预计净残值)÷预计使用年限$$
$$月折旧额=年折旧额÷12$$

其中:
$$预计净残值=固定资产原值×预计净残值率$$
$$预计净残值率=预计净残值÷固定资产原值$$

【例5.12】 企业有一设备,原值为25 000元,预计可使用10年,按照有关规定,该设备报废时的净残值为1 000元。要求:使用年限平均法计算该设备的月折旧额。

【答案】

年折旧额=(25 000-1 000)÷10=2 400(元)

月折旧额=2 400÷12=200(元)

(2)双倍余额递减法

双倍余额递减法是指在不考虑固定资产残值的情况下,根据每期期初固定资产账面净值(固定资产账面余额减累计折旧)和双倍的直线法折旧率计算固定折旧额的一种方法。采用双倍余额递减法计提折旧的固定资产,一般应在其折旧年限到期前两年内,将固定资产账面净值扣除预计净残值后的余额平均摊销。计算公式为:

$$年折旧率=2/预计使用年限×100$$
$$年折旧额=固定资产账面净值×年折旧率$$

【例5.13】 某企业一台机器设备的原价为100 000元,预计使用年限为5年,预计净残值为2 000元。按双倍余额递减法计提折旧,每年的折旧额计算如下:

年折旧率=2/5×100%=40%

第1年应计提的折旧额=100 000×40%=40 000(元)

第2年应计提的折旧额=(100 000-40 000)×40%=24 000(元)

第3年应计提的折旧额=(60 000-24 000)×40%=14 400(元)

从第4年起改用年限平均法(直线法)计提折旧。

第4年、第5年的年折旧额=[(36 000-14 400)-2 000]/2=9 800(元)

不同的固定资产折旧方法,将影响固定资产使用寿命期间内不同时期的折旧费用。企业应当根据与固定资产有关的经济利益的预期实现方式合理选择折旧方法。固定资产的折旧方法一经确定,不得随意变更。

四、账户设置

企业通常设置以下账户对固定资产业务进行会计核算:

1."在建工程"账户

"在建工程"账户属于资产类账户,用以核算企业基建、更新改造等在建工程发生的支出。

该账户借方登记企业各项在建工程的实际支出,贷方登记工程达到预定可使用状态时转出的成本等。期末余额在借方,反映企业期末尚未达到预定可使用状态的在建工程的成本。

2."工程物资"账户

"工程物资"账户属于资产类账户,用以核算企业为在建工程准备的各种物资的成本,包括工程用材料、尚未安装的设备以及为生产准备的工器具等。该账户借方登记企业购入工程物资的成本,贷方登记领用工程物资的成本。期末余额在借方,反映企业期末为在建工程准备的各种物资的成本。"工程物资"账户结构和内容如图5.8所示。

借	工程物资	贷
购入工程物资的成本	领用工程物资的成本	
期末为在建工程准备的各种物资成本		

图5.8 "工程物资"账户结构和内容

3."固定资产"账户

"固定资产"账户属于资产类账户,用以核算企业持有的固定资产原价。

该账户的借方登记固定资产原价的增加,贷方登记固定资产原价的减少。期末余额在借方,反映企业期末固定资产的原价,如图5.9所示。

借	固定资产	贷
购入固定资产的成本	处置固定资产的减少额	
期末账面原价		

图5.9 "固定资产"账户结构和内容

4."累计折旧"账户

"累计折旧"账户属于资产类备抵账户,用以核算企业固定资产计提的累计折旧。

该账户贷方登记按月提取的折旧额,即累计折旧的增加额,借方登记因减少固定资产而转出的累计折旧。期末余额在贷方,反映期末固定资产的累计折旧额,如图5.10所示。

【随堂-多选题】

下列关于"累计折旧"账户的表述,正确的有(　　　)。

A.属于资产类账户　　　　　　　B.贷方登记增加额

C.借方登记减少额　　　　　　　D.期末余额在贷方,反映本期计提的折旧额

图 5.10 "累计折旧"账户结构和内容

五、账务处理

(一)固定资产的购入

1.购入不需要安装的固定资产的账务处理

企业购入的不需要安装的固定资产,是指企业购置的不需要安装直接达到预定可使用状态的固定资产。购入不需要安装的固定资产,应按购入时实际支付的全部价款,包括支付的买价、相关税费等,以及使固定资产达到预定可使用状态所发生的可直接归属于该资产的其他支出,作为固定资产的入账价值,借记"固定资产""应交税费——应交增值税(进项税额)"科目,贷记"银行存款"等科目。

【例 5.14】 某增值税一般纳税企业购入不需要安装的生产设备一台,取得增值税专用发票注明设备买价为 20 000 元,增值税为 3 200 元,另支付运杂费 1 000 元,支付包装费 800 元。上述款项均已用银行存款支付。

该企业应编制会计分录如下:

借:固定资产 21 800

应交税费——应交增值税(进项税额) 3 200

贷:银行存款 25 000

2.购入需要安装的固定资产的账务处理

购入需要安装的固定资产,先记入"在建工程"科目,安装完毕后交付使用时再转入"固定资产"科目。

【例 5.15】 公司购入一台需要安装的通信设备,发票价格 50 000 元,增值税额 8 000 元,运费 3 000 元,发生安装费 3 000 元,款项全部用银行存款支付。

会计分录如下:

①购入该设备时:

借:在建工程——通信设备 53 000

应交税费——应交增值税(进项税额) 8 000

贷:银行存款 61 000

②发生安装费时:

借:在建工程——通信设备 3 000

贷:银行存款 3 000

③该项设备安装完毕交付使用时,按其全部成本作为固定资产的原值入账:

借:固定资产——通信设备　　　　　　　　　　　56 000

　　贷:在建工程——通信设备　　　　　　　　　　56 000

(二)固定资产的折旧

企业按月计提的固定资产折旧,根据固定资产的用途计入相关资产的成本或者当期损益,借记"制造费用""销售费用""管理费用"等科目,贷记"累计折旧"科目,如表5.2所示。

表5.2　固定资产折旧业务处理中账户的对应关系

业　务	账户对应关系
折旧	借:制造费用(车间使用) 　　销售费用(销售部门使用) 　　管理费用(行政部门使用) 贷:累计折旧

【例5.16】　某企业在2018年3月份应计提的固定资产折旧为36 000元,其中,生产车间固定资产应计提折旧为20 000元,管理部门固定资产应计提的折旧为10 000元,销售部门固定资产应计提的折旧为6 000元。企业应作如下会计分录:

借:制造费用　　　　　　　　　　　　　　　　20 000

　　管理费用　　　　　　　　　　　　　　　　10 000

　　销售费用　　　　　　　　　　　　　　　　6 000

　　贷:累计折旧　　　　　　　　　　　　　　　36 000

(三)固定资产处置的账务处理

企业因出售、报废、毁损、对外投资、非货币性资产交换、债务重组等原因转出的固定资产以及在清理过程中发生的费用等,一般通过"固定资产清理"科目核算。

该账户借方登记转入清理的固定资产账面价值和发生的清理费用和相关税金,贷方登记清理固定资产的变价收入、残料收入和应由有关单位或责任人赔偿的损失。固定资产清理完成后,"固定资产清理"账户的余额应予以转销。其借方余额,属于固定资产清理后的净损失,应借记"营业外支出——处置固定资产净损失"账户,贷记"固定资产清理"账户;其贷方余额,属于固定资产清理后的净收益,应借记"固定资产清理"账户,贷记"营业外收入——处置固定资产净收益"账户。结转后,"固定资产清理"账户应无余额。

处置固定资产应通过"固定资产清理"科目核算。具体包括以下几个环节:

①固定资产转入清理。固定资产转入清理时,按该项固定资产的账面价值,借记"固定资产清理"科目;按已计提的折旧,借记"累计折旧"科目;按已计提的减值准备,借记"固定资产减值准备"科目;按其账面原价,贷记"固定资产"科目。

②清理费用的处理。固定资产清理过程中应支付的清理费用,借记"固定资产清理"科目,贷记"银行存款"等科目。

③出售收入的处理。收回出售固定资产的价款,借记"银行存款"科目,贷记"固定资产清理"科目。

④保险赔偿等的处理。应由保险公司或过失人赔偿的损失,借记"其他应收款"等科目,贷记"固定资产清理"科目。

⑤结转净损益的处理。固定资产清理完成后的净损失,借记"营业外支出"科目,贷记"固定资产清理"科目;固定资产清理完成后的净收益,借记"固定资产清理"科目,贷记"营业外收入"科目。

【例5.17】 企业出售一栋建筑物,原价100万元,已计提折旧20万元,未计提减值准备,用银行存款支付清理费用1万元,出售收入为90万元,已存入银行。应编制会计分录如下:

①固定资产转入清理:

借:固定资产清理		800 000
累计折旧		200 000
贷:固定资产		1 000 000

②支付清理费用:

借:固定资产清理		10 000
贷:银行存款		10 000

③收到出售价款:

借:银行存款		900 000
贷:固定资产清理		900 000

④结转固定资产处置净收益:

借:固定资产清理		90 000
贷:营业外收入		90 000

【例5.18】 某公司有轿车一辆,原价150 000元,已提折旧30 000元,在一次交通事故中毁损,收回过失人赔偿款60 000元,轿车残料变价收入5 000元,均以银行存款转账存入,不考虑相关税金。该公司应编制会计分录如下:

①将报废轿车转入清理:

借:固定资产清理		120 000
累计折旧		30 000
贷:固定资产		150 000

②收到过失人赔偿款及残料变价收入:

借:银行存款		65 000
贷:固定资产清理		65 000

③结转固定资产处置的净损益:

借:营业外支出		55 000
贷:固定资产清理		55 000

第四节 材料采购业务的账务处理

原材料是生产经营过程中的劳动对象。原材料的日常收发及结存,既可以采用实际成本核算,也可以采用计划成本核算。本节分别介绍两种核算方法下材料采购业务的账务处理。

一、材料的采购成本

企业生产所需的材料,通常情况下,都是从外单位采购而来的。在材料的采购过程中,要发生材料的买价、采购费用和增值税的进项税等相关问题。材料的采购成本是指企业物资从采购到入库前所发生的全部支出。包括购买价款、相关税费(不包括准予抵扣的增值税)、运输费、装卸费、保险费以及其他可归属于采购成本的费用。

①买价(供货单位的发票账单上列明的价款)。

②运杂费(包括运输费、装卸费、保险费、包装费、仓储费等)。

③运输途中的合理损耗,指企业与供应或运输部门所签订的合同中规定的合理损耗或必要的自然损耗。

④入库前的挑选整理费用,指购入的材料在入库前需要挑选整理而发生的费用,包括挑选过程中所支付给挑选人员的工资支出和必要的损耗。入库后的挑选整理费用计入管理费用。

⑤购入物资负担的税金和其他费用,指企业购买材料时发生的进口关税、消费税、资源税和不能抵扣的增值税进项税额等应计入材料采购成本的税费。

发生以上可归属于材料采购的费用,能分清负担对象的,应直接计入该材料的采购成本;不能分清负担对象的,应选择合理的分配方法,分配计入有关材料的采购成本。分配方法通常包括按所购材料的重量、体积或采购价格比例进行分配。

下列费用不得计入原材料采购成本,应在发生时计入当期损益:①非正常消耗(如因自然灾害而发生的损耗);②采购入库后发生的费用,如仓储费用、挑选整理费;③采购员的差旅费。

【例5.19】 某增值税一般纳税企业购进材料一批,取得增值税专用发票注明买价15 000元,增值税税额2 400元,运杂费600元,入库前整理挑选费400元。要求:计算该批材料的采购成本。

【答案】买价、入库之前的运费、挑选整理费均应归入材料采购成本。则该批材料采购成本 = 15 000 + 600 + 400 = 16 000(元)。

【例5.20】 公司支付从M公司购入A,B两种材料的运杂费3 000元,发票上列明A材料1 000千克、B材料2 000千克。要求:对购入的A,B材料发生的共同运杂费以质量作为分配标准,进行分配。

【答案】分配率＝3 000÷(1 000 +2 000)＝1;

A 材料应负担的运杂费＝1 000×1＝1 000(元);

B 材料应负担的运杂费＝2 000×1＝2 000(元)。

在会计核算中,分配共同发生的采购费用的一般步骤是:

①选择分配标准,通常可以是质量、体积、买价等,在本题中按质量标准进行共同运杂费的分配;

②计算分配率,分配率＝待分配的共同费用÷分配标准之和;

③确定各材料应分配的采购费用:用各材料的分配标准×计算的分配率即可。

二、账户设置

企业通常设置以下账户对材料采购业务进行会计核算:

1.“在途物资”账户

“在途物资”账户属于资产类账户,用以核算企业采用实际成本进行材料、商品等物资的日常核算、货款已付尚未验收入库的在途物资的采购成本。该账户借方登记购入材料、商品等物资的买价和采购费用(采购实际成本),贷方登记已验收入库材料、商品等物资应结转的实际采购成本。期末余额在借方,反映企业期末在途材料、商品等物资的采购成本,如图5.11 所示。

借	在途物资	贷
购入在途材料的成本	验收入库材料的成本	
期末尚未验收入库的材料成本		

图5.11 “在途物资”账户结构和内容

2.“材料采购”账户

“材料采购”账户属于资产类账户,用以核算企业采用计划成本进行材料日常核算而购入材料的采购成本。

“材料采购”账户借方登记材料的实际成本,贷方登记入库材料的计划成本。借方大于贷方表示超支,从本科目贷方转入“材料成本差异”科目的借方;贷方大于借方表示节约,从本科目借方转入“材料成本差异”科目的贷方;期末一般为借方余额,反映企业在途材料的采购成本,如图5.12 所示。

3.“原材料”账户

“原材料”账户属于资产类账户,用以核算企业库存的各种材料,包括原料及主要材料、辅助材料、外购半成品(外购件)、修理用备件(备品备件)、包装材料、燃料等的计划成本或实际成本。该账户借方登记已验收入库材料的成本,贷方登记发出材料的成本。期末余额在借方,反映企业库存材料的计划成本或实际成本,如图5.13 所示。

借	材料采购	贷
企业采购材料的实际成本 材料入库时结转的节约差异	企业入库材料的计划成本 材料入库时结转的超支差异	
期末企业在途材料的采购成本		

图 5.12 "材料采购"账户结构和内容

借	原材料	贷
购入并已验收入库的材料成本	生产经营领用发出的材料成本	
期末库存材料的成本		

图 5.13 "原材料"账户结构和内容

4."材料成本差异"账户

"材料成本差异"账户属于资产类账户,用以核算企业采用计划成本进行日常核算的材料计划成本与实际成本的差额。

该账户借方登记入库材料形成的超支差异以及转出的发出材料应负担的超支差异。期末余额在借方,反映企业库存材料等的实际成本大于计划成本的差异;期末余额在贷方,反映企业库存材料等的实际成本小于计划成本的差异,如图 5.14 所示。

借	材料成本差异	贷
入库材料形成的超支差异 转出的发出材料应负担的节约差异	企业入库材料形成的节约差异 转出的发出材料应负担的超支差异	
库存材料实际成本大于计划成本差异	库存材料实际成本小于计划成本差异	

图 5.14 "材料成本差异"账户结构和内容

5."应付账款"账户

"应付账款"账户属于负债类账户,用以核算企业因购买材料、商品和接受劳务等经营活动应支付的款项。

该账户贷方登记企业因购入材料、商品等尚未支付的款项,借方登记偿还的应付账款。期末余额一般在贷方,反映企业期末尚未支付的应付账款余额;如果在借方,反映企业期末预付账款余额,如图 5.15 所示。

6."应付票据"账户

"应付票据"账户属于负债类账户,用以核算企业购买材料、商品等开出、承兑的商业

借	应付账款	贷
实际归还供应单位的款项	购买材料、商品等应付未付的款项	
	尚未支付余额	

图 5.15 "应付账款"账户结构和内容

汇票,包括银行承兑汇票和商业承兑汇票。

该账户贷方登记企业开出、承兑的商业汇票,借方登记企业已经支付或者到期无力支付的商业汇票。期末余额在贷方,反映企业尚未到期的商业汇票的票面金额,如图5.16所示。

借	应付票据	贷
已经支付的商业汇票	企业开出的商业汇票	
	尚未到期的商业汇票的票面金额	

图 5.16 "应付票据"账户结构和内容

7."预付账款"账户

"预付账款"账户属于资产类账户,用以核算企业按照合同规定预付的款项。预付款项情况不多的,也可以不设置该账户,将预付的款项直接记入"应付账款"账户。

该账户的借方登记企业因购货等业务预付的款项,贷方登记企业收到货物后应支付的款项等。期末余额在借方,反映企业预付的款项;期末余额在贷方,反映企业尚需补付的款项,如图5.17所示。

借	预付账款	贷
企业因购货而预付的款项 补付的款项	收到所购货物时应支付的金额 退回的款项	
期末企业预付的款项	期末企业尚需补付的款项	

图 5.17 "预付账款"账户结构和内容

8."应交税费"账户

"应交税费"账户属于负债类账户,用以核算企业按照税法等规定计算应缴纳的各种税费,包括增值税、消费税、所得税、资源税、土地增值税、城市维护建设税、房产税、土地使用税、车船使用税、教育费附加税等。

该账户贷方登记各种应交、未交税费的增加额,借方登记实际缴纳的各种税费。期末余额在贷方,反映企业尚未交纳的税费;期末余额在借方,反映企业多交或尚未抵扣的税费,如图 5.18 所示。

借	应交税费	贷
企业实际缴纳的各种税费	企业各种应交未交税费的增加额	
期末企业多交或尚未抵扣的税费	期末企业尚未交纳的税费	

图 5.18 "应交税费"账户结构和内容

需要说明:企业为了核算和监督应交增值税的增减情况,应设置"应交税费——应交增值税"明细账户。该账户借方登记企业购进货物或接受应税劳务支付的进项税额和实际已交纳的增值税,贷方反映销售货物或应税劳务所发生的销项税额。若期末余额在贷方,表示企业尚未交纳的增值税;若期末余额在借方,表示企业多交或尚未抵扣的增值税。应交税费——应交增值税账户结构和内容如图 5.19 所示。

应交税费——应交增值税

进项税额	销项税额
已交税额	进项税额转出
余:多交或留待抵扣的增值税	余:未交增值税

图 5.19 应交税费——应交增值税账户结构和内容

增值税是指纳税人销售货物和提供加工、修理修配劳务以及进口货物而就其产生的增值额征收的一种流转税,是一种价外税。按照纳税人的经营规模及会计核算制度的健全程度,增值税的纳税人分为一般纳税企业和小规模纳税企业。一般纳税企业应交纳的增值税,根据当期销项税额减去当期进项税额计算确定;小规模纳税企业应交纳的增值税额,按照销售额和规定的征收率计算确定。

(1)一般纳税人增值税应纳税额的计算

增值税一般纳税人销售货物或提供应税劳务,其应交纳增值税税额为当期销项税额抵扣当期进项税额后的余额。应纳税额的计算公式为:

$$当期应纳税额=当期销项税额-当期进项税额$$

当期销项税额是纳税人销售货物或者提供应税劳务,按照销售额或应税劳务收入和规定的税率计算并向购买方收取的增值税额为销项税额,适用基本税率为 16%。销项税额的计算公式为:

$$销项税额=销售额×适用税率$$

$$销售额＝含税销售额÷(1+增值税税率)$$

根据税法的规定,准予从销项税额中抵扣的进项税额,限于下列增值税扣税凭证上注明的增值税额。

①从销售方取得的增值税专用发票上注明的增值税额。

②从海关取得的海关进口增值税专用缴款书上注明的增值税额。

（2）小规模纳税人增值税应纳税额的计算

小规模纳税人销售货物或者应税劳务,按照销售额和《增值税暂行条例》规定的3%的征收率计算应纳税额,不得抵扣进项税额。应纳税额计算公式是：

$$应纳税额＝销售额×征收率$$

小规模纳税人销售货物或者应税劳务采用销售额和应纳税额合并定价方法的,按下列公式计算销售额,即：

$$销售额＝含税销售额÷(1+征收率)$$

【随堂-单选题】

"应付账款"账户期末借方余额反映的是(　　　　)。

A.尚未支付的款项　　　B.尚未收取的款项　　　C.预付的款项　　　D.预收的款项

三、账务处理

材料的日常收发结存可以采用实际成本核算,也可以采用计划成本核算。

（一）实际成本法核算的账务处理

实际成本法下,一般通过"原材料"和"在途物资"等科目进行核算。企业外购材料时,按材料是否验收入库分为以下两种情况：

1.材料已验收入库

（1）货款已经支付,发票账单已到

按支付的实际金额,借记"原材料""应交税费——应交增值税(进项税额)"等科目,贷记"银行存款"等科目。

【例5.21】　甲企业为一般纳税人,从乙企业购入A材料一批,值税专用发票上记载的货款为60 000元,增值税9 600元,乙企业替甲企业垫运杂费200元(代垫运杂费没有取得增值税专用发票,不能抵扣进项税额),全部货款已用转账支票支付,材料已验收入库。

甲企业应编制会计分录如下：

借:原材料——A材料　　　　　　　　　　　　　60 200

　应交税费——应交增值税(进项税额)　　　　　9 600

　　贷:银行存款　　　　　　　　　　　　　　　　　　69 800

（2）货款尚未支付,材料已验收入库

①如果货款尚未支付,发票账单已到,材料已验收入库。按相关发票凭证金额,借记

"原材料""应交税费——应交增值税（进项税额）"等科目，贷记"应付账款""应付票据"等科目。

【例5.22】　甲企业购入A材料一批，增值税专用发票上注明的价款为80 000元，增值税税率为16%，对方代垫包装费2 000元，材料验收入库，款未付。企业应作如下会计分录：

购入材料时：

借：原材料　　　　　　　　　　　　　　　　　　　82 000
　　应交税费——应交增值税（进项税额）　　　　　12 800
　　　贷：应付账款　　　　　　　　　　　　　　　　　　94 800

支付货款时：

借：应付账款　　　　　　　　　　　　　　　　　　94 800
　　　贷：银行存款　　　　　　　　　　　　　　　　　　94 800

②如果货款尚未支付，发票账单未到，材料已验收入库。月末按照暂估价入账，即借记"原材料"科目，贷记"应付账款"等科目。下月初作相反分录予以冲回，收到相关发票账单后再编制会计分录。

【例5.23】　某一般纳税人企业从甲公司购入D材料一批，材料已验收入库，月末发票账单尚未收到，货款尚未支付，暂估价为10 000元。

月末，该企业应编制会计分录如下：

借：原材料——D材料　　　　　　　　　　　　　　10 000
　　　贷：应付账款——暂估应付账款　　　　　　　　　　10 000

下月初作相反分录予以冲回：

借：应付账款——暂估应付账款　　　　　　　　　　10 000
　　　贷：原材料——D材料　　　　　　　　　　　　　　10 000

【例5.24承（例5.23）】　该企业购入的D材料于次月收到发票账单，货款11 000元，增值税17 000元，款项已用银行存款支付。

借：原材料——D材料　　　　　　　　　　　　　　11 000
　　应交税费——应交增值税（进项税额）　　　　　 1 760
　　　贷：银行存款　　　　　　　　　　　　　　　　　　12 760

2.材料尚未验收入库

按支付的实际金额，借记"在途物资""应交税费——应交增值税（进项税额）"等科目，贷记"银行存款"等科目。待材料入库后，借记"原材料"科目，贷记"在途物资"科目。

【例5.25】　某企业为增值税一般纳税人，5月11日从A公司购入原材料一批，取得增值税专用发票注明的原材料价款为200 000元，增值税额为32 000元，运杂费为10 000元。以上款项均用银行存款支付。发票等结算凭证已经收到，但材料尚未收到。企业收到发票等结算凭证时应作如下会计分录：

借:在途物资   210 000

  应交税费——应交增值税   32 000

   贷:银行存款   242 000

上述材料到达验收入库时,再作如下会计分录:

借:原材料   210 000

   贷:在途物资   210 000

(二)计划成本法核算的账务处理

计划成本法下通过"材料采购""原材料""材料成本差异"等科目进行核算。

企业外购材料时,按材料是否验收入库分为以下两种情况:

1.材料尚未验收入库

如果相关发票凭证已到,但材料尚未验收入库,按支付或应付的实际金额,借记"材料采购"科目,贷记"银行存款""应付账款"等科目;待验收入库时再作后续分录。

【例 5.26】 一般纳税人 A 公司购入乙材料一批,货款 20 000 元,增值税税额 3 200 元,发票账单已收到,计划成本为 22 000 元,款项已用银行存款支付,材料尚未验收入库。A 公司应编制会计分录如下:

借:材料采购——乙材料   20 000

  应交税费——应交增值税(进项税额) 3 200

   贷:银行存款   23 200

2.材料已验收入库

如果发票账单已到,材料已验收入库,按支付的实际金额,借记"材料采购"科目,贷记"银行存款"或"应付账款"科目;按计划成本金额,借记"原材料"科目,贷记"材料采购"科目,按计划成本与实际成本之间的差额,借记(或贷记)"材料成本差异"科目。

【承例 5.26】 一般纳税人 A 公司购入乙材料一批,货款 20 000 元,增值税税额3 200 元,发票账单已收到,计划成本为 22 000 元,款项已用银行存款支付,材料已验收入库。A 公司应编制会计分录如下:

(1)采购

借:材料采购——乙材料(实际成本)   20 000

  应交税费——应交增值税(进项税额) 3 200

   贷:银行存款   23 200

(2)入库并计算差异

借:原材料(计划成本)   22 000

   贷:材料采购(实际成本)   20 000

    材料成本差异(节约:计划成本与实际成本差额) 2 000

第五节　生产业务的账务处理

企业在产品的生产过程中,要耗费各种材料(主要材料、辅助材料、燃料和动力),支付生产工人工资及福利费,发生固定资产(厂房和机器设备)磨损以及其他费用。企业对发生的生产费用要按照产品种类并采用一定的方法进行归集和分配,能够予以对象化的部分计入产品生产成本,完工产品经检验合格后收入成品库,随之将其生产成本转入库存商品。另一部分不能予以对象化部分计入当期损益。因此,企业在生产经营过程中所发生的各项费用,按其经济用途可以分为计入产品成本的生产费用和不计入产品成本的期间费用。(期间费用将在第七节单独介绍)

产品成本的核算是指把一定时期内企业生产过程中所发生的费用,按其性质和发生地点,分类归集、汇总、核算,计算出该时期内生产费用发生总额,并按适当方法分别计算出各种产品的实际成本和单位成本等。

一、生产费用的构成

生产费用是指与企业日常生产经营活动有关的费用,按其经济用途可分为直接材料、直接人工和制造费用。

(一)直接材料

直接材料是指企业在生产产品和提供劳务过程中所消耗的直接用于产品生产并构成产品实体的原料、主要材料、外购半成品以及有助于产品形成的辅助材料等。

(二)直接人工

直接人工是指企业在生产产品和提供劳务过程中,直接参加产品生产的工人工资以及其他各种形式的职工薪酬。

(三)制造费用

制造费用是指企业为生产产品和提供劳务而发生的各项间接费用,包括生产车间管理人员的工资等职工薪酬、折旧费、办公费、水电费、机物料消耗、劳动保护费等。

【随堂-多选题】

下列各项中,构成产品成本项目的有(　　　)。

A.期间费用　　　　B.制造费用　　　　C.直接材料费用　　　　D.直接人工费用

二、账户设置

企业通常设置以下账户对生产费用业务进行会计核算。

1.“生产成本”账户

“生产成本”账户属于成本类账户,用以核算企业生产各种产品(产成品、自制半成品等)、自制材料、自制工具、自制设备等发生的各项生产成本。

该账户借方登记应计入产品生产成本的各项费用,包括直接计入产品生产成本的直接材料费、直接人工费和其他直接支出,以及期末按照一定的方法分配计入产品生产成本的制造费用;贷方登记完工入库产成品应结转的生产成本。期末余额在借方,反映企业期末尚未加工完成的在产品成本,如图 5.20 所示。

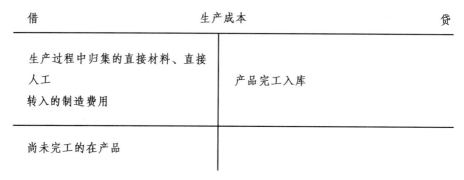

借	生产成本	贷
生产过程中归集的直接材料、直接人工 转入的制造费用	产品完工入库	
尚未完工的在产品		

图 5.20　"生产成本"账户结构和内容

2."制造费用"账户

"制造费用"账户属于成本类账户,用以核算企业生产车间(部门)为生产产品和提供劳务而发生的各项间接费用。

该账户借方登记实际发生的各项制造费用,贷方登记期末按照一定标准分配转入"生产成本"账户借方的应计入产品成本的制造费用。期末结转后,该账户一般无余额,如图 5.21 所示。

借	制造费用	贷
生产过程中归集的各类间接生产费用	分配转入生产成本	
期末一般无余额		

图 5.21　"制造费用"账户结构和内容

3."库存商品"账户

"库存商品"账户属于资产类账户,用以核算企业库存的各种商品的实际成本,包括库存产成品、外购商品、存放在门市部准备出售的商品、发出展览的商品等。

该账户借方登记验收入库的库存商品成本,贷方登记发出的库存商品成本。期末余额在借方,反映企业期末库存商品的实际成本,如图 5.22 所示。

4."应付职工薪酬"账户

"应付职工薪酬"账户属于负债类账户,用以核算企业根据有关规定应付给职工的各种薪酬。

该账户借方登记本月实际支付的职工薪酬数额;贷方登记本月计算的应付职工薪酬总额,包括各种工资、奖金、津贴等。期末余额在贷方,反映企业应付未付的职工薪酬,如图 5.23 所示。

借	库存商品	贷
生产完工入库的商品 购入的商品	销售结转出库	
期末库存商品		

图 5.22 "库存商品"账户结构和内容

借	应付职工薪酬	贷
实际发放的职工薪酬	月末计提的职工薪酬	
	期末欠付的职工薪酬	

图 5.23 "应付职工薪酬"账户结构和内容

三、账务处理

在整个生产过程中,发生的主要经济业务有以下几个。

①生产产品领用原材料。

②归集和分配人工费用。

③计提固定资产折旧。

④制造费用的归集和分配。

⑤计算并结转完工产品成本等。

(一)材料费用的归集与分配

在确定材料费用时,应根据领料用途不同,按照"谁受益,谁承担"的原则将确定的发出材料的成本借记"生产成本""制造费用""管理费用"等科目,贷记"原材料"等科目。

【例 5.27】 企业某月由仓库发出 A 材料一批,其中生产甲产品耗用 5 300 元;乙产品耗用 8 900 元;车间一般耗用 2 100 元;企业行政管理部门耗用 1 800 元,合计18 100元。

这笔交易事项应编制如下会计分录:

借:生产成本——甲产品　　　　　　　　　　　　5 300

　　生产成本——乙产品　　　　　　　　　　　　8 900

　　制造费用　　　　　　　　　　　　　　　　　2 100

　　管理费用　　　　　　　　　　　　　　　　　1 800

　　贷:原材料——A 材料　　　　　　　　　　　　　　18 100

(二)职工薪酬的归集与分配

职工薪酬是指企业为获得职工提供的服务而给予各种形式的报酬,具体包括:职工工资、奖金、津贴和补贴、五险一金、工会经费和职工教育经费等。

对于职工薪酬,企业应当在职工为其提供服务的会计期间,按实际发生额确认为负债,并计入当期损益或相关资产成本。企业应当根据职工提供服务的受益对象,分别按照下列情况处理。

应由生产产品负担的职工薪酬,计入产品成本。其中,生产工人的职工薪酬应借记"生产成本"科目,贷记"应付职工薪酬"科目;生产车间管理人员的职工薪酬属于间接费用,应借记"制造费用"科目,贷记"应付职工薪酬"科目;企业行政管理部门人员和专设销售机构销售人员的职工薪酬均属于期间费用,应分别借记"管理费用""销售费用"等科目,贷记"应付职工薪酬"科目。

【例5.28】 某企业于月末分配职工工资。其中生产甲产品工人的工资40 000,生产乙产品工人的工资20 000元,车间管理人员的工资10 000元,企业行政管理人员的工资5 000元。

这项交易事项应编制如下会计分录:

借:生产成本——甲产品	40 000
生产成本——乙产品	20 000
制造费用	10 000
管理费用	5 000
贷:应付职工薪酬——工资	75 000

(三)制造费用的归集与分配

制造费用是制造企业为了生产产品和提供劳务而发生的各种间接费用,主要是指企业的生产车间为组织和管理生产活动而发生的费用,包括企业生产车间管理人员发生的工资和福利费、折旧费、修理费、办公费、水费、劳动保护费等。企业生产一种产品所发生的制造费用应直接计入该种产品的成本。生产多种产品所发生的制造费用则属于间接计入费用,应采用适当的分配方法分别计入各产品生产成本中。分配制造费用的常用方法有以下几种:生产工人工时比例法、生产工人工资比例法、机器工时比例法等。分配方法一经确定,不宜任意变更。

$$制造费用分配率=待分配制造费用总和÷各产品分配标准总和$$

企业发生制造费用时,借记"制造费用"科目,贷记"累计折旧""应付职工薪酬"等科目;结转或分摊时,借记"生产成本"等科目,贷记"制造费用"科目。

【例5.29】 2018年12月10日,某公司开出一张现金支票购买办公用品,其中,车间用办公用品2 200元,行政管理部门用办公用品3 000元。公司应编制的会计分录如下:

借:制造费用	2 200
管理费用	3 000
贷:银行存款	5 200

【例5.30】 2018年12月12日,某公司开出一张现金支票支付车间水电费共5 800

元。公司应编制的会计分录如下：

借：制造费用　　　　　　　　　　　　　　　　　　5 800

　　贷：银行存款　　　　　　　　　　　　　　　　　　5 800

【例5.31】　2018年12月31日，某公司计提本月固定资产折旧费30 000元，其中：生产车间应计提折旧22 000元，行政管理部门使用的固定资产应计提折旧费8 000元。公司应编制的会计分录如下：

借：制造费用　　　　　　　　　　　　　　　　　　22 000

　　管理费用　　　　　　　　　　　　　　　　　　8 000

　　贷：累计折旧　　　　　　　　　　　　　　　　　　30 000

【例5.32】　某公司本月生产A产品耗用机器工时120小时，生产B产品耗用机器工时180小时。该企业按机器工时比例分配制造费用。假设不考虑其他因素，要求在A、B产品之间分配制造费用，并编制会计分录。

本月该公司发生的制造费用总金额=2 200+5 800+22 000=30 000（元）

制造费用分配率=制造费用总额/机器运转总时数= 30 000/（120+180）= 100

A产品应负担的制造费用=100×120=12 000（元）

B产品应负担的制造费用=100×180 =18 000（元）

借：生产成本——A产品　　　　　　　　　　　　　12 000

　　生产成本——B产品　　　　　　　　　　　　　18 000

　　贷：制造费用　　　　　　　　　　　　　　　　　　30 000

（四）完工产品生产成本的计算与结转

产品生产成本计算是指将企业生产过程中为制造产品所发生的各种费用按照成本计算对象进行归集和分配，以便计算各种产品的总成本和单位成本。通过对材料费用、职工薪酬和制造费用的归集和分配，企业各月生产产品所发生的生产费用已记入"生产成本"科目中。

①如果月末某种产品全部完工，该种产品生产成本明细账所归集的费用总额，就是该种完工产品的总成本，用完工产品总成本除以该种产品的完工总产量即可计算出该种产品的单位成本。

②如果月末某种产品一部分完工，一部分未完工，这时归集在产品成本明细账中的费用总额还要采取适当的分配方法在完工产品和在产品之间进行分配，然后才能计算出完工产品的总成本和单位成本。

完工产品成本的基本计算公式为：

完工产品生产成本=期初在产品成本+本期发生的生产费用−期末在产品成本

当产品生产完成并验收入库时，借记"库存商品"科目，贷记"生产成本"科目。

【例5.33】　本月生产甲产品50件、乙产品100件全部完工，并已验收入库。其中为生产甲产品耗用直接材料5 000元、支付工人工资10 000元、制造费用2 000元；为生产乙产品耗用直接材料8 000元、支付工人工资15 000元、制造费用5 000元。结转本月甲、乙两种产品的生产成本(假定甲、乙两种产品期初均没有在产品)。

这项交易事项应编制如下会计分录:

借:库存商品——甲产品   17 000

  库存商品——乙产品   28 000

 贷:生产成本——甲产品   17 000

  生产成本——乙产品   28 000

第六节　销售业务的账务处理

一、销售过程业务核算的内容

销售过程是企业生产经营过程的最后一个阶段。在销售过程中,企业将生产的产品销售给购买方,并按产品的销售价格向购买方办理货款结算,收回销售款。由于在销售过程中企业必须付出相应数量的产品,因而企业在确认和计量销售收入的同时,还应当结转为制造这些产品而耗费的生产成本,通常将已销售产品的生产成本称为产品销售成本。此外,在销售过程中还会发生广告费、运输等各种销售费用。企业在取得销售收入时,还应按国家税法规定,计算并缴纳相关税费。因此,销售业务的账务处理涉及商品销售等业务收入、成本、费用和相关税费的确认与计量等内容。

企业根据销售业务的主次分为主营业务收入和其他业务收入。主营业务收入是指企业为完成其经营目标所从事的经常性的经营活动所取得的收入。例如,工业企业的主营业务收入是指销售产成品、半成品、提供工业性劳务等形成的收入;商品流通企业的主营业务收入主要是以销售商品为主形成的收入。主营业务形成的收入是企业收入的主要来源。其他业务收入是指企业除了主营业务以外的与经常性经营活动相关的其他经营活动所实现的收入。如工业企业材料销售、固定资产出租、包装物出租、无形资产使用权转让、非工业性劳务收入等。

二、账户设置

在销售过程中,企业为了核算和监督实现的销售收入,结转已销商品的销售成本,支付各种销售费用,计算应交纳的税金,按期确定财务成果,所以应设置“主营业务收入”“主营业务成本”“税金及附加”“其他业务收入”“其他业务成本”“销售费用”“应收账款”“预收账款”等账户。

1.“主营业务收入”账户

“主营业务收入”账户属于损益类账户,用以核算企业确认的销售商品、提供劳务等主营业务的收入。

该账户贷方登记企业实现的主营业务收入,即主营业务收入的增加额;借方登记期末转入"本年利润"账户的主营业务收入以及发生销售退回和销售折让时应冲减本期的主营业务收入。期末结转后,该账户无余额,如图 5.24 所示。

借	主营业务收入	贷
期末结转至本年利润	本期销售商品或取得劳务收入	
	期末无余额	

图 5.24　"主营业务收入"账户结构和内容

2."主营业务成本"账户

"主营业务成本"账户属于损益类账户,用以核算企业确认销售商品、提供劳务等主营业务收入时应结转的成本。该账户借方登记主营业务发生的实际成本,贷方登记期末转入"本年利润"账户的主营业务成本。期末结转后,该账户无余额。"主营业务成本"账户结构和内容如图 5.25 所示。

借	主营业务成本	贷
本期已销产品的生产成本	期末转入"本年利润"账户的数额	
期末无余额		

图 5.25　"主营业务成本"账户结构和内容

3."其他业务收入"账户

"其他业务收入"账户属于损益类账户,用以核算企业确认的除主营业务活动以外的其他经营活动实现的收入,包括出租固定资产、出租无形资产、出租包装物和商品、销售材料等实现的收入。该账户贷方登记企业实现的其他业务收入,即其他业务收入的增加额;借方登记期末转入"本年利润"账户的其他业务收入。期末结转后,该账户无余额。"其他业务收入"账户结构和内容如图 5.26 所示。

借	其他业务收入	贷
期末转入"本年利润"账户的数额	本期实现的其他业务收入	
	期末无余额	

图 5.26　"其他业务收入"账户结构和内容

4."其他业务成本"账户

"其他业务成本"账户属于损益类账户,用以核算企业确认的除主营业务活动以外的其他经营活动所发生的支出,包括销售材料的成本、出租固定资产的折旧额、出租无形资产的摊销额、出租包装物的成本或摊销额等。该账户借方登记其他业务的支出额,贷方登记期末转入"本年利润"账户其他业务支出额。期末结转后,该账户无余额。"其他业务成本"账户结构和内容如图 5.27 所示。

借　　　　　　　　　其他业务成本　　　　　　　　　贷	
本期发生的其他业务成本	期末转入"本年利润"账户的数额
期末无余额	

图 5.27　"其他业务成本"账户结构和内容

5."应收账款"账户

"应收账款"账户属于资产类账户,用以核算企业因销售商品、提供劳务等应收取的款项。该账户借方登记由于销售商品以及提供劳务等发生的应收账款,包括应收取的价款、税款和代垫款等;贷方登记已经收回的应收账款。期末余额通常在借方,反映企业尚未收回的应收账款;期末余额如果在贷方,反映企业预收的账款。"应收账款"账户结构和内容如图 5.28 所示。

借　　　　　　　　　应收账款　　　　　　　　　贷	
发生的应收账款 应收货款 应收税款 应收代垫的款项	实际收回的货款
余额:尚未收回的货款	余额:预收的货款

图 5.28　"应收账款"账户结构和内容

6."应收票据"账户

"应收票据"账户属于资产类账户,用以核算企业因销售商品、提供劳务等而收到的商业汇票。该账户借方登记企业收到的应收票据的面值,贷方登记票据到期收回的应收票据;期末余额在借方,反映企业持有的商业汇票的票面金额。"应收票据"账户结构和内容如图 5.29 所示。

借	应收票据	贷
企业收到的商业汇票	票据到期收回的票面金额和尚未到期票据贴现的票面金额	
尚未到期的应收票据金额		

图 5.29　"应收票据"账户结构和内容

7."预收账款"账户

"预收账款"账户属于负债类账户,用以核算企业按照合同规定预收的款项。预收账款情况不多的,也可以不设置本账户,将预收的款项直接记入"应收账款"账户。该账户贷方登记企业向购货单位预收的款项等,借方登记销售实现时按实现的收入转销的预收款项等。期末余额在贷方,反映企业预收的款项;期末余额在借方,反映企业已转销但尚未收取的款项。"预收账款"账户结构和内容如图 5.30 所示。

借	预收账款	贷
企业收到的商业汇票	票据到期收回的票面金额和尚未到期票据贴现的票面金额	
余额：购货单位应补付的款项	余额：预收账款结余额	

图 5.30　"预收账款"账户结构和内容

【随堂-单选题】

在进行会计业务处理时,对于预收账款不多的企业,可以不设置"预收账款"账户,而将预收的款项直接记入( )账户。

A.预付账款　　　　B.应收账款　　　　C.应付账款　　　　D.其他应收款

8."税金及附加"账户

"税金及附加"账户属于损益类账户,用以核算企业经营活动发生的消费税、城市维护建设税、资源税和教育费附加等相关税费。

该账户借方登记企业应按规定计算确定的与经营活动相关的税费,贷方登记期末转入"本年利润"账户的金额。期末结转后,该账户无余额,如图 5.31 所示。

三、账务处理

(一)主营业务收入的账务处理

企业销售商品或提供劳务实现的收入,应按实际收到、应收或者预收的金额,借记"银行存款""应收账款""应收票据""预收账款"等科目,按确认的营业收入,贷记"主营

借	税金及附加	贷
按规定计算确定的应由经营业务负担的税金	期末转入"本年利润"账户的数额	
期末一般无余额		

图 5.31　"税金及附加"账户结构和内容

业务收入"科目。对于增值税销项税额,一般纳税人应贷记"应交税费——应交增值税(销项税额)"科目。

【例 5.34】　甲公司为一般纳税人,2018 年 5 月 1 日向乙公司销售一批商品,货款为 200 000 元,款项尚未收到,已办妥托收手续,适用的增值税税率为 16%。则甲公司应编制会计分录如下:

借:应收账款　　　　　　　　　　　　　　　　232 000
　　贷:主营业务收入　　　　　　　　　　　　　　　200 000
　　　　应交税费——应交增值税(销项税额)　　　　32 000

5 月 15 日,甲公司收到乙公司寄来的一张 3 个月到期的商业承兑汇票,面值为 232 000 元,抵付产品货款。甲公司应编制会计分录如下:

借:应收票据　　　　　　　　　　　　　　　　232 000
　　贷:应收账款　　　　　　　　　　　　　　　　232 000

8 月 15 日,甲公司上述应收票据到期收回票面金额 232 000 元存入银行。甲公司应编制会计分录如下:

借:银行存款　　　　　　　　　　　　　　　　232 000
　　贷:应收票据　　　　　　　　　　　　　　　　232 000

(二)主营业务成本的账务处理

期(月)末,企业应根据本期(月)销售各种商品等实际成本,计算应结转的主营业务成本,借记"主营业务成本"科目,贷记"库存商品"等科目。

【例 5.35】　甲公司 2018 年 8 月 5 日采用托收承付结算方式向乙公司销售商品一批,货款 30 000 元,增值税额 5 100 元,以银行存款代垫运杂费 800 元,已经办妥托收手续。该批商品成本为 26 000 元。8 月 20 日收到该笔货款。甲公司相关的会计分录如下:

甲公司办妥托收手续时:

借:应收账款——乙公司　　　　　　　　　　　35 600
　　贷:主营业务收入　　　　　　　　　　　　　　30 000
　　　　应交税费——应交增值税(销项税额)　　　4 800
　　　　银行存款　　　　　　　　　　　　　　　　800

同时结转已销售产品成本：

借：主营业务成本   26 000

  贷：库存商品   26 000

收到货款时：

借：银行存款   35 600

  贷：应收账款——乙公司   35 600

（三）其他业务收入与成本的账务处理

当企业发生其他业务收入时，借记"银行存款""应收账款""应收票据"等科目，按确定的收入金额，贷记"其他业务收入"科目。同时，借记"其他业务成本"科目，贷记"原材料""累计折旧"等科目。

【例5.36】 2018年12月18日，红星公司销售一批原材料，价款10 000元，增值税1 600元，收到款项存入银行。该项材料成本为8 000元。

①销售材料收入实现时：

借：银行存款   11 600

  贷：其他业务收入   11 600

②结转已销售材料成本时：

借：其他业务成本   8 000

  贷：累计折旧   8 000

（四）税金及附加的账务处理

企业按规定计算确定的消费税、城市维护建设税、资源税和教育费附加等税费，应借记"税金及附加"科目，贷记"应交税费"科目。

【例5.37】 2018年12月31日，甲公司计算应交的消费税100 000元，城市维护建设税7 000元，教育费附加3 000元，地方教育费附加2 500元。

借：税金及附加   112 500

  贷：应交税费——应交消费税   100 000

    应交税费——应交城市维护建设税 7 000

    应交税费——应交教育费附加   3 000

    应交税费——应交地方教育费附加 2 500

第七节 期间费用的账务处理

一、期间费用的构成

期间费用是指企业在生产经营过程中发生的，与产品生产没有直接关系，而是在一定期间企业为组织和管理生产而发生的费用。这些费用不容易确定它们应归属的成本计算对象。所以,期间费用不应计入产品生产成本,而是直接计入当期损益,包括管理费用、财务费用、销售费用。

（1）管理费用

管理费用是指企业行政管理部门为组织和管理生产经营活动而发生的各项费用,包括行政管理部门职工薪酬、折旧费、业务招待费、修理费、物料消耗、办公费、差旅费、董事会费、聘请中介机构费、咨询费、诉讼费、矿产资源补偿费、排污费、技术转让费、无形资产摊销和研究开发费等。

（2）财务费用

财务费用是指企业为筹集生产经营所需资金等财务活动中所发生的各项费用,包括利息净支出、银行及其他金融机构的手续费、汇兑损益。

（3）销售费用

销售费用是指企业在销售产品过程中所发生的各项费用,包括应由本企业负担的包装费、运输费、广告费、展览费以及专设销售机构的职工薪酬和其他经费等。

二、账户设置

1."管理费用"账户

"管理费用"账户属于损益类账户,用以核算企业为组织和管理企业生产经营所发生的管理费用。该账户借方登记发生的各项管理费用,贷方登记期末转入"本年利润"账户的管理费用额。期末结转"本年利润"后,该账户无余额,如图 5.32 所示。

借	管理费用	贷
企业发生的各项管理费用	期末转入"本年利润"账户的数额 冲销的管理费用数额	
期末无金额		

图 5.32 "管理费用"账户结构和内容

2."销售费用"账户

"销售费用"账户属于损益类账户,用以核算企业发生的各项销售费用。该账户借方登记发生的各项销售费用,贷方登记期末转入"本年利润"账户的销售费用额。期末结转"本年利润"后,该账户无余额,如图 5.33 所示。

3."财务费用"账户

"财务费用"账户属于损益类账户。该账户借方登记手续费、利息费用等的增值额,贷方登记应冲减财务费用的利息收入和期末转入"本年利润"账户的财务费用额等。期末结转"本年利润"后,该账户无余额,如图 5.34 所示。

借	销售费用	贷
企业发生的各项销售费用	期末转入"本年利润"账户的数额 冲销的销售费用数额	
期末无余额		

图 5.33　"销售费用"账户结构和内容

借	财务费用	贷
企业发生的各项财务费用	期末转入"本年利润"账户的数额 冲销的财务费用数额	
期末无余额		

图 5.34　"财务费用"账户结构和内容

【随堂-多选题】

下列各项中,应记入"财务费用"科目的有(　　　　)。

A.诉讼费　　　B.业务招待费　　　C.汇兑损失　　　D.购货单位享受的现金折扣

三、账务处理

(一)管理费用的账务处理

企业在筹建期间发生的开办费,包括人员工资、办公费、培训费、差旅费、印刷费、注册登记费等在实际发生时,借记"管理费用"科目,贷记"银行存款"等科目。

行政管理部门人员的职工薪酬,借记"管理费用"科目,贷记"应付职工薪酬"科目。

行政管理部门计提的固定资产折旧,借记"管理费用"科目,贷记"累计折旧"科目。

行政管理部门发生的办公费、水电费、业务招待费、聘请中介机构费、咨询费、诉讼费、技术转让费,借记"管理费用"科目,贷记"银行存款"等科目。

【例 5.38】　某公司行政部 2018 年 9 月份共发生费用 21 000 元,其中:行政人员薪酬 14 000 元,行政部专用办公设备折旧费 5 500 元,其他办公费、水电费 1 500 元(均用银行存款支付)。

编制相关会计分录。

借:管理费用　　　　　　　　　　　　　　　　21 000

　　贷:应付职工薪酬　　　　　　　　　　　　　　　14 000

　　　　累计折旧　　　　　　　　　　　　　　　　　5 500

　　　　银行存款　　　　　　　　　　　　　　　　　1 500

（二）销售费用的账务处理

企业在销售商品过程中发生的包装费、保险费、展览费和广告费、运输费、装卸费等费用,借记"销售费用"科目,贷记"库存现金""银行存款"等科目。

企业发生的为销售本企业商品而专设的销售机构的职工薪酬、业务费等费用,借记"销售费用"科目,贷记"应付职工薪酬""银行存款""累计折旧"等科目。

【例5.39】 2018年5月,A公司开出转账支票支付当月广告费25 000元。

编制相关会计分录。

借:销售费用　　　　　　　　　　　　　　　25 000

　　贷:银行存款　　　　　　　　　　　　　　　　25 000

（三）财务费用的账务处理

企业发生的财务费用,借记"财务费用"科目,贷记"银行存款""应付利息"等科目。

【例5.40】 A公司2018年5月份发生有关财务费用如下,要求:进行相关的账务处理。

以银行存款支付给中国建设银行开出"银行承兑汇票"手续费400元。

借:财务费用——手续费　　　　　　　　　　400

　　贷:银行存款　　　　　　　　　　　　　　　　400

【例5.41】 2018年5月A公司计提当月应负担的短期借款利息800元。

借:财务费用　　　　　　　　　　　　　　　800

　　贷:应付利息　　　　　　　　　　　　　　　　800

第八节　利润形成与分配业务的账务处理

一、利润形成的账务处理

（一）利润的形成

利润是指企业在一定会计期间的经营成果,包括收入减去费用后的净额、直接计入当期损益的利得和损失等。利得是指由企业非日常活动所形成的、会导致所有者权益增加的、与所有者投入资本无关的经济利益的流入。损失是指由企业非日常活动所发生的、会导致所有者权益减少的、与向所有者分配利润无关的经济利益的流出。对利润进行核算,可以及时反映企业在一定会计期间的经营业绩和获利能力,反映企业的投入产出效果和经济效益,有助于企业投资者和债权人据此进行盈利预测,评价企业经营绩效,做出正确的决策。

在利润表中,利润由营业利润、利润总额和净利润3个层次构成。

1.营业利润

营业利润这一指标能够比较恰当地反映企业管理者的经营业绩,其计算公式如下:

$$营业利润=营业收入-营业成本-税金及附加-销售费用-管理费用-$$
$$财务费用-资产减值损失+公允价值变动收益$$
$$(-公允价值变动损失)+投资收益(-投资损失)$$

其中:

$$营业收入=主营业务收入+其他业务收入$$
$$营业成本=主营业务成本+其他业务成本$$

资产减值损失是指企业计提各项资产减值准备所形成的损失。

公允价值变动收益(或损失)是指企业交易金融资产等公允价值变动形成的应计入当期损益的利得(或损)。

投资收益(或损失)是指企业以各种方式对外投资所取得的收益(发生的损失)。

2.利润总额

利润总额,又称税前利润,是营业利润加上营业外收入减去营业外支出后的金额,其计算公式如下:

$$利润总额=营业利润+营业外收入-营业外支出$$

其中:营业外收入是指企业发生的与日常活动无直接关系的各项利得,包括非流动资产处置利得、非货币性资产交换利得、债务重组利得、政府补助利得、盘盈利得、捐赠利得等;营业外支出是指企业发生的与日常活动无直接关系的各项损失,包括非流动资产处置损失、非货币性资产交换损失、债务重组损失、非常损失、公益性捐赠支出、盘亏损失等。

3.净利润

净利润,又称税后利润,是利润总额扣除所得税费用后的净额,其计算公式如下:

$$净利润=利润总额-所得税费用$$

其中,所得税费用是指企业确认的应从当期利润总额中扣除的所得税费用。

(二)账户设置

1.“本年利润”账户

“本年利润”账户属于所有者权益类账户,用以核算企业当期实现的净利润(或发生的净亏损)。企业期(月)末结转利润时,应将各损益类账户的金额转入本账户,结平各损益类账户。

该账户贷方登记企业期(月)末转入的主营业务收入、其他业务收入、营业外收入和投资收益等;借方登记企业期(月)末转入的主营业务成本、税金及附加、其他业务成本、管理费用、财务费用、销售费用、营业外支出、投资损失和所得税费用等。上述结转完成后,余额如在贷方,即为当期实现的净利润;余额如在借方,即为当期发生的净亏损,如图5.35所示。

借	本年利润	贷
期末从 "主营业务成本" "其他业务成本" "税金及附加" "销售费用" "管理费用" "财务费用" "营业外支出" "所得税费用"等账户转入的数额 年末转入"利润分配"的净利润	期末从 "主营业务收入" "其他业务收入" "营业外收入" "投资收益"等账户转入的数额 年末转入"利润分配"的净亏损	
本期发生的亏损数额	本期实现的利润数额	

图 5.35　"本年利润"账户结构和内容

年度终了,应将本年收入和支出相抵后结出的本年实现的净利润(或发生的净亏损),转入"利润分配——未分配利润"账户贷方(或借方),结转后本账户无余额。

2."投资收益"账户

"投资收益"账户属于损益类账户,用以核算企业确认的投资收益或投资损失。该账户贷方登记实现的投资收益和期末转入"本年利润"账户的投资净损失;借方登记发生的投资损失和期末转入"本年利润"账户的投资净收益。期末结转后,该账户无余额。

借	投资收益	贷
本期发生的投资损失 期末转入"本年利润"账户的投资 净收益数额	本期实现的投资收益 期末转入"本年利润"账户的投资净损失 数额	
	期末无余额	

图 5.36　"投资收益"账户结构和内容

3."营业外收入"账户

"营业外收入"账户属于损益类账户,用以核算企业发生的各项营业外收入,主要包括非流动资产处置利得、非货币性资产交换利得、债务重组利得、政府补助、盘盈利得、捐赠利得等。该账户贷方登记营业外收入的实现,即营业外收入的增加额;借方登记会计期末转入"本年利润"账户的营业外收入额。期末结转后,该账户无余额,如图 5.37 所示。

借	营业外收入	贷
期末转入"本年利润"账户的数额	企业发生的各项营业外收入	
	期末无余额	

图 5.37 "营业外收入"账户结构和内容

4."营业外支出"账户

"营业外支出"账户属于损益类账户,用以核算企业发生的各项营业外支出,包括非流动资产处置损失,非货币性资产交换损失、债务重组损失、公益性捐赠支出、非常损失、盘亏损失等。该账户借方登记营业外支出的发生额,即营业外支出的增加额;贷方登记期末转入"本年利润"账户的营业外支出额。期末结转后,该账户无余额,如图 5.38 所示。

借	营业外支出	贷
企业发生的各项营业外支出	期末转入"本年利润"账户的数额	
期末无余额		

图 5.38 "营业外支出"账户结构和内容

5."所得税费用"账户

"所得税费用"账户属于损益类账户,用以核算企业确认的应从当期利润总额中扣除的所得税费用。该账户借方登记企业应计入当期损益的所得税;贷方登记企业期末转入"本年利润"账户的所得税。期末结转后,该账户无余额。如图 5.39 所示。

借	所得税费用	贷
企业当期计提的所得税费用	期末转入"本年利润"账户的数额	
期末无余额		

图 5.39 "所得税费用"账户结构和内容

(三)账务处理

会计期末(月末或年末),计算并形成净利润,要通过以下几方面进行。

1.利润形成的账务处理

利润形成的账务处理主要涉及的是期末结转业务。期末,将损益类账户的贷方(或借方)余额转入"本年利润"账户的借方或贷方。结转后,损益类账户的余额为零。

【例5.42】 乙公司2018年有关损益类账户的年末余额如表5.3所示(该企业所得税税率为25%)。

表5.3 乙公司2018年损益类账户年末余额

账户名称	结账前余额(元)	
	借方	贷方
主营业务收入		600 000
其他业务收入		70 000
营业外收入		5 000
主营业务成本	400 000	
其他业务成本	40 000	
税金及附加	8 000	
销售费用	50 000	
管理费用	70 000	
财务费用	2 000	
营业外支出	3 000	

乙公司2018年末应编制的结转本年利润的会计分录如下。

解析:

①结转各项收入:

借:主营业务收入　　　　　　　　　　　　　　　　600 000

　　其他业务收入　　　　　　　　　　　　　　　　70 000

　　营业外收入　　　　　　　　　　　　　　　　　5 000

　　　贷:本年利润　　　　　　　　　　　　　　　　675 000

②结转各项支出:

借:本年利润　　　　　　　　　　　　　　　　　　573 000

　　贷:主营业务成本　　　　　　　　　　　　　　　400 000

　　　其他业务成本　　　　　　　　　　　　　　　40 000

　　　税金及附加　　　　　　　　　　　　　　　　8 000

　　　销售费用　　　　　　　　　　　　　　　　　50 000

管理费用	70 000
财务费用	2 000
营业外支出	3 000

2.计算并结转所得税费用

计算所得税时,借记"所得税费用"账户,贷记"应交税费——应交所得税"账户;结转所得税时,借记"本年利润"账户,贷记"所得税费用"账户。

应交所得税的计算:

$$应交所得税=应纳税所得额×所得税税率$$

【**承例5.42**】　根据前例的资料,2018 年 12 月 31 日,计算乙公司 12 月份的利润总额;假定利润总额与应纳税所得额一致,请计算本月的所得税费用,并求出净利润。所得税税率为 25%。

①应交所得税的计算:

乙公司 12 月份的利润总额=675 000−573 000=102 000(元)

乙公司 12 月份应交所得税= 102 000×25%= 25 500(元)

②所得税的账务处理:

乙公司应作如下会计分录:

借:所得税费用	25 500
贷:应交税费——应交所得税	25 500

同时将所得税费用结转到"本年利润"。

借:本年利润	25 500
贷:所得税费用	25 500

二、利润分配的账务处理

利润分配是指企业根据国家有关规定和企业章程、投资者协议等,对企业当年可供分配利润指定其特定用途和分配给投资者的行为。

（一）利润分配的顺序

企业向投资者分配利润,应按一定的顺序进行。按照《中华人民共和国公司法》的有关规定,利润分配应按下列顺序进行:

1.计算可供分配的利润

企业在利润分配前,应根据本年净利润（或亏损）与年初未分配利润（或亏损）等项目,计算可供分配的利润,即:

$$可供分配的利润=净利润（或亏损）+年初未分配利润-弥补以前年度的亏损$$

如果可供分配的利润为负数（即累计亏损）,则不能进行后续分配;如果可供分配利润为正数（即累计盈利）,则可进行后续分配。

2.提取法定盈余公积

按照《中华人民共和国公司法》的规定,公司应当按照当年净利润(抵减年初累计亏损后)的10%提取法定盈余公积,提取的法定盈余公积累计额超过注册资本50%以上的,可以不再提取。

如果不存在年初累计亏损,提取法定盈余公积的基数为当年实现的净利润;如果存在年初累计亏损,提取法定盈余公积的基数应为可供分配的利润。

3.向投资者分配利润(或股利)

企业可供分配的利润扣除提取的盈余公积后,形成可供投资者分配的利润。企业分配利润顺序如图5.40所示。

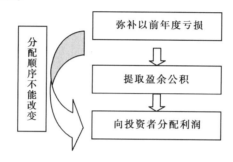

图5.40 企业利润分配流程

(二)账户设置

企业通常设置以下账户对利润分配业务进行会计核算:

1.“利润分配”账户

“利润分配”账户属于所有者权益类账户,用以核算企业利润的分配(或亏损的弥补)和历年分配(或弥补)后的余额,如图5.41所示。

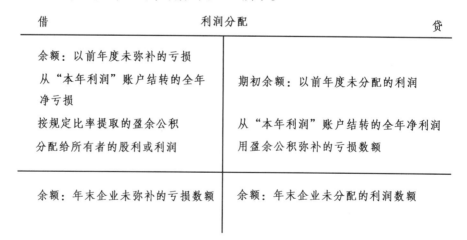

图5.41 “利润分配”账户结构和内容

如图5.41所示,该账户借方登记实际分配的利润额,包括提取的盈余公积和分配给投资者的利润,以及年末从“本年利润”账户转入的全年发生的净亏损;贷方登记用盈余公积弥补的亏损额等其他转入数,以及年末从"本年利润"账户转入的全年实现的净利润。年末,应将"利润分配"账户下的其他明细账户的余额转入"未分配利润"明细账户,结转后,除"未分配利润"明细账户可能有余额外,其他各个明细账户均无余额。"未分配利润"明细账户的贷方金额为历年累积的未分配利润(即可供以后年度分配的利润),借方余额为历年累积的未弥补亏损(即留待以后年度弥补的亏损)。

该账户应当分别按"提取法定盈余公积""提取任意盈余公积""应付现金股利"和"未分配利润"等进行明细核算。

2."盈余公积"账户

"盈余公积"账户属于所有者权益类账户,用以核算企业从净利润中提取的盈余公积。

该账户贷方登记提取的盈余公积,即盈余公积的增加额,借方登记实际使用的盈余公积,即盈余公积的减少额。期末余额在贷方,反映企业结余的盈余公积,如图5.42所示。

借	盈余公积	贷
用以弥补的亏损额或转增资本的数额	按规定从本年实现的净利润中提取的盈余公积数额	
	余额:提取的盈余公积结存数	

图 5.42 "盈余公积"账户结构和内容

3."应付股利"账户

"应付股利"账户属于负债类账户,用以核算企业分配的现金股利或利润。

该账户贷方登记应付给投资者股利或利润的增加额;借方登记实际支付给投资者的股利或利润,即应付股利的减少额。期末余额在贷方,反映企业应付未付的现金股利或利润,如图5.43所示。

借	应付股利	贷
实际支付的现金股利或利润	根据批准的分配方案确定的应支付的现金股利或利润	
	余额:尚未支付的现金股利或利润	

图 5.43 "应付股利"账户结构和内容

(三)账务处理

1.净利润转入利润分配

年末,企业应将当年实现的净利润转入"利润分配——未分配利润"科目,即借记"本

113

年利润"科目,贷记"利润分配——未分配利润"科目,如为净亏损,则做相反的会计分录。

结转前,如果"利润分配——未分配利润"明细科目的余额在借方,上述结转当年所实现净利润的分录同时反映了当年实现的净利润自动弥补以前年度亏损的情况。因此,在用当年实现的净利润弥补以前年度亏损时,不需另行编制会计分录。

净利润转入利润分配的账务处理:

借:本年利润

　　贷:利润分配——未分配利润

2.提取盈余公积

企业提取的法定盈余公积,借记"利润分配——提取法定盈余公积"科目,贷记"盈余公积——法定盈余公积"科目。

提取盈余公积的账务处理:

借:利润分配——提取法定盈余公积

　　贷:盈余公积——法定盈余公积

3.向投资者分配利润或股利

企业根据股东大会或类似机构审议批准的利润分配方案,按应支付的现金股利或利润,借记"利润分配——应付现金股利"科目,贷记"应付股利"等科目;以股票股利转作股本的金额,借记"利润分配——转作股本股利"科目,贷记"股本"等科目。

向投资者分配利润的账务处理

①企业向投资者宣告分配利润时:

借:利润分配——应付现金股利

　　贷:应付股利

②企业向投资者分配股票股利时:

借:利润分配——应付普通股股利

　　贷:股本

4.盈余公积补亏

企业发生的亏损,除用当年实现的净利润弥补外,还可使用累积的盈余公积弥补。以盈余公积弥补亏损时,借记"盈余公积"科目,贷记"利润分配——盈余公积补亏"科目。

借:盈余公积

　　贷:利润分配——盈余公积补亏

5.企业未分配利润的形成

年度终了,企业应将"利润分配"科目所属其他明细科目的余额转入该科目"未分配利润"明细科目,即借记"利润分配——未分配利润"科目,贷记"利润分配——提取法定盈余公积""利润分配——应付现金股利"等科目。

结转后,"利润分配"科目中除"未分配利润"明细科目外,所属其他明细科目无余额。"未分配利润"明细科目的贷方余额表示累积未分配的利润,该科目如果出现借方余额,则表示累积未弥补的亏损。

企业未分配利润形成的账务处理:

借:利润分配——未分配利润

　　贷:利润分配——提取法定盈余公积

　　　　利润分配——应付现金股利

【例5.43】　2018年12月31日,假定A公司年终"本年利润"科目贷方余额1 000 000元,经股东大会决议利润分配方案为:本年度提取10%的法定盈余公积金,向投资者分配现金股利500 000元。

根据以上资料,编制如下会计分录:

①年终将"本年利润"科目余额全部转入"利润分配"科目:

借:本年利润　　　　　　　　　　　　　　　　1 000 000

　　贷:利润分配——未分配利润　　　　　　　　　　1 000 000

②提取法定盈余公积金:

借:利润分配——提取法定盈余公积　　　　　　100 000

　　贷:盈余公积——法定盈余公积　　　　　　　　　100 000

③向投资者分配现金股利500 000元:

借:利润分配——应付现金股利　　　　　　　　500 000

　　贷:应付股利　　　　　　　　　　　　　　　　　500 000

④同时

借:利润分配——未分配利润　　　　　　　　　600 000

　　贷:利润分配——提取法定盈余公积　　　　　　　100 000

　　　　利润分配——应付现金股利　　　　　　　　　500 000

章节练习

一、单选题

1.有限责任公司在增资扩股时,如有新投资者介入,新介入的投资者缴纳的出资额超过其在注册资本中所占份额部分,应记入(　　　)科目核算。

　　A.盈余公积　　　　　B.资本公积　　　　　C.其他应付款　　　　　D.实收资本

2.下列表述中正确的是(　　　)。

　　A.计提的短期借款利息通过"短期借款"核算,计提的长期借款利息通过"长期借款"核算

　　B.计提的短期借款利息和长期借款利息均通过"应付利息"核算

　　C.计提的短期借款利息通过"短期借款"核算,计提的长期借款利息通过"应付利息"核算

　　D.计提的短期借款利息通过"应付利息"核算,计提的长期借款利息通过"应付利息"或"长期借款"核算

3.下列固定资产中,本月应计提的折旧( )。

    A.本月购进的新设备　　　　　　　B.本月报废的旧设备

    C.经营性租入的设备　　　　　　　D.已提足折旧的设备

4.增值税一般纳税人购进设备所支付的增值税款应记入( )。

    A.物资采购　　　　B.固定资产　　　　C.应交税费　　　　D.在建工程

5.关于"累计折旧"科目的表述中,不正确的是( )。

    A.该科目用来反映固定资产损耗价值

    B.计提折旧应计入该科目的借方

    C.该科目期末余额应为贷方余额

    D.企业每月计提固定资产折旧

6.某企业年初未分配利润为100万元,本年净利润为1 000万元,按10%计提法定盈余公积,按5%计提任意盈余公积,宣告发放现金股利为80万元,该企业期末未分配利润为( )万元。

    A.855　　　　　　B.867　　　　　　C.870　　　　　　D.874

7.下列各项,不影响营业利润的是( )。

    A.管理费用　　　　B.所得税费用　　　　C.主营业务收入　　　　D.其他业务成本

8.下列应计入产品成本的工资费用是( )。

    A.基本生产车间管理人员工资　　　　B.行政管理部门人员工资

    C.在建工程人员工资　　　　　　　　D.销售部门人员工资

9.下列各项中,不属于"销售费用"科目核算内容的是( )。

    A.借款利息

    B.销售商品发生的包装费

    C.销售商品发生的广告费

    D.销售商品发生的保险费

10.下列各项不属于企业收入的是( )。

    A.销售商品收入　　B.提供劳务收入　　C.销售多余材料收入　　D.罚款收入

11.企业取得的罚款收入,应贷记的会计科目是( )。

    A.主营业务收入　　B.其他业务收入　　C.偶然利得　　　　D.营业外收入

12.按照《中华人民共和国公司法》的规定,提取的法定盈余公积累计额超过注册资本( )以上的,可以不再提取。

    A.10%　　　　　　B.20%　　　　　　C.30%　　　　　　D.50%

二、多选题

1.计提固定资产折旧时,可能涉及的会计科目有( )。

    A.制造费用　　　　B.管理费用　　　　C.固定资产　　　　D.累计折旧

2.企业购销活动中产生的债权,应在以下科目中核算( )。

    A.预收账款　　　　B.预付账款　　　　C.应付账款　　　　D.应收账款

3.企业从银行借入的期限为3个月的借款到期,偿还该借款利息时所编制会计分录可能涉及的账户有(　　)。

  A.应付利息　　　　B.财务费用　　　　C.短期借款　　　　D.银行存款

4.应收账款的入账价值包括(　　)。

  A.销售商品的价款　　　　　　B.代购买方垫付的包装费

  C.销售商品的增值税　　　　　　D.代购买方垫付的运杂费

5.材料采购采用计划成本法核算时,需要设置的账户有(　　)。

  A.原材料　　　B.在途物资　　　C.材料采购　　　D.材料成本差异

6.期末结转后,下列科目应无余额的有(　　)。

  A.主营业务收入　　B.主营业务成本　　C.销售费用　　　D.应交税费

7.下列各项中属于制造费用的有(　　)。

  A.生产工人的工资

  B.车间管理人员的工资

  C.企业管理部门房屋折旧费

  D.生产单位为组织和管理生产所发生的机器设备折旧费

8.某有限责任公司接受货币资金投资的账务处理中可能涉及的会计科目有(　　)。

  A.银行存款　　　B.实收资本　　　C.固定资产　　　D.资本公积

9.下列损益类科目中,期末应将(　　)余额转入"本年利润"账户借方。

  A.营业外收入　　B.主营业务收入　　C.主营业务成本　　D.营业外支出

10.企业预付货款采购物资,下列各业务中,应当贷记"预付账款"科目的有(　　)。

  A.向供应单位预付货款　　　　B.收到所购物资,并确认物资

  C.补付预付不足的货款　　　　D.收到退回的多付货款

11.企业销售商品确认收入的条件包括(　　)。

  A.企业已将商品所有权上的主要风险和报酬转移给购货方

  B.收入的金额能够可靠地计量

  C.相关的经济利益很可能流入企业

  D.相关的已发生或将发生的成本能够可靠地计量

12.下列有关"主营业务收入"账户的说法中,正确的有(　　)。

  A.账户期末结转后无余额

  B.其借方登记期末结转到本年利润的数额

  C.其贷方登记销售商品等带来的经济利益的流入数额

  D.期末余额在借方

三、计算分析题

1.某企业为增值税一般纳税人,2018 年 11 月发生如下经济业务:

(1)1 日,从银行借入期限为 3 个月的借款 50 000 元,款项已存入银行。

(2)10 日,收到投资者 A 投入货币资金 200 000 元,款项已存入银行。

(3)12 日,销售部门业务员出差向财务预借差旅费 1 500 元,以现金付讫。

(4)15 日,用银行存款偿还前欠 A 公司的货款 30 000 元。

（5）19 日,购入设备一台,买价 30 000 元,增值税 5 100 元,运杂费 500 元,全部款项用银行存款支付。

（6）20 日,以银行存款支付本月水电费 2 000 元,其中,车间一般耗用 1 200 元,行政管理部门耗用 800 元。

（7）30 日,计提本月固定资产折旧 10 000 元,其中,生产车间固定资产折旧 7 200 元,行政管理部门固定资产折旧 2 800 元。

（8）30 日,收到银行通知,收回甲公司所欠货款 35 100 元。

（9）30 日,销售给丙公司产品 400 件,单价 150 元,增值税税率 17%,款项尚未收到。该批产品的成本单价为 100 元。

（10）30 日,用银行存款支付为销售产品所发生的广告费 4 000 元。

要求:逐笔编制某公司上述业务和事项的会计分录。

2.某企业为增值税一般纳税人,主要生产的产品为 A 和 B 两种,A 产品主要耗用的材料为甲材料,B 产品主要耗用的材料为乙材料。2018 年 6 月初在产品成本表如下:

成本项目 / 在产品	数 量	直接材料	直接人工	制造费用	合 计
A 产品	10	55 000	5 000	10 000	70 000
B 产品	8	9 600	4 000	8 000	21 600
合计	×	×	×	×	91 600

6 月份发生相关经济业务:

（1）10 日,领用甲材料一批用来生产 A 产品,材料成本为 80 000 元。

（2）20 日,出纳签发现金支票购办公用品,其中车间用办公用品 1 000 元,厂部行政管理部门用 600 元。

（3）30 日,根据折旧计算表计提本月固定资产折旧 30 000 元。

固定资产折旧计算汇总表

2018 年 6 月

固定资产类别	使用部门	本月折旧
房屋、建筑物	车间	12 000
	行政	6 000
	小计	18 000
生产设备	车间	8 000
管理设备	行政	4 000
合计		30 000

（4）30 日，计算分配本月职工工资，其中生产 A 产品职工工资 14 000 元，生产 B 产品职工工资 2 800 元，车间管理人员工资 2 000 元，行政管理人员工资 6 100 元。

（5）30 日，签发转账支票，支付本月水电费 22 000 元。其中，车间负担 11 000 元，厂部行政管理部门负担 11 000 元。（假设增值税不允许抵扣）

（6）30 日，编制制造费用分配表，按工时分配并结转本月发生的制造费用（A 产品本月耗用 400 工时，B 产品本月耗用 280 工时）。

制造费用分配表

年 月

项目	工时	制造费用	
		分配率	金额
A 产品			
B 产品			
合计			

（7）30 日，本月生产的产品（A 产品 25 件，B 产品 16 件）全部完工并验收入库，填制产品成本计算单，计算并结转完工产品成本。

产品成本计算表

产品＿＿＿＿＿＿＿＿　　　　年　月　　　　车间＿＿＿＿＿＿

项 目	直接材料	直接人工	制造费用	合 计
月初在产品				
本月生产费用				
累计				
月末在产品				
完工总成本（产量： ）				
单位成本				

产品成本计算表

产品＿＿＿＿＿＿＿＿　　　　年　月　　　　车间＿＿＿＿＿＿

项 目	直接材料	直接人工	制造费用	合 计
月初在产品				
本月生产费用				

续表

项 目	直接材料	直接人工	制造费用	合 计
累计				
月末在产品				
完工总成本(产量:)				
单位成本				

3.甲企业 2018 年 12 月 31 日损益类账户余额如下,不考虑纳税调整:

（单位:元）

主营业务收入	贷方	900 000	税金及附加	借方	35 000
其他业务收入	贷方	50 000	管理费用	借方	50 000
主营业务成本	借方	650 000	销售费用	借方	30 000
其他业务成本	借方	30 000	财务费用	借方	10 000
营业外收入	贷方	20 000	营业外支出	借方	5 000

要求:编制下列业务的会计分录。

（1）将损益转入本年利润;

（2）计算应交所得税(税率25%),并结转相关所得税费用;

（3）结转本年利润;

（4）按本年税后利润10%提取法定盈余公积;

（5）宣告向投资者分配现金股利5 000 元。

第六章 会计凭证

【本章摘要】

本章主要介绍了会计凭证的概念、种类、格式、填制与审核、传递与保管。本章学习的重点是在理解会计凭证含义的基础上，熟练掌握原始凭证和记账凭证的填制方法及审核内容。

本章的主要内容包括4个方面：

1.会计凭证概述。其内容包括会计凭证的概念和作用、会计凭证的种类。

2.原始凭证的种类、内容及填制要求。

3.记账凭证的种类、内容及填制要求。

4.会计凭证的传递和保管。

【基本要求】

1.了解会计凭证的概念与作用

2.熟悉原始凭证与记账凭证的种类

3.熟悉会计凭证的保管

4.掌握原始凭证的填制

5.掌握原始凭证与记账凭证的审核

会计凭证是会计核算的重要依据，填制和审核会计凭证是日常会计核算工作的第一个环节，也是整个会计工作的基础。会计凭证真实与否、正确与否、准确与否，直接影响登记账簿、成本计算和编制会计报表等后续工作环节，以及影响会计信息的质量。

第一节 会计凭证概述

一、会计凭证的概念与作用

（一）会计凭证的概念

会计凭证既是记录经济业务发生或者完成情况的书面证明，也是登记账簿的依据。

任何单位在处理任何经济业务时,都必须由执行和完成该项经济业务的有关人员从单位外部取得或自行填制有关凭证,以书面形式记录和证明所发生业务的性质、内容、数量和金额等,并在凭证上签名或盖章,从而对经济业务的合法性和凭证的真实性、完整性负责。任何会计凭证都需要经有关人员严格审核并确认无误后,才能作为登记账簿的依据。

（二）会计凭证的作用

正确地填制和审核会计凭证,是会计核算的基本方法之一,是进行会计核算工作的起点和基本环节。

1.记录经济业务,提供记账依据

会计凭证是记账的依据,通过会计凭证的填制、复核,按一定方法对会计凭证进行整理、分类、汇总,为会计记账提供真实、可靠的依据,并通过会计凭证的及时传递,对经济业务适时地进行记录。

2.明确经济责任,强化内部控制

通过会计凭证的填制和审核,一方面可以明确各职能部门、经办人员的经济责任,有利于单位落实经济责任制。另一方面,可以促使相关人员严格遵守有关法律法规和制度,使有关责任人在其职权范围内各司其职、各负其责。

3.监督经济活动,控制经济运行

审核会计凭证可以发挥会计的监督作用。通过会计凭证的审核,可以查明每一项经济业务是否真实,是否符合国家有关法律、法规、制度的规定等。对查出的问题,也能及时发现,从而积极采取措施予以纠正,对经济活动进行事前、事中、事后控制,有效发挥会计的监督作用。

二、会计凭证的种类

会计凭证按其填制的程序和用途不同来划分,可以分为原始凭证和记账凭证两类。

（一）原始凭证

原始凭证,又称单据,是指在经济业务发生或完成时取得或填制的,用以记录或证明经济业务的发生或完成情况的原始凭据。原始凭证是进入会计信息系统的初始数据资料。一般而言,在会计核算过程中,凡是能够证明某项经济业务已经发生或完成情况的书面单据都可以作为原始凭证,如有关的发票、收据、银行结算凭证、收料单、发料单等。凡是不能证明该项经济业务已经发生或完成情况的书面文件就不能作为原始凭证,如生产计划、购销合同、银行对账单、材料请购单等。

（二）记账凭证

记账账凭,是指会计人员根据审核无误的原始凭证,按照经济业务的内容加以归类,并据以确定会计分录后所填制的会计凭证,作为登记账簿的直接依据。记账凭证根据复式记账法的基本原理,将原始凭证中的经济信息转化为会计语言,是介于原始凭证与账簿之间的中间环节。

(三)原始凭证和记账凭证对比

原始凭证和记账凭证都称为会计凭证,但就其性质来讲却截然不同。原始凭证是记账凭证的基础,记账凭证是根据原始凭证而编制的;原始凭证附在记账凭证后面作为记账凭证的附件,记账凭证是对原始凭证内容的概括和说明;记账凭证与原始凭证的本质区别就在于原始凭证是对经济业务是否发生或完成起证明作用,而记账凭证是为了履行记账手续而编制的会计分录凭证。

【学习笔记】

表 6.1　原始凭证和记账凭证的相同点和不同点对比

		原始凭证	记账凭证
相同		同属于会计凭证的范畴,都是记录发生的经济业务的内容	
不同	①填制人员	业务经办人员	会计人员
	②填制依据	发生或完成的经济业务	审核无误的原始凭证
	③填制方法	经济业务发生或完成情况的原始证明	依据会计科目对发生或完成的经济业务归类、整理,编制会计分录
	④作用	记账凭证的附件、填制记账凭证的依据	登记账簿的直接依据

第二节　原始凭证

一、原始凭证的种类

原始凭证可以按不同的标准进行分类,主要分类方式有取得来源、格式、填制的手续和内容等。

(一)按取得的来源分类

1.自制原始凭证

自制原始凭证是指由本单位有关部门和人员,在执行或完成某项经济业务时填制的,仅供本单位内部使用的原始凭证,如收料单、领料单、限额领料单、产品入库单、产品出库单、借款单、工资发放明细表、折旧计算表等,如表6.2、表6.3所示。

表6.2　固定资产折旧计算表

2017/6/30　　　　　　　　　　　　　　　　　　　金额单位:元

固定资产名称	所属部门	固定资产原值	残值（5%）	使用年限(年)	本期折旧期间	本期应计提折旧金额
生产设备	生产车间	1 010 526.32	50 526.32	10	2017年6月1日至2017年6月30日	8 000.00
办公设备	管理部门	189 473.68	9 473.68	5	2017年6月1日至2017年6月30日	3 000.00
轿车	管理部门	63 157.89	3 157.89	5	2017年6月1日至2017年6月30日	1 000.00

会计主管:李林　　　　　　　　　　　　制单:许飞

表6.3　领料单

领料部门:一车间　　　　　　　　　　　　　　　　　领料编号:0135

领料用途:生产　　　　　　　　　　　　　　　　　　发料仓库:2号库

材料编号	材料名称及规格	计量单位	数量		单价	金额
			请领	实领		
001	25 mm 圆钢	kg	1 500	1 500	4	6 000
备注						

发料人:＊＊　　　　审批人:＊＊　　　　领料人:＊＊　　　　记账:＊＊

2.外来原始凭证

外来原始凭证是指在经济业务发生或完成时,从其他单位或个人直接取得的原始凭证。如购买材料取得的增值税专用发票(图6.1)、银行转来的各种结算凭证(图6.2)、对外支付款项时取得的收据、职工出差取得的飞机票、车船票等。

(二)按照格式的不同分类

1.通用原始凭证

通用凭证是由有关部门统一印制、在一定范围内使用的具有统一格式和使用方法的原始凭证。通用凭证的使用范围可以是某一地区、某一行业,也可以全国通用,如由银行统一印制的结算凭证(如图6.3)、税务部门统一印制的发票等。

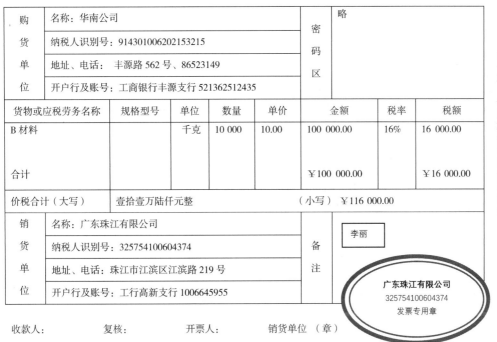

广东增值税专用发票　　　NO　00205948

记账联　　　　　　　　　　开票日期：2017 年 12 月 12 日

购货单位	名称：华南公司						密码区	略	
	纳税人识别号：914301006202153215								
	地址、电话：　丰源路 562 号、86523149								
	开户行及账号：工商银行丰源支行 521362512435								
货物或应税劳务名称	规格型号	单位	数量	单价	金额	税率	税额		
B 材料		千克	10 000	10.00	100 000.00	16%	16 000.00		
合计					￥100 000.00		￥16 000.00		
价税合计（大写）	壹拾壹万陆仟元整				（小写）　￥116 000.00				
销货单位	名称：广东珠江有限公司						备注	李丽	
	纳税人识别号：325754100604374								
	地址、电话：珠江市江滨区江滨路 219 号							广东珠江有限公司 325754100604374 发票专用章	
	开户行及账号：工行高新支行 1006645955								

第一联　记账联销货方记账凭证

收款人：　　　复核：　　　开票人：　　　销货单位 （章）

图 6.1　增值税专用发票

中国工商银行　客户回单

日期：2017年6月9日

业务类型：跨行转账　　　　　　　　　　　　币种：人民币

付款人全称：华南公司　　　　　收款人全称：祥明广告制作部
付款人账号：521362512435　　　收款人账号：251320124578120
开户银行：中国工商银行丰源支行　开户银行：中国建设银行高新支行

金额：（大写）人民币伍仟贰佰元整
　　　（小写）￥5 200.00

中国工商银行
丰源支行
业务章

摘要：
办公费

回单编号：000000007

图 6.2　中国工商银行客户回单

图 6.3 银行通用结算凭证示例

2.专用原始凭证

专用原始凭证是指由单位自行印制、仅在本单位内部使用的原始凭证。如领料单、差旅费报销单(如表 6.4)、折旧计算表、工资费用分配表等。

表 6.4 广东珠江有限公司外埠出差报销单

2017 年 12 月 14 日

出差人姓名	何昆			工作部门				财务科			预借金额		5 000
出差事由	参加会议			出差日期				12 月 5 日到 12 月 10 日			返回金额		976
出差地点	北京			出差天数				6 天			应补金额		—
起程				到达				车船费		住勤伙食费		住宿费	市内交通费
月	日	时	分	地点	月	日	时	分	地点	交通工具	金额	人	单位标准	金额		
12	5	11	45	广州	12	6	22	16	北京	火车	862	1		300	1 800.00	200.00
12	9	19	26	北京	12	10	6	25	广州	火车	862					
合计金额	(小写)¥4 024.00				¥1 724.00			¥300.00				1 800.00	200.00
	(大写)肆仟零贰拾肆元整			审核:洪枚 出纳:常红 主管:朱西 报销人:何昆									

【随堂-单选题】

下列各项中,属于通用凭证的是(　　)。

A.收料单　　　　　　　　　　B.差旅费报销单

C.折旧计算表　　　　　　　　D.增值税专用发票

（三）按填制的手续和内容分类

原始凭证按照填制的手续和内容可分为一次凭证、累计凭证和汇总凭证。

1.一次凭证

一次凭证是指一次填制完成，只记录一笔经济业务且仅一次有效的原始凭证。所有的外来原始凭证和大部分的自制原始凭证都属于一次凭证，如收据、借款单（表 6.5）、支票存根、发票、银行结算凭证等。

表 6.5

借　款　单

编号：　　　　　　　　　　　　　　　　　　　　　　　　　　2015 年 12 月 10 日

借款人	李晓军	
用途	出差预借差旅费	
金额（大写）：人民币肆仟元整	￥4 000.00	
还款计划	2015 年 12 月 15 日	
领导批示	借款人盖章	＊＊

2.累计凭证

累计凭证是指在一定时期内多次记录发生的同类型经济业务且多次有效的原始凭证。其特点是在一张凭证内可以连续登记相同性质的经济业务，随时结出累计数和结余数，并按照费用限额进行费用控制，期末按实际发生额记账。最具有代表性的累计凭证是"限额领料单"，如表 6.6 所示。

表 6.6

限额领料单

领料部门：生产车间　　　　　　　　　　　　　　　　　　　　发料仓库：3 号

用　途：B 产品生产　　　　　　20××年 2 月　　　　　　　编　号：0001

材料编号	材料名称及规格	计量单位	领料限额	实际领用	单价	金额	备注
01	A 材料	千克	500	400	30	12 000	

日期	请领		实发		限额结余	退货	
	数量	领料人	数量	发料人		数量	退库单
3.1	100	李＊	100	张＊	400		
3.10	200	李＊	200	张＊	200		
3.20	100	李＊	100	张＊	100		

供应部门负责人：＊＊　　　　　　　领料部门负责人：＊＊　　　　　　　仓库负责人：＊＊

3.汇总凭证

汇总凭证也称原始凭证汇总表,是将一定时期内若干张记录同类经济业务的原始凭证按照一定的要求汇总编制成一张汇总凭证,用以集中反映某项经济业务总括发生情况的原始凭证。常见的汇总原始凭证有:发出材料汇总表、工资汇总表、差旅费报销单、现金收入汇总表等。"发出材料汇总表"的格式如表6.7所示。

表 6.7
发出材料汇总表

2015 年 12 月 　　　　　　　　　　　　　　　　　　　　　　单位:元

项　　目		领料部门	甲材料	乙材料	合计
生产车间	一车间	20 000	30 000	50 000
	二车间	15 000	20 000	35 000
管理部门		1 000	2 000	3 000
合计		36 000	52 000	88 000

【知识拓展】

企业的经济合同、生产通知单、材料请购单、盘存单、银行存款余额调节表(第九章财产清查涉及)、银行对账单等单据是企业经济业务的备查资料,不属于企业的原始凭证。

二、原始凭证的基本内容

由于各项经济业务的内容和经济管理的要求不同,原始凭证的名称、格式和内容是多种多样的。但是,各种原始凭证都应具有一些共同的基本内容:

①凭证的名称;
②填制凭证的日期;
③填制凭证单位名称或者填制人姓名;
④经办人员的签名或者盖章;
⑤接受凭证单位名称;
⑥经济业务内容;
⑦数量、单价和金额。

三、原始凭证的填制要求

原始凭证是编制记账凭证的依据,是会计核算最基础的资料。为了保证原始凭证能够真实、正确、完整、及时地反映经济业务,确保会计核算资料的质量,填制原始凭证必须符合以下要求。

1.记录真实

记录真实,就是要实事求是地填写经济业务。原始凭证填制日期、业务内容、数量、金额等必须与实际情况完全符合,以确保凭证内容真实可靠。

2.内容完整

原始凭证的各项内容,必须详尽地填写齐全,不得遗漏,同时必须由经办业务部门的有关人员签字盖章,对凭证的真实性和正确性负责。

①年、月、日要按照填制原始凭证的实际日期填写;

②名称要齐全,不能简化;

③品名或用途要填写明确,不能含糊不清;

④有关人员的签章必须齐全。

3.手续完备

自制的原始凭证,应由经办人员和经办单位负责人签名或盖章;从外单位取得的原始凭证,除某些特殊的外来原始凭证如火车票、汽车票外,必须盖有填制单位的公章或财务专用章;从个人处取得的原始凭证,必须由填制人员签名或签章。

4.书写清楚、规范

填制原始凭证,字迹必须清晰、工整。原始凭证的填制(需要复写的除外),必须用钢笔或碳素笔书写,并符合下列要求:

①阿拉伯数字应当逐个填写,不得连笔写;阿拉伯金额数字前面应当书写货币币种符号,如:人民币"￥"。币种符号与阿拉伯金额数字之间不得留有空白。金额数字一律填写到角分,无角无分的,写"00"或符号"一",有角无分的,分位写"0",不得用符号"一"。

②大写金额用汉字壹、贰、叁、肆、伍、陆、柒、捌、玖、拾、佰、仟、万、亿、元、角、分、零、整等,不得用0、一、二、三、四、五、六、七、八、九、十等简化字代替。大写金额数字到元或者角为止的,在"元"或者"角"字之后应当写"整"字或者"正"字,如:小写金额为￥3 208.40,汉字大写金额应写"人民币叁仟贰佰零捌元肆角整";大写金额有分的,"分"字后面不写"整"或"正"字,如:小写金额为￥106.34,汉字大写金额应写成"人民币壹佰零陆元叁角肆分"。

5.连续编号

各种凭证要连续编号,以便考查。如果凭证已预先印定编号,如发票、支票等重要凭证,在写坏作废时,应加盖"作废"戳记,妥善保管,不得撕毁。

6.不得涂改、刮擦、挖补

原始凭证如有错误,应当由出具单位重开或更正,更正处应当加盖出具单位印章。原始凭证金额错误的,应当由出具单位重开,不得在原始凭证上更正。

7.填制及时

各种原始凭证一定要及时填写,并按规定的程序及时送交会计机构,由会计人员进行审核。

【知识拓展】

支票常识：

1.支票正面不能有涂改痕迹,否则本支票作废;

2.支票的有效期为10天,日期首尾算一天;

3.支票分现金支票和转账支票。

支票日期填写方法

*支票日期填写用到的基本数字:壹、贰、叁、肆、伍、陆、柒、捌、玖、拾、零;

*一至十月要写为:零壹、零贰、零叁、零肆、零伍、零陆、零柒、零捌、零玖、零壹拾月;

*十一、十二月写为:壹拾壹月、壹拾贰月;

*一至十日要写为:零壹、零贰、零叁、零肆、零伍、零陆、零柒、零捌、零玖、零壹拾日;

*十一日至十九日写为:壹拾壹、壹拾贰、壹拾叁、壹拾肆、壹拾伍、壹拾陆、壹拾柒、壹拾捌、壹拾玖日;

*二十日写为零贰拾日、三十日写为零叁十日,其他的日不用加零。

四、原始凭证的审核

为了如实反映经济业务的发生和完成情况,充分发挥会计的监督职能,保证会计信息的真实、合法、完整和准确,会计人员必须对原始凭证进行严格审核。审核后的原始凭证,才能作为填制记账凭证和记账的依据。审核的内容主要包括:

1.审核原始凭证的真实性

真实性的审核包括凭证日期的真实性、业务内容的真实性、数据的真实性等。对外来原始凭证,必须盖有填制单位的公章或填制人员的签名或者盖章;对自制原始凭证,必须有经办单位领导人及经办人员的签名或者盖章。

2.审核原始凭证的合法性

审核原始凭证所反映的经济业务是否符合有关政策、法规、制度的规定。

3.审核原始凭证的合理性

审核原始凭证所记录的经济业务是否符合企业生产经营活动的需要,是否符合有关计划和预算等。

4.审核原始凭证的完整性

审核原始凭证的内容是否齐全,包括:有无漏记项目、日期是否完整、有关签章是否齐全等。

5.审核原始凭证的正确性

审核原始凭证各项金额的计算及填写是否正确,如阿拉伯数字不得连写、大小写金额是否相符,有无刮擦、涂改和挖补现象等。

6.审核原始凭证的及时性

原始凭证的及时性是保证会计信息及时性的基础。为此,要求在经济业务发生或完成时及时填制有关原始凭证,及时进行凭证的传递。审核原始凭证时,应注意填制日期是否是经济业务发生或完成时候的日期,或者相近;涉及货币资金收付业务的原始凭证,是否有推迟收款或提前付款的记录;各种票据是否过期等。

第三节　记账凭证

一、记账凭证的种类

记账凭证可按不同的标准进行分类,按照用途可分为专用记账凭证和通用记账凭证;按照填列方式可分为单式记账凭证和复式记账凭证。

1.专用记账凭证

专用记账凭证是指分类反映经济业务、记录某一特定种类经济业务的记账凭证。按其反映的经济业务内容是否与现金、银行存款收付有关,可分为收款凭证、付款凭证和转账凭证。

(1)收款凭证

收款凭证是用来记录库存现金和银行存款收款业务的凭证。可分为现金收款凭证和银行存款收款凭证,具体格式如表6.8所示。

表6.8

收 款 凭 证

借方科目_____　　　　年　月　日　　　　字第　号

摘要	贷方总账科目	明细科目	√	金额									
				千	百	十	万	千	百	十	元	角	分
合计													

附单据　张

财务主管　　　记账　　　　出纳　　　　审核　　　　制单

131

（2）付款凭证

付款凭证是用来记录库存现金和银行存款付款业务的记账凭证。可分为现金付款凭证和银行存款付款凭证，具体格式如表6.9所示。

表 6.9

付 款 凭 证

贷方科目＿＿＿＿＿＿＿　　　　年　　月　　日　　　　　　字第　　　号

摘要	借方总账科目	明细科目	√	金额										
				千	百	十	万	千	百	十	元	角	分	
														附
														单
														据
														张
合计														

财务主管　　　　记账　　　　　　出纳　　　　　审核　　　　　制单

（3）转账凭证

转账凭证是用来记录不涉及库存现金和银行存款业务（即在经济业务发生时不需要收付库存现金和银行存款的各项业务）的凭证，如分配工资费用、计提固定资产折旧、产成品完工入库等业务编制的记账凭证，具体格式如表6.10所示。

表 6.10

转 账 凭 证

年　　月　　日　　　　　　字第　　　号

摘要	总账科目	明细科目	√	金额										√	金额									
				千	百	十	万	千	百	十	元	角	分		千	百	十	万	千	百	十	元	角	分
																									附
																									单
																									据
																									张
合计																									

财务主管　　　　记账　　　　　　出纳　　　　　审核　　　　　制单

2.通用记账凭证

通用记账凭证是指用来反映所有经济业务的记账凭证,为各类经济业务所共同使用。其格式与转账凭证基本相同,具体格式如表6.11所示。

表 6.11

记　账　凭　证

年　　月　　日　　　　　　　字第　　号

摘要	总账科目	明细科目	√	借方金额										√	贷方金额										附
				千	百	十	万	千	百	十	元	角	分		千	百	十	万	千	百	十	元	角	分	单
																									据
																									张
合计																									

财务主管:＊＊　　　记账:＊＊　　　出纳:＊＊　　　审核:＊＊　　　制单:＊＊

二、记账凭证的基本内容

记账凭证作为登记账簿的直接依据,因其所反映经济业务的内容不同、各单位规模大小及其对会计核算繁简程度的要求不同,其内容有所差异,但应当具备以下基本内容:

①填制凭证的日期,即编制日期、记账凭证的填制日期与原始凭证的填制日期可能相同,也可能不同;

②凭证编号;

③经济业务摘要,摘要应能清晰地揭示经济业务的内容,同时应简明扼要;

④会计科目,即经济业务事项所涉及的会计科目;

⑤金额;

⑥所附原始凭证的张数,原始凭证是编制记账凭证的根据,缺少它就无从审核记账凭证的正确性;

⑦填制凭证人员、稽核人员、记账人员、会计机构负责人、会计主管人员签名或者盖章,收款和付款记账凭证还应当由出纳人员签名或者盖章。

三、记账凭证的填制要求

记账凭证根据审核无误的原始凭证或原始凭证汇总表填制。记账凭证填制正确与否,直接影响整个会计系统最终提供信息的质量。与原始凭证的填制相同,记账凭证也有记录真实、内容完整、手续齐全、填制及时等要求。

（一）记账凭证填制的基本要求

①记账凭证各项内容必须完整。记账凭证中的各项内容必须填写齐全,并按规定程序办理签章手续,不得简化。

②记账凭证的书写应当清楚、规范。具体要求与原始凭证的要求相同。

③除结账和更正错账可以不附原始凭证外,其他记账凭证必须附原始凭证。所附原始凭证张数的计算,一般以原始凭证的自然张数为准。

如果一张原始凭证涉及几张记账凭证,可以把原始凭证附在一张主要的记账凭证后面,并在其他记账凭证上注明附有该原始凭证的记账凭证的编号或者附原始凭证复印件。

④记账凭证可以根据每一张原始凭证填制,或根据若干张同类原始凭证汇总填制,也可以根据原始凭证汇总表填制。但不得将不同内容和类别的原始凭证汇总填制在一张记账凭证上,否则,会导致经济业务的具体内容不清楚,难以填写摘要,会计科目也因没有明确的对应关系而无法反映经济业务的来龙去脉,容易造成会计账簿记录错误。

⑤记账凭证应连续编号。每一会计期间,都必须按月编制序号,不得采用按年或按季连续编号。如果一笔经济业务需要填制两张以上(含两张)记账凭证,可以采用"分数编号法"编号。例如,一笔经济业务需编制 3 张转账凭证,该转账凭证的顺序号为 6 号,则这笔业务可编制成 $6^{1/3}$,$6^{2/3}$,$6^{3/3}$,前面的数字表示凭证顺序,后面的分数的分母表示该号凭证只有 3 张,分子表示 3 张凭证中的第 1 张、第 2 张、第 3 张。

⑥填制记账凭证时若发生错误,应当重新填制。

⑦记账凭证填制完经济业务事项后,如有空行,应当自金额栏最后一笔金额数字下的空行处至合计数上的空行处划线注销,以堵塞漏洞,严密会计核算手续。

【随堂-单选题】

严格地讲,填制记账凭证的依据是(　　　　)。

A.汇总的原始凭证　　　　　　　B.自制原始凭证

C.外来原始凭证　　　　　　　　D.审核无误的原始凭证

（二）收款凭证的填制要求

收款凭证是用来记录货币资金收款业务的凭证,它是由出纳人员根据审核无误的原始凭证填制的。收款凭证左上角的"借方科目"按收款的性质填写"库存现金"或"银行存款";日期填写的是填制本凭证的日期;右上角填写收款凭证的顺序号;"摘要"填写对所记录的经济业务的简要说明;"贷方科目"填写与收入"库存现金"或"银行存款"相对应的会计科目;"记账√"是指该凭证已登记账簿的标记,防止经济业务重记或漏记;该凭证右边"附单据×张"是指本记账凭证所附原始凭证的张数;最下边分别由有关人员签章,以明确经济责任。

例如:2018 年 1 月 1 日,收到甲公司前欠我方货款 50 000 元,并存入银行。根据此业务填制的收款凭证如图 6.4 所示。

（三）付款凭证的填制要求

付款凭证是根据审核无误的有关库存现金和银行存款的付款业务的原始凭证填制

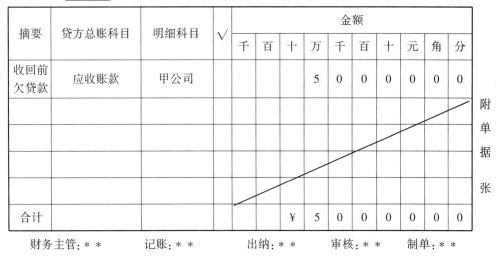

图 6.4　收款凭证填写

的。付款凭证的填制方法与收款凭证基本相同,不同的是在付款凭证的左上角应填列贷方科目,即"库存现金"或"银行存款"科目,"借方科目"栏应填写与"库存现金"或"银行存款"相对应的一级科目和明细科目。

对于涉及"库存现金"和"银行存款"之间的相互划转业务,为了避免重复记账,一般只填制付款凭证,不再填制收款凭证。如:从银行提取现金的业务,只编制银行存款付款凭证;将多余现金送存银行的业务,只编制库存现金付款凭证。

出纳人员在办理收款或付款业务后,应在原始凭证上加盖"收讫"或"付讫"的戳记,以免重收重付。

例如:甲公司 2018 年 1 月 5 日用银行存款购买 5 000 元办公用品,如图 6.5 所示。

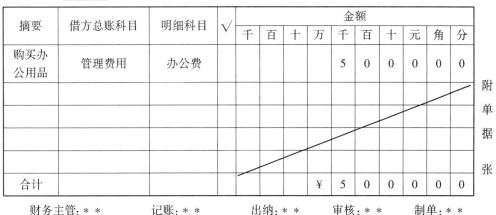

图 6.5　付款凭证填写

（四）转账凭证的填制要求

转账凭证是用以记录与货币资金收付无关的转账业务的凭证,如原材料的领用、成本的结转等,它是由会计人员根据审核无误的转账原始凭证填制的。在借贷记账法下,将经济业务所涉及的会计科目全部填列在凭证内,借方科目在先,贷方科目在后,将各会计科目应借应贷的金额填列在"借方金额"或"贷方金额"栏内,借、贷方金额合计数应该相等。

例如:甲公司 2018 年 1 月 8 日销售给 A 公司商品一批,销售商品价款 10 000 元,增值税 1 600 元,货款尚未收回,如图 6.6 所示。

转 账 凭 证

2018 年 1 月 8 日　　　　　　　　　　　　　　　　转字第 1 号

摘要	总账科目	明细科目	√	借方金额 千	百	十	万	千	百	十	元	角	分	√	贷方金额 千	百	十	万	千	百	十	元	角	分	
赊销产品一批	应收账款	A公司			1	1	6	0	0	0	0															附单据张
	主营业务收入																	1	0	0	0	0	0	0	
	应交税费	应交增值税（销项税额）																	1	6	0	0	0	0	
合计				¥	1	1	6	0	0	0	0				¥	1	1	6	0	0	0	0			

财务主管:＊＊　　记账:＊＊　　出纳:＊＊　　审核:＊＊　　制单:＊＊

图 6.6　转账凭证填写

【学习笔记】

表 6.12　专用记账凭证的比较

专用记账凭证	定　义	用　途
收款凭证	用于记录库存现金和银行存款收款的业务	据以登记库存现金和银行存款的有关账簿
付款凭证	用于记录库存现金和银行存款付款的业务	据以登记库存现金和银行存款的有关账簿
转账凭证	用于记录不涉及库存现金和银行存款的业务	据以登记明细账和有关总账

四、记账凭证的审核

为了保证会计信息的质量,在记账之前应由有关稽核人员对记账凭证进行严格的审核,审核的内容主要包括:

①内容是否真实。审核记账凭证所记录的经济业务内容是否符合所附原始凭证内容,内容是否真实。

②项目是否齐全。审核记账凭证中有关项目的填列是否完备,如日期、凭证编号、摘要、会计科目、金额、所附原始凭证张数等。

③科目是否正确。审核记账凭证的应借、应贷会计科目是否正确,科目的对应关系是否清晰、完整,核算内容是否符合会计准则的要求。

④金额是否正确。审核记账凭证上列示的总分类科目的金额和明细科目的金额是否正确,借贷方金额合计是否相等。

⑤书写是否规范。审核记账凭证的书写是否符合标准、数字是否清晰、更正是否正确。

⑥手续是否完备。审核记账凭证最后的签章是否齐全。经过审核无误的记账凭证才能作为登记账簿的依据。

第四节　会计凭证的传递与保管

一、会计凭证的传递

会计凭证的传递是指会计凭证从取得或填制时起至归档保管过程中,在单位内部各有关部门和人员之间的传送程序。会计凭证的传递是会计核算得以正常、有效进行的前提。会计凭证的传递,要求能够满足内部控制制度的要求,使传递程序合理有效,同时尽量节约传递时间,减少传递的工作量。

会计凭证的传递具体包括传递程序和传递时间。各单位应根据经济业务特点、内部机构设置、人员分工和管理要求,具体规定各种凭证的传递程序;根据有关部门和经办人员办理业务的情况,确定凭证的传递时间。

二、会计凭证的保管

会计凭证的保管是指会计凭证记账后的整理、装订、归档和存查工作。会计凭证作为记账的依据,是重要的会计档案和经济资料。任何单位在完成经济业务手续和记账后,必须将会计凭证按规定的立卷归档制度形成会计档案资料,妥善保管,防止丢失,不得任意销毁,以便日后随时查阅。会计凭证的保管要求主要有:

①会计凭证应定期装订成册,防止散失。会计部门在依据会计凭证记账以后,应定期(每天、每旬或每月)对各种会计凭证进行分类整理,将各种记账凭证按照编号顺序,连

同所附的原始凭证一起加具封面和封底,装订成册,并在装订线上加贴封签,由装订人员在装订线封签处签名或盖章。

②会计凭证封面应注明单位名称、凭证种类、凭证张数、起止号数及年度、月份、会计主管人员和装订人员等有关事项,会计主管人员和保管人员应在封面上签章。

③会计凭证应加贴封条,防止抽换凭证。原始凭证不得外借,其他单位如有特殊原因确实需要使用时,经本单位会计机构负责人(会计主管人员)批准,可以复制。向外单位提供的原始凭证复制件,应在专设的登记簿上登记,并由提供人员和收取人员共同签名、盖章。

④原始凭证较多时,可单独装订,但应在凭证封面注明所属记账凭证的日期、编号和种类,同时在所属的记账凭证上应注明"附件另订"及原始凭证的名称和编号,以便查阅。

⑤每年装订成册的会计凭证,在年度终了时可暂由单位会计机构保管一年,期满后应当移交本单位档案机构统一保管;未设立档案机构的,应当在会计机构内部指定专人保管。出纳人员不得兼管会计档案。

⑥严格遵守会计凭证的保管期限要求,期满前不得任意销毁(原始凭证、记账凭证和汇总凭证需保存30年)。

章节练习

一、单选题

1.( )是记录交易或者事项发生或完成情况的书面证明,也是登记账簿的依据。
   A.科目汇总表　　　　B.原始凭证　　　　C.记账凭证　　　　D.收款凭证
2.对原始凭证发生的错误,正确的更正方法是( )。
   A.通过涂改、刮擦、挖补等办法进行更正
   B.由本单位会计人员代为更正
   C.金额发生错误的,可由出具单位在原始凭证上更正
   D.金额发生错误的,应当由出具单位重开
3.下列记账凭证中,可以不附原始凭证的是( )。
   A.所有收款凭证　　　　　　　　B.所有付款凭证
   C.所有转账凭证　　　　　　　　D.用于结账的记账凭证
4.下列不能作为会计核算的原始凭证的是( )。
   A.发货票　　　　B.合同书　　　　C.入库单　　　　D.领料单
5.下列各项中,( )不属于记账凭证的基本要素。
   A.交易或事项的内容摘要　　　　B.交易或事项的地点
   C.应记会计科目、方向及金额　　D.凭证的编号
6.下列不能作为会计核算的原始凭证的是( )。
   A.发货票　　　　B.合同书　　　　C.入库单　　　　D.领料单

二、多选题

1.付款凭证的贷方科目不可能是(　　　)。

　　A.应付账款　　　　　　　B.主营业务收入　　　C.银行存款　　　　D.应付票据

2.原始凭证按照填制的方法不同,可分为(　　　)。

　　A.累计原始凭证　　　　B.汇总原始凭证　　　C.一次原始凭证　D.专用原始凭证

3.甲某出差回来,报销差旅费 1 000 元,原借 1 200 元,交回剩余现金 200 元,这笔业务应该编制的记账凭证有(　　　)。

　　A.付款凭证　　　　　　　B.收款凭证　　　　　C.转账凭证　　　　　D.原始凭证

4.下列关于会计凭证的保管,说法正确的有(　　　)。

　　A.会计凭证应定期装订成册,防止散失

　　B.会计凭证应加贴封条,防止抽换凭证

　　C.出纳人员不得兼管会计档案

　　D.会计凭证在保管期满之前不得任意销毁

5.下列经济业务中,应填制转账凭证的有(　　　)。

　　A.国家以厂房对企业投资

　　B.外商以货币资金对企业投资

　　C.购买材料未付款

　　D.销售商品,货款暂欠

6.以下原始凭证中,属于一次凭证的有(　　　)。

　　A.收料单　　　　　　　　　　　　　　B.销货发票

　　C.增值税专用发票　　　　　　　　　　D.限额领料单

7.下列经济业务中,需要填制付款凭证的有(　　　)。

　　A.从银行提取现金　　　　　　　　　　B.购买材料预付订金

　　C.用银行存款对外投资　　　　　　　　D.接受原材料投资

8.在原始凭证上书写阿拉伯数字,正确的有(　　　)。

　　A.金额数字一律填写到角、分

　　B.无角分的,角位和分位可写"00"或者符号"—"

　　C.有角无分的,分位应当写"0"

　　D.有角无分的,分位也可以用符号"—"代替

三、原始凭证的填制

广东珠江有限公司是一家专门从事设计、生产、制造和销售中高档精品办公家具的公司,为增值税一般纳税人,适用税率16%,公司相关信息如下:

公司地址:珠江市江滨区江滨路 219 号

公司开户行名称:工商行高新支行

开户行及账号:工行高新支行 1006645955

纳税人识别号:3257541006043 74

2018 年 12 月份,公司发生的经济业务如下:

（1）12月6日，根据职工薪酬结算汇总表，签发中国工商银行现金支票一张，金额32 000元，备发工资。

中国工商银行 现金支票存根	中国工商银行　现金支票　支票号码：78839121
支票号码：78839121	出票日期（大写）　年　月　日　　付款行名称：
出票日期　年　月　日	收款人：　　　　　　　　　　　出票人账号：

人民币		千	百	十	万	千	百	十	元	角	分
（大写）											

收款人：　　　　　　　用途：　　　　　　　　　　　　复核
金　额：　　　　　　　上列款项请从　　　广东珠江有限公司　　印 李　　记账
用　途：　　　　　　　我账户内支付　　　财务专用章　　　　章 丽　　验印

‖792665‖ ┊001316777┊ 00014403864 ‖

（2）12月11日，售给广东光明有限责任公司（地址电话：广州中山路五号；税务登记号：130185613850451；开户银行账号：工行 208-002210016-668）产品30件，每件售价5 000元，价款150 000元，增值税率16%，办妥银行托收手续，开出增值税专用发票。

广东增值税专用发票

No.10001812

开票日期：

购货单位	名称		税务登记号										
	地址电话		开户银行及账号										

货物或应税劳务名称	规格型号	计量单位	数量	单价	金额									税率（%）	税额								
					百	十	万	千	百	十	元	角	分		百	十	万	千	百	十	元	角	分
合计																							
价税合计			佰　　拾　　万　　仟　　佰　　拾　　元　　角　　分																				
销货单位	名称		税务登记号										
	地址电话		开户银行及账号										

第五联

销货单位（章）：　广东珠江有限公司　　　收款人：　　　　审核：　　　　开票人：
　　　　　　　　　发票专用章

（3）12月23日,邹凯出差回来报销差旅费,余款660元以现金方式返还财务部,出纳开具一张收据。

收款收据　　　　　N0000002
年　月　日

今收到:＿＿＿＿＿＿＿＿＿＿＿＿＿＿＿＿＿＿＿＿＿＿＿＿＿

收款事由＿＿＿＿＿＿＿＿＿＿＿＿＿＿＿＿＿＿＿＿＿＿＿＿＿

人民币　（大写）

＿＿＿＿＿＿＿＿＿＿＿＿＿＿＿＿　¥＿＿＿＿＿＿＿＿

备注:

现金收讫

收款人经办人:　　　　　　　收款单位签章

存根白客户红记账黄

交款人签字确认:

（4）12月28日,签发转账支票一张,偿还前欠上海东方有限责任公司货款30 000元。

中国工商银行　广州市分行
支票号码:　78839122
出票日期　年　月　日
收款人:
金　额:
用　途:

中国工商银行　广州分行　支票　支票号码:　78839122
出票日期(大写)　年　月　日　付款行名称:
收款人:　　　　　　　　出票人账号:

		千	百	十	万	千	百	十	元	角	分
人民币(大写)

用途:　　　　　　　　　　复核
上列款项请从　　　　　　　记账
我账户内支付　　　　　　　验印
出票人签章

广东珠江有限公司财务专用章　　印李章丽

||792665|　　|001316777||00014403864||

四、记账凭证的填制

根据上述第三题的相应业务填制记账凭证:

记账凭证

____年____月____日   ____字 第____号

摘 要	会计科目		借方金额											贷方金额											记账（签章）
	总账科目	明细科目	亿	千	百	十	万	千	百	十	元	角	分	亿	千	百	十	万	千	百	十	元	角	分	
合 计																									

会计主管：   记账：   审核：   制单：

附件   张

记账凭证

____年____月____日   ____字 第____号

摘 要	会计科目		借方金额											贷方金额											记账（签章）
	总账科目	明细科目	亿	千	百	十	万	千	百	十	元	角	分	亿	千	百	十	万	千	百	十	元	角	分	
合 计																									

会计主管：   记账：   审核：   制单：

附件   张

记账凭证

_____年_____月_____日 　　　　　　　　　　　　　_____字 第_____号

摘　要	会计科目		借方金额											贷方金额											记账（签章）
	总账科目	明细科目	亿	千	百	十	万	千	百	十	元	角	分	亿	千	百	十	万	千	百	十	元	角	分	
合　计																									

会计主管：　　　　　记账：　　　　　审核：　　　　　制单：

附件　张

记账凭证

_____年_____月_____日 　　　　　　　　　　　　　_____字 第_____号

摘　要	会计科目		借方金额											贷方金额											记账（签章）
	总账科目	明细科目	亿	千	百	十	万	千	百	十	元	角	分	亿	千	百	十	万	千	百	十	元	角	分	
合　计																									

会计主管：　　　　　记账：　　　　　审核：　　　　　制单：

附件　张

第七章　会计账簿

【本章摘要】

本章所讲的会计账簿是连接会计凭证与会计报表的桥梁,承上启下,学习时重点掌握会计账簿的登记要求,总分类账与明细分类账平行登记的要点,日记账、总分类账及有关明细分类账的登记方法,对账与结账的方法及错账查找与更正的方法。

本章的主要内容包括4个方面:

1.会计账簿概述、会计账簿的启用。

2.会计账簿的格式与登记方法。

3.对账与结账。

4.错账查找与更正的方法。

【基本要求】

1.了解会计账簿的概念与分类

2.熟悉总分类账与明细分类账平行登记的要点

3.掌握日记账、总分类账及有关明细分类账的登记方法

4.掌握对账与结账的方法

5.掌握错账查找与更正的方法

第一节　会计账簿概述

一、会计账簿的概念与作用

会计账簿,简称账簿,是指由一定格式账页组成的,以经过审核的会计凭证为依据,全面、系统、连续地记录各项经济业务事项的簿籍。设置会计账簿,是编制财务报表的基础,是连接会计凭证和财务报表的中间环节。设置和登记账簿的作用主要有:

1.记载和储存会计信息

将会计凭证所记录的经济业务记入有关账簿,可以全面反映会计主体在一定时期内所发生的各项资金运动,储存所需要的各项会计信息。

2.分类和汇总会计信息

账簿由不同的相互关联的账户所构成,通过账簿记录,一方面可以分门别类地反映各项会计信息,提供一定时期内经济活动的详细情况;另一方面可以通过发生额、余额计算,提供各方面所需要的总括会计信息,反映财务状况及经营成果。

3.检查和校正会计信息

账簿记录是对会计凭证的进一步整理,账簿记录也是会计分析、会计检查的重要依据。

4.编报和输出会计信息

为了反映一定日期的财务状况及一定时期的经营成果,应定期进行结账工作,进行有关账簿之间的核对,计算出本期发生额和余额,据以编制会计报表,向有关各方提供所需要的会计信息。

【随堂-单选题】

下列项目中,( )是连接会计凭证和会计报表的中间环节。

A.复式记账　　　　　　B.设置会计科目和账户

C.设置和登记账簿　　　D.编制会计分录

二、会计账簿的基本内容

在实际工作中,由于各种会计账簿所记录的经济业务不同,账簿的格式也多种多样,但各种账簿都应具备以下基本内容。

(一)封面

封面主要用来标明账簿的名称,如总分类账、各种明细分类账、库存现金日记账、银行存款日记账等。

(二)扉页

主要用来标明会计账簿的使用信息,如科目索引表、账簿启用和经管人员一览表等。

1.科目索引表

科目索引表列明了一本账簿记录的所有账户名称和在账簿中的记录页数,就像是一本书的章节目录一样,方便记账人员登记账簿,也方便记账工作完成后其他相关人员的翻阅。科目索引表一般置于账簿的扉页,即在账簿封面和正式账页之间,其格式如表7.1所示。

表 7.1　科目索引表

账簿目录表								
账户名称	账号	页码	账户名称	账号	页码	账户名称	账号	页码

2.账簿启用和经管人员一览表

一般置于"科目索引表"后、正式账页之前,其格式如表 7.2 所示。

表 7.2　账簿启用和经管人员一览表

账簿启用表								贴印花处
单位名称				（加盖公章）	负责人	职务	姓名	
账簿名称				账簿第　　册	单位领导			
账簿号码	第　号	启用日期	年	月　　日	会计主管			
账簿页数		本账簿共计		页	主办会计			

经营本账簿人员一览表										
记账人员			接管日期			移交日期			监交人员	备注
职务	姓名	盖章	年	月	日	年	月	日	职务　姓名	

（三）账页

账页是账簿的主体,会计账簿由若干账页组成,账页应包括以下内容:

①账户名称(即会计科目);

②登记账簿的日期栏;

③记账凭证的种类和号数栏;

④摘要栏;

⑤金额栏;

⑥总页次和分页次栏。

三、会计账簿的种类

会计账簿的种类很多,但一般可以按照其用途、账页格式、外形特征等不同标准进行分类。

（一）按用途分类

1.序时账簿

序时账簿,又称日记账,是按照经济业务发生时间的先后顺序逐日、逐笔登记的账簿。序时账簿按其记录的内容,可分为普通日记账和特种日记账。

普通日记账是对全部经济业务按其发生时间的先后顺序编成会计分录,逐日、逐笔记入账簿中,以此作为连续登记分类账簿的依据,所以又称分录日记账。特种日记账是对某一特定种类的经济业务按其发生时间的先后顺序逐日、逐笔登记的账簿,反映特定项目的详细情况。例如库存现金日记账和银行存款日记账。我国企业通常采用的是特种日记账。

2.分类账簿

分类账簿是按照会计要素的具体类别而设置的分类账户进行登记的账簿。账簿按其反映经济业务的详略程度,可分为总分类账簿和明细分类账簿。

总分类账簿,又称总账,是根据总分类账户开设的,能够全面地反映企业的经济活动。明细分类账簿,又称明细账,是根据明细分类账户开设的,用来提供明细的核算资料,例如原材料总账所属的甲材料和乙材料明细账。总账对所属的明细账起统驭作用,明细账对总账进行补充和说明。

3.备查账簿

备查账簿,又称辅助登记簿或补充登记簿,是指对某些在序时账簿和分类账簿中未能记载或记载不全的经济业务进行补充登记的账簿,可以为经营管理提供参考资料。备查账簿只是对其他账簿记录的一种补充,备查账簿根据企业的实际需要设置,没有固定的格式要求。

表 7.3 会计账簿按照用途分类一览表

分 类	定 义	分类、举例	特 点
序时账簿(日记账)	按照经济业务发生或完成时间的先后顺序逐日、逐笔进行登记的账簿	日记账包括普通日记账和特种日记账	序时登记和逐笔登记
分类账簿	对发生的全部经济业务按照会计要素的具体类别而设置的分类账户进行登记的账簿	按照分类的概括程度不同分为总分类账簿(总账)和明细分类账簿(明细账)	分类账簿提供的核算信息是编制会计报表的主要依据
备查账簿	对某些在序时账簿和分类账簿等主要账簿中都不予登记或登记不够详细的经济业务事项进行补充登记时使用的账簿	租入固定资产登记簿、受托加工材料登记簿、代销商品登记簿等	并非每个单位都应设置,只需根据各个单位的实际需要来设置和登记

(二)按账页格式分类

1.两栏式账簿

两栏式账簿是指只有借方和贷方两个金额栏目的账簿。普通日记账和转账日记账一般采用两栏式。两栏式账簿格式如表 7.4 所示。

表 7.4　转账日记账

年		凭证号	摘 要	借方		贷方	
月	日			一级科目	金额	一级科目	金额

2.三栏式账簿

三栏式账簿,是指设有借方、贷方和余额 3 个金额栏目的账簿。现金日记账、银行存款日记账,资本类、债权债务类明细账,总分类账等,都可以采用三栏式账簿。三栏式账簿格式如表 7.5 所示。

表 7.5　三栏式账

会计科目或编号:

年		凭证		摘要	借方										√	贷方										√	借或贷	余额										√
月	日	字	号		亿	千	百	十	万	千	百	十	元	角	分		亿	千	百	十	万	千	百	十	元	角	分		亿	千	百	十	万	千	百	十	元	角	分	

3.多栏式账簿

多栏式账簿是指在账簿的两个金额栏目(借方和贷方)按需要分设若干专栏的账簿。如主营业务收入、管理费用、应交税费、生产成本、制造费用明细账等。多栏式账簿格式如表 7.6 所示。

表 7.6 多栏式账页

管理费用 明细账

2010年 月	日	凭证号	摘要	合计 亿千百十万千百十元角分	材料费 亿千百十万千百十元角分	差旅费 亿千百十万千百十元角分	租赁费 亿千百十万千百十元角分
12	11	通17	领用材料	1 8 3 0 0 0 0	1 8 3 0 0 0 0		
12	12	通18	报销差旅费	2 1 8 5 0 0		2 1 8 5 0 0	
12	13	通23	支付印刷费	2 7 0 0 0 0			2 0 0 0 0
12	24	通34	预提租赁费	2 0 0 0 0			2 0 0 0 0

4.数量金额式账簿

数量金额式账簿的借方、贷方和余额 3 个栏目内,都分设数量、单价和金额 3 小栏,借以反映财产物资的实物数量和价值量。如原材料、库存商品、产成品等明细账一般都采用数量金额式账簿。数量金额式账簿格式如表 7.7 所示。

表 7.7 数量金额式明细账

年 月	日	凭证编号	摘要	借方 数量	单价	金额	贷方 数量	单价	金额	结存 数量	单价	金额

5.横线登记式账簿

横线登记式账簿,又称平行式账簿,是指将前后密切相关的经济业务登记在同一行上,以便检查每笔业务的发生和完成情况的账簿。材料采购、在途物资、应收票据和一次性备用金等明细账一般采用横线登记式账簿。横线登记式账簿格式如表 7.8 所示。

表 7.8 其他应收款——备用金明细账

2017年 月	日	凭证编号	摘要	借方 原借	补付	合计	2017年 月	日	凭证编号	摘要	贷方 报销	退还	合计	余额
6	1		期初余额	1 000		1 000	1	3		收回借款		1 000	1 000	0

【课堂笔记】

表 7.9　会计账簿按照账页格式分类一览表

分　类	特　征	分类、举例
两栏式	只有借方和贷方两个基本金额栏目	普通日记账和转账日记账(我国一般不用)
三栏式	借方、贷方、余额 3 个主要栏目	日记账、总分类账以及资本、债权债务明细账
多栏式	在账簿的两个基本栏目借方和贷方按需要分设若干专栏的账簿	收入、费用(成本)类、利润明细账
数量金额式	在账簿的借方、贷方和余额每一个栏目中都设置数量、单价、金额 3 个小栏	一般适用于财产物资的明细账,如:原材料、库存商品等明细账

(三)按外形特征分类

1.订本式账簿

订本式账簿,简称订本账,是在启用前将编有顺序页码的一定数量账页装订成册的账簿。订本账的优点是能避免账页散失和防止抽换账页,确保账簿资料的完整;其缺点是不能准确为各账户预留账页,且在同一时间内只能由一人登记,不便于记账人员分工协作记账,欠缺灵活性。因此,订本式账簿,一般适用于一个人登记的账簿,对于库存现金日记账、银行存款日记账以及总分类账一般都使用订本式账簿。

2.活页式账簿

活页账是在账簿登记完毕之前并不固定装订在一起,而是装在活页账夹中。当账簿登记完毕之后(通常是一个会计年度结束之后),才将账页予以装订。活页账的优点是可以根据实际需要增减账页,不会浪费账页,使用灵活,并且便于同时分工记账。缺点在于账页容易散失和被抽换。因此空白账页使用时必须连续编号,置于账夹中或临时装订成册,并由有关人员在账页上盖章,以防舞弊。各种明细分类账一般可采用活页账形式。

3.卡片式账簿

卡片式账簿,简称卡片账,是将一定数量的卡片式账页存放于专设的卡片箱中,可以根据需要随时增添账页的账簿。卡片式账簿一般适用应于账页需要随着物资使用或存放地点的转移而重新排列的明细账,如固定资产明细分类账,一般采用卡片式。

表 7.10　会计账簿按照外形分类一览表

分　类	优　点	缺　点	适　用
订本账	避免账页散失和防止抽换账页	不能准确为各账户预留账页	总分类账、现金日记账和银行存款日记账
活页账	根据实际需要增添账页,不会浪费账页,便于同时分工记账	容易散失和被抽换	明细分类账
卡片账	也是一种活页账,置放于卡片箱内,以保证其安全并可以随时取出和放入	容易散失和被抽换	固定资产卡片账

第二节　会计账簿的启用与登记要求

一、会计账簿的启用

启用会计账簿时,应当在账簿封面上写明单位名称和账簿名称,并在账簿扉页上附启用表。启用订本式账簿应当从第一页到最后一页顺序编定页数,不得跳页、缺号。使用活页式账簿应当按账户顺序编号,并须定期装订成册,装订后再按实际使用的账页顺序编定页码,另加目录以便于记明每个账户的名称和页次。

二、会计账簿的登记要求

（1）准确完整

登记会计账簿时,应当将会计凭证日期、编号、业务内容摘要、金额和其他有关资料逐项记入账内。每一项会计事项,一方面要记入有关的总账,另一方面要记入该总账所属的明细账。账簿记录中的日期,应该填写记账凭证上的日期。

（2）注明记账符号

账簿登记完毕后,要在记账凭证上签名或者盖章,并在记账凭证的"过账"栏内注明账簿页数或已经登账的符号（如"√"）,表示已经记账完毕,避免重记、漏记。

（3）书写留空

账簿中书写的文字和数字上面要留有适当空格,不要写满格,一般应占格距的1/2。这样,一旦发生登记错误,能比较容易进行更正。

（4）正常记账使用蓝黑墨水

为了保持账簿记录的持久性,防止涂改,登记账簿必须使用蓝黑墨水或碳素墨水书写,不得使用圆珠笔（银行的复写账簿除外）或者铅笔书写。

（5）特殊记账使用红墨水

下列情况,可以使用红色墨水：

①按照红字冲账的记账凭证,冲销错误记录。

②在不设借贷等栏的多栏式账页中,登记减少数。

③在三栏式账户的余额栏前,如未印明余额方向的,在余额栏内登记负数余额。

④根据国家统一的会计制度的规定可以用红字登记的其他会计记录。

由于会计中的红字表示负数,因而除上述情况外,不得用红色墨水登记账簿。

（6）顺序连续登记

在登记账簿时,应按页次顺序连续登记,不得隔页、跳行。如发生隔页、跳行现象,应在空页、空行处用红色墨水划对角线注销,或者注明"此页空白""此行空白"字样,并由记账人员签名或盖章。

（7）结出余额

凡需要结出余额的账户,结出余额后,应当在"借或贷"栏内注明"借"或"贷"字样,以示余额的方向;对于没有余额的账户,应在"借或贷"栏内写"平"字。库存现金日记账和银行存款日记账必须逐日结出余额。

（8）过次承前

每一账页登记完毕结转下页时,应当结出本页合计数及余额,写在本页最后一行和下页第一行有关栏内,并在摘要栏内注明"过次页"和"承前页"字样;也可以将本页合计数及金额只写在下页第一行有关栏内,并在摘要栏内注明"承前页"字样,以保证账簿的连续性,便于对账和结账。

（9）不得涂改、刮擦、挖补

如果发生账簿记录错误,不得刮擦、挖补或用褪色药水更改字迹,而应采用规定的方法更正。

第三节 会计账簿的格式与登记方法

一、日记账的格式与登记方法

日记账是按照经济业务发生或完成的时间先后顺序逐日逐笔进行登记的账簿。设置日记账的目的是为了使经济业务的时间顺序清晰地反映在账簿记录中。日记账按其所核算和监督经济业务的范围,可分为普通日记账和特种日记账。在我国,大部分企业一般只设库存现金日记账和银行存款日记账。

（一）库存现金日记账的格式与登记方法

库存现金日记账是用来核算和监督库存现金日常收、付和结存情况的序时账簿。库存现金日记账的格式主要有三栏式和多栏式两种,库存现金日记账必须使用订本账（因多栏式库存现金日记账在实务中应用较少,本书主要介绍三栏式库存现金日记账）。

1.三栏式库存现金日记账

三栏式库存现金日记账设借方、贷方和余额 3 个基本的金额栏目,一般将其分别称为收入、支出和结余 3 个基本栏目。在金额栏与摘要栏之间常常插入"对方科目",以便记账时标明库存现金收入的来源科目和库存现金支出的用途科目。

三栏式库存现金日记账是由出纳人员根据库存现金收款凭证、库存现金付款凭证以及银行存款的付款凭证,按照库存现金收、付款业务和银行存款付款业务发生时间的先后顺序逐日逐笔登记,其格式如表 7.11 所示。

表 7.11 三栏式库存现金日记账

2016 年		凭证号数	摘 要	对方科目	借 方	贷 方	余 额
月	日						
2	1		月初余额				20 000
2	1	1	提取现金	银行存款	1 000		21 000
2	1	2	购买办公用品	管理费用		500	20 500
			……				

2.库存现金日记账的登记方法

库存现金日记账由出纳人员根据同库存现金收付有关的记账凭证,按时间顺序逐日逐笔进行登记,并根据"上日余额+本日收入−本日支出＝本日余额"的公式,逐日结出库存现金余额,与库存现金实存数核对,以检查每日库存现金收付是否有误。

【例 7.1】 现以珠江公司在 2017 年 3 月发生的部分现金收付经济业务为例,说明三栏式库存现金日记账的登记方法。珠江公司在 2017 年 3 月 1 日、5 日、15 日、25 日发生的经济业务如表 7.12 所示。

表 7.12 珠江公司部分经济业务内容

记账凭证号数	摘要	会计分录
通字 1 号	收回员工借款	借:库存现金 300 贷:其他应收款 300
通字 5 号	从银行提现	借:库存现金 800 贷:银行存款 800
通字 11 号	购买办公用品	借:管理费用 1 000 贷:库存现金 1 000
通字 20 号	支付招待费	借:管理费用 200 贷:库存现金 200

根据以上经济业务登记三栏式库存现金日记账如表 7.13 所示。

现金日记账各栏的登记方法如下:

①日期栏:指记账凭证的日期,应与现金实际收付日期一致。

②凭证栏:指登记入账的收付款凭证的种类和编号。例如,"现金收(付)款凭证",简写为"现收(付)";"银行存款收(付)款凭证",简写为"银收(付)"。

③摘要栏:简要说明登记入账的经济业务的内容。

④对方科目栏:指现金收入的来源科目或支出的用途科目,如从银行提取现金,其对方科目为"银行存款"。其作用在于了解经济业务的来龙去脉。

⑤借方、贷方栏:指现金实际收付的金额。每日终了,应分别计算现金借方和贷方的合计数,结出余额,同时将余额与出纳员的库存现金核对,即通常说的"日清"。如账款不符应查明原因,并记录备案。月终同样要计算现金借方、贷方和结存的合计数,通常称为"月结"。

表 7.13　库存现金日记账（三栏式）

2017年 月	日	凭证号数	摘要	对方科目	借方	贷方	借或贷	余额
3	1		期初余额				借	500.00
3	1	1	收回员工借款	其他应收款	300.00		借	800.00
3	5	5	从银行提现	银行存款	800.00		借	1 600.00
3	15	11	购买办公用品	管理费用		1 000.00	借	600.00
3	25	20	支付招待费	管理费用		200.00	借	400.00
			……					

（二）银行存款日记账的格式与登记方法

银行存款日记账是用来核算和监督银行存款每日的收入、支出和结余情况的账簿。由出纳员根据与银行存款收付业务有关的记账凭证，按时间先后顺序逐日逐笔进行登记。根据银行存款收款凭证和有关的库存现金付款凭证登记银行存款收入栏，根据银行存款付款凭证登记其支出栏，每日结出存款余额。

1.银行存款日记账的格式

银行存款日记账的格式与库存现金日记账相同，既可以采用三栏式，也可以采用多栏式。三栏式银行存款日记账格式如表 7.14 所示。

表 7.14　银行存款日记账

第 1 页

2017年 月	日	凭证 字	凭证 号	摘要	借方	贷方	√	余额
6	1			期初余额				412 000 00
6	1	通	1	收到货款	58 000 00			470 000 00
6	2	通	3	取现		10 000 00		460 000 00
6	3	通	5	购入 A 材料		70 200 00		389 800 00
6	3	通	6	预付中润材料款		20 000 00		369 800 00
6	3	通	7	利息收入	215 00			370 015 00
6	4	通	8	预收宝塘货款	20 000 00			390 015 00
6	5	通	9	结算中润材料款		97 000 00		293 015 00
6	5	通	10	销售甲产品	214 000 00			507 015 00
6	5	通	11	归还借款		100 000 00		407 015 00
6	8	通	12	购买设备		23 400 00		383 615 00
6	9	通	13	支付办公费		5 200 00		378 415 00
6	11	通	16	收到红枫货款	100 000 00			478 415 00
6	13	通	18	支付广告宣传费		10 000 00		468 415 00

2.银行存款日记账的登记方法

银行存款日记账的登记方法与库存现金日记账的登记方法基本相同。

【随堂-单选题】

下列各项中,据以登记银行存款日记账的凭证可能有(　　)。

A.库存现金收款凭证　　　　　B.库存现金付款凭证

C.银行存款收款凭证　　　　　D.银行存款付款凭证

二、总分类账的格式与登记方法

(一)总分类账的格式

总分类账简称总账,它是按照总分类账户分类登记以提供总括会计信息的账簿。总分类账最常用的格式为三栏式,设置借方、贷方和余额 3 个基本金额栏目。具体格式如表 7.15 所示。

表 7.15　总分类账(三栏式)

科目名称:应收账款

2017 年		凭证号数	摘　要	借　方	贷　方	借或贷	余　额
月	日						
2	1		期初余额			借	50 000
2	2	3	销售商品一批	20 000		借	70 000
2	6	5	收到前欠货款		30 000	借	40 000
			……				

(二)总分类账的登记方法

总分类账的登记方法因登记的依据不同而有所不同,经济业务少的小型单位的总分类账可以根据记账凭证逐笔登记;经济业务多的大中型单位的总分类账可以根据记账凭证汇总表等定期登记。但不论采用哪种方法登记总账,每月都应将本月发生的经济业务全部登记入账,并于月份终了结算出每个账户的本期借贷发生额及其余额,与所属明细账余额的合计数核对相符后,作为编制会计报表的主要依据。

三、明细分类账的格式与登记方法

明细分类账是根据有关明细分类账户设置并登记的账簿。它能提供交易或事项比较详细、具体的核算资料,以弥补总账所提供核算资料的不足。明细分类账一般采用活页式账簿、卡片式账簿。明细分类账一般根据记账凭证和相应的原始凭证来登记。

(一)明细分类账的格式

根据名种明细分类账所记录经济业务的特点,明细分类账的常用格式主要有以下 4 种:

1.三栏式

三栏式明细分类账是设有借方、贷方和余额 3 个栏目,用以分类核算各项经济业务,提供详细核算资料的账簿,其格式与三栏式总账格式相同,适用于只进行金额核算的资本、债权、债务明细账。三栏式明细分类账的格式如表 7.16 所示。

表 7.16

三栏式明细账　　　　　　总第＿＿＿＿＿＿页

分第＿＿＿＿＿＿页

会计科目或编号 短期借款

子目户名或编号 ＿＿＿＿＿＿＿＿

2017 年		凭证		摘 要	借 方											√	贷 方											√	借或贷	余 额											√
月	日	字	号		亿	千	百	十	万	千	百	十	元	角	分		亿	千	百	十	万	千	百	十	元	角	分			亿	千	百	十	万	千	百	十	元	角	分	
6	1			期初余额																									贷			2	0	0	0	0	0	0	0	
6	5	通	11	归还借款			1	0	0	0	0	0	0	0															贷			1	0	0	0	0	0	0	0	
6	23	通	29	归还短期借款				5	0	0	0	0	0	0															贷				5	0	0	0	0	0	0	
6	30			本月合计			1	5	0	0	0	0	0	0															贷				5	0	0	0	0	0	0	

2.多栏式

多栏式明细分类账将属于同一个总账科目的各个明细科目合并在一张账页上进行登记,即在这种格式账页的借方或贷方金额栏内按照明细项目设若干专栏。这种格式适用于收入、成本、费用类科目的明细核算,例如"生产成本""管理费用""营业外收入"等科目的明细分类核算。多栏式生产成本明细分类账的格式如表 7.17 所示。

表 7.17

管理费用明细账

2010 年		凭证号	摘要	合 计												材料费												差旅费												租赁费											
月	日			亿	千	百	十	万	千	百	十	元	角	分	亿	千	百	十	万	千	百	十	元	角	分	亿	千	百	十	万	千	百	十	元	角	分	亿	千	百	十	万	千	百	十	元	角	分
12	11	通 17	领用材料				1	8	3	0	0	0						1	8	3	0	0	0																								
12	12	通 18	报销差旅费				2	1	8	5	0	0																	2	1	8	5	0	0												
12	13	通 23	支付印刷费				2	7	0	0	0	0																																		
12	24	通 34	预提租赁费					2	0	0	0	0																											2	0	0	0	0	

3.数量金额式

数量金额式明细分类账其借方(收入)、贷方(发出)和余额(结存)栏分别设有数量、单价和金额 3 个专栏。该明细账适用于既要进行金额核算又要进行数量核算的账户,如"原材料""库存商品"明细账等。其格式如表 7.18 所示。

表 7.18　数量金额式明细账

明细账:原材料-A 材料　　　　　　　　　　　　　　　　　　　　　　　　　　　　第 1 页

2017 年		凭证编号	摘　要	借　方			贷　方			结　存		
月	日			数量	单价	金额	数量	单价	金额	数量	单价	金额
2	1		期初余额							100	20.00	2 000.00
2	5	10	购入材料	2 000	20.00	40 000.00				2 100	20.00	42 000.00
2	8	25	发出材料				500	20.00	10 000.00	1 600	20.00	32 000.00
			……									

总结:三栏式明细账的适用账户(债权、债务类);数量金额式明细账的适用账户(原材料、库存商品);多栏式明细账适用账户(制造费用、收入、生产成本、管理费用等)。

（二）明细分类账的登记方法

明细分类账的登记通常有 3 种方法:

①根据原始凭证直接登记明细分类账;

②根据汇总原始凭证登记明细分类账;

③根据记账凭证登记明细分类账。

四、总分类账户与明细分类账户的关系

总分类账户是所属明细分类账户的统驭账户,对所属明细分类账户起着控制作用;明细分类账户则是总分类账户的从属账户,对其隶属的总分类账户起着辅助作用。总分类账户及其所属明细分类账户的核算对象是相同的,它们所提供的核算资料互相补充,只有把二者结合起来,才能既总括又详细地反映同一核算内容。

1.总分类账户与明细分类账户之间的内在联系

①两者所反映的经济业务的内容相同。

②登记账簿的原始依据相同。

2.总分类账户与明细分类账户的区别

①反映经济业务内容的详细程度不同。

②作用不同,总账对所属明细账起着统驭作用;明细账是对有关总账的补充,起着详细说明的作用。

五、总分类账户与明细分类账户的平行登记

平行登记,是指对所发生的每一项经济业务都要以会计凭证为依据,一方面记入有关总分类账户,另一方面也要记入所属明细分类账户的方法。总分类账户与明细分类账户平行登记的要点包括:

1.方向相同

对于每一项经济业务,总分类账户及其所属的明细分类账户的登记方向应当相同。

即总分类账户记入借方,明细分类账户也记入借方;总分类账户记入贷方,明细分类账户也记入贷方。

2.期间一致

对每项经济业务在记入总分类账户和所属的明细分类账户过程中,可以有先有后,但必须在同一会计期间全部登记入账。

3.金额相等

记入总分类账户的金额必须等于记入所属明细分类账户的金额之和。

总分类账户的初期余额＝所属明细账户初期余额合计

总分类账户的本期发生额＝所属明细账户本期发生额合计

总分类账户的期末余额＝所属明细账户期末余额合计

第四节　错账查找与更正的方法

一、错账查找方法

在日常的会计核算中,可能发生各种各样的差错,产生错账,如重记、漏记、数字颠倒、数字错位、数字记错、科目记错、借贷方向记反等,为保证会计信息的准确性,应及时找出差错,并予以更正。

错账查找的方法很多,现以差数法、尾数法为例。

(一)差数法

差数法指按照错账的差数查找错账的方法。在记账过程中只登记了会计分录的借方或贷方,漏记了另一方,从而形成试算平衡中借方合计与贷方合计不等。如借方金额遗漏,会使该金额在贷方超出;贷方金额遗漏,会使该金额在借方超出。

(二)尾数法

尾数法是指对于发生的差错只查找末位数,以提高查错效率的方法。这种方法适合于借贷方金额其他位数都一致,而只有末位数出现差错的情况。例如:A 公司期末总账借方余额合计为 12 345.15 元,期末总账贷方余额合计为 12 345.20 元,只差 0.05 元,只需看一下尾数有"0.05"的金额,看是否将其登记入账。

二、错账更正方法

(一)划线更正法

划线更正法又称红线更正法。

①适用范围:在结账前,发现记账凭证填列无误而账簿记录由于会计人员不慎出现笔误或计算失误,造成账务上文字或数字错误。

②更正方法:更正时,可在错误的文字或数字上划一条红线,在红线的上方填写正确

的文字或数字,并由记账及相关人员在更正处盖章。错误的数字,应全部划红线更正,不得只更正其中的错误数字。对于文字错误,可只划去错误的部分。

(二)红字更正法

红字更正法又称红字冲账法,是指用红字冲销原有错误的账簿记录或凭证记录,以更正或调整账簿记录的一种方法。

①记账后在当年内发现记账凭证所记的会计科目错误或借贷方向出错,根据错误的记账凭证已经登记入账,造成账簿记录错误。

更正方法:

第一步:用红字填写一张与原错误记账凭证内容完全相同的记账凭证,在"摘要"栏注明"注销×年×月×号凭证",并据以登记入账。目的是冲销错误记录。

第二步:用蓝字填写一张正确的记账凭证,在"摘要"栏注明"订正×年×月×日×号凭证",并据以登记入账。目的是将正确的经济业务记录下来。

某企业以银行存款购买甲材料 5 000 元,材料已验收入库。在填制记账凭证时,误作贷记"库存现金"科目,并已据以登记入账。会计分录如下:

借:原材料   5 000

   贷:库存现金   5 000

更正时,首先填制一张与原错误记账凭证内容完全相同而金额为红字的记账凭证,以冲销原错误记录。会计分录如下:

借:原材料   5 000(红字)

   贷:库存现金   5 000(红字)

然后,用蓝字填制一张正确的记账凭证。会计分录如下:

借:原材料   5 000

   贷:银行存款   5 000

---

②记账后在当年内发现记账凭证所记会计科目无误而所记金额大于应记金额,根据错误的记账凭证已经登记入账,造成账簿的记录错误。

更正方法:

更正时应按多记的金额用红字编制一张与原记账凭证应借、应贷科目完全相同的记账凭证,在摘要栏内写明"冲销某月某日第×号记账凭证多记金额"以冲销多记的金额,并据以记账。

某企业从银行提取现金 3 000 元,误填下列会计分录的记账凭证,并已登记入账。

借:库存现金   8 000

   贷:银行存款   8 000

发现错误后,应将多记的金额用红字填制一张与上述科目相同的记账凭证,并据以入账。会计分录如下:

借:库存现金   5 000(红字)

   贷:银行存款   5 000(红字)

（三）补充登记法

①补充登记法是在记账后发现记账凭证填写的会计科目无误，只是所记金额小于应记金额时，所采用的一种更正方法。

②补充更正法的更正步骤。按少记的金额用蓝字编制一张与原记账凭证应借、应贷科目完全相同的记账凭证，在摘要栏注明"补记×月×日第×号记账凭证少记金额"，以补充少记的金额，并据以记账。

收到某购货单位上月购货款 80 000 元，已存入银行。在填制记账凭证时，误将其金额写为 50 000 元，并已登记入账。

借：银行存款　　　　　　　　　　　　　　　　50 000

　贷：应收账款　　　　　　　　　　　　　　　　　　50 000

发现错误后，应将少记的金额用蓝字编制一张与原记账凭证应借、应贷科目完全相同的记账凭证，登记入账。

借：银行存款　　　　　　　　　　　　　　　　30 000

　贷：应收账款　　　　　　　　　　　　　　　　　　30 000

第五节　对账与结账

一、对账

（一）对账的概念

对账就是核对账目，是对账簿记录的正确与否所进行的核对工作，其目的在于使期末用于编制会计报表的数据真实、可靠。

（二）对账的内容

对账工作一般在月末进行，即在记账之后、结账之前进行。对账一般可以分为账证核对、账账核对和账实核对。

1.账证核对

账簿是根据经过审核之后的会计凭证登记的，但实际工作中仍有可能发生账证不符的情况，记账后，应核对账簿记录与原始凭证、记账凭证的时间、凭证字号、内容、金额是否一致，记账方向是否相符，做到账证相符。

2.账账核对

账账核对是指核对不同会计账簿之间的账簿记录是否相符。为了保证账账相符，必须将各种账簿之间的有关数据相核对。具体核对的内容包括：

（1）总分类账簿之间的核对

根据"资产＝负债+所有者权益"这一会计等式，资产类账户的余额应等于权益类账户的余额,或总账账户的借方期末余额合计数应与贷方期末余额合计数核对相符。

（2）总分类账簿与所属明细分类账簿之间的核对

总分类账的借、贷方本期发生额和期末余额应与所属明细分类账的借、贷方本期发生额合计和期末余额合计核对相符。

（3）总分类账簿与序时账簿核对

应检查库存现金总账和银行存款总账的期末余额与库存现金日记账和银行存款日记账的期末余额是否相符。

（4）明细分类账簿之间的核对

会计部门各种财产物资明细分类账的期末余额应与财产物资保管或使用部门有关财产物资明细账的期末余额核对相符。

3.账实核对

账实核对是指各项财产物资、债权债务等账面余额与实有数额之间的核对。具体核对内容包括:

①库存现金日记账账面余额与库存现金数额是否相符。

②银行存款日记账账面余额与银行对账单的余额是否相符。

③各项财产物资明细账账面余额与财产物资的实有数额是否相符。

二、结账

（一）结账的概念

结账是一项将账簿记录定期结算清楚的账务工作。在一定时期结束时（如月末、季末或年末）,为了编制财务报表,需要进行结账,具体包括月结、季结和年结。结账的内容通常包括两个方面:一是结清各种损益类账户,并据以计算确定本期利润;二是结出各资产、负债和所有者权益账户的本期发生额合计和期末余额。

（二）结账的程序

结账前必须将属于本期内发生的各项经济业务和应由本期受益的收入、负担的费用全部登记入账。在此基础上,才可保证结账的有用性,确保会计报表的正确性。不得把将要发生的经济业务提前入账,也不得把已经在本期发生的经济业务延至下期（甚至以后期）入账。结账的基本程序具体表现如下:

①将本期发生的经济业务事项全部登记入账,并保证其正确性。

②根据权责发生制的要求,调整有关账项,合理确定本期应计的收入和应计的费用。

a.应计收入和应计费用的调整。应计收入是指那些已在本期实现、因款项未收而未登记入账的收入。企业发生的应计收入,主要是本期已经发生且符合收入确认标准,但尚未收到相应款项的商品或劳务。对于这类调整事项,应确认为本期收入,借记"应收账款"等科目,贷记"营业收入"等科目;待以后收妥款项时,再借记"现金"或"银行存款"等科目,贷记"应收账款"等科目。

b.收入分摊和成本分摊的调整。收入分摊是指企业已经收取有关款项,但未完成或未全部完成销售商品或提供劳务,需在期末按本期已完成的比例,分摊确认本期已实现收入的金额,并调整以前预收款项时形成的负债,如企业销售商品预收定金、提供劳务预收佣金。在收到预收款项时,应借记"银行存款"等科目,贷记"预收账款"等科目;在以后提供商品或劳务、确认本期收入时,借记"预收账款"等科目,贷记"营业收入"等科目。

成本分摊是指企业的支出已经发生、能使若干个会计期间受益,为正确计算各个会计期间的盈亏,将这些支出在其受益期间进行分配。如:购建固定资产和无形资产的支出,企业在发生这类支出时,应借记"固定资产""无形资产"等科目,贷记"银行存款"等科目。在会计期末进行摊销时,应借记"制造费用""管理费用""销售费用"等科目,贷记"累计折旧""累计摊销"等科目。

③将损益类账户转入"本年利润"账户,结平所有损益类账户。

④结算出资产、负债和所有者权益账户的本期发生额和余额,并结转下期。

(三)结账的基本方法

结账时,应当结出每个账户的期末余额。需要结出当月(季、年)发生额的账户,如各项收入、费用账户等,应单列一行登记发生额,在摘要栏内注明"本月(季)合计"或"本年累计"。结出余额后,应在余额前的"借或贷"栏内写"借"或"贷"字样,没有余额的账户,应在余额栏前的"借或贷"栏内写"平"字,并在余额栏内用"0"表示。为了突出本期发生额及期末余额,表示本会计期间的会计记录已经截止或者结束,应将本期与下期的会计记录明显分开,结账一般都划"结账线"。划线时,月结、季结用单线,年结划双线。划线应划红线并应划通栏线,不能只在账页中的金额部分划线。结账方法如表7.19所示。

表7.19 销售费用明细账结账方法
销售费用 明细账

2010年 月 日	凭证号	摘要	合计	广告费	托运费	项目三
12 19	通29	支付广告费	200000	200000		
12 23	通33	支付托运费	80000		80000	
12 31	通56	结转账户	-280000	-200000	-80000	
		本月合计				
		本年累计				

结账时应根据不同的账户记录,分别采用不同的结账方法。

①总账账户的结账方法。总账账户平时只需结计月末余额,不需要结计本月发生

额。每月结账时,应将月末余额计算出来并写在本月最后一笔经济业务记录的同一行内,并在下面通栏划单红线。年终结账时,为了反映全年各会计要素增减变动的全貌,便于核对账目,要将所有总账账户结计全年发生额和年末余额,在摘要栏内注明"本年累计"字样,并在"本年累计"行下划双红线。

②现金日记账、银行存款日记账和需要按月结计发生额的收入、费用等明细账的结账方法。现金日记账、银行存款日记账和需要按月结计发生额的各种明细账,每月结账时,要在每月的最后一笔经济业务下面通栏划单红线,结出本月发生额和月末余额写在红线下面,并在摘要栏内注明"本月合计"字样,再在下面通栏划单红线。

③不需要按月结计发生额的债权、债务和财产物资等明细分类账的结账方法。对这类明细账,每次记账后,都要在该行余额栏内随时结出余额,每月最后一笔余额即为月末余额。也就是说,月末余额就是本月最后一笔经济业务记录的同一行内的余额。月末结账时只需在最后一笔经济业务记录之下通栏划单红线即可,无须再结计一次余额。

④需要结计本年累计发生额的收入、成本等明细账的结账方法。对这类明细账,先按需按月结计发生额的明细账的月结方法进行月结,再在"本月合计"行下的摘要栏内注明"本年累计"字样,并结出自年初起至本月末止的累计发生额,再在下通栏划单红线。12 月末的"本年累计"就是全年累计发生额,全年累计发生额下面通栏划双红线。

⑤年度终了结账时,有余额的账户,要将其余额结转到下一会计年度,并在摘要栏内注明"结转下年"字样;在下一会计年度新建有关会计账簿的第一行余额栏内填写上年结转的余额,并在摘要栏内注明"上年结转"字样。结转下年时,既不需要编制记账凭证,也不必将余额再记入本年账户的借方或贷方,使本年有余额的账户的余额变为零,而是使有余额的账户的余额如实反映在账户中,以免混淆有余额账户和无余额账户的区别。年度结账如表 7.20 所示。

表 7.20　固定资产明细账年结方法

三栏式明细账　　　　　　　　　　　　总第＿＿＿＿＿＿页
　　　　　　　　　　　　　　　　　　分第＿＿＿＿＿＿页
　　　　　　　　　　　　　　　　　　会计科目或编号固定资产
　　　　　　　　　　　　　　　　　　子目户名或编号＿＿＿＿＿

2010 年		凭证		摘　要	借　方										√	贷　方										√	借或贷	金　额										√
月	日	字	号		亿	千	百	十	万	千	百	十	元	角	分		亿	千	百	十	万	千	百	十	元	角	分		亿	千	百	十	万	千	百	十	元	角	分	
12	1			期初余额																								借		1	1	3	7	6	0	0	0	0	
12	25	通	36	购入汽车				7	3	0	0	8	0	0													借		1	2	1	0	6	0	8	0	0	
12	31			本月合计				7	3	0	0	8	0	0													借		1	2	1	0	6	0	8	0	0	
12	31			本年累计				7	3	0	0	8	0	0													借		1	2	1	0	6	0	8	0	0	
				结转下年																								借		1	2	1	0	6	0	8	0	0	

第六节　会计账簿的更换与保管

一、会计账簿的更换

企业应在每一会计年度结束、新的会计年度开始时,按会计制度规定更换账簿、建立新账,以保持会计账簿资料的连续性。

日记账、总分类账和多数明细分类账应每年更换一次,在年度终了时更换账簿,并将各账户的余额结转到新的年度,即在新年度的会计账簿中的第一行余额栏内填上上年结转的余额,并注明方向,同时在摘要栏内注明"上年结转"字样。

但是有些财产物资明细账和债权债务明细账,由于材料品种、规格和往来单位较多,更换新账,重抄一遍的工作量较大,因此,可以跨年度使用,不必每年更换一次。

二、会计账簿的保管

各种账簿与会计凭证、会计报表一样,必须按照国家统一的会计制度的规定妥善保管。年度终了,各种账簿在结转下年、建立新账后,一般都要把旧账送交总账会计集中统一管理。会计账簿暂由本单位财务会计部门保管一年,期满之后,由财务会计部门编造清册移交本单位的档案部门保管。

（一）会计账簿的装订整理

在年度终了更换新账簿后,应将使用过的各种账簿(跨年度使用的账簿除外)按时装订整理立卷。

①装订前,首先要按账簿启用和经管人员一览表的使用页数核对各个账户是否相符,账页数是否齐全,序号排列是否连续;然后按会计账簿封面、账簿启用表、账户目录、该账簿按页数顺序排列的账页、装订封底的顺序装订。

②对活页账簿,要保留已使用过的账页,将账页数填写齐全,除去空白页并撤掉账夹,用质地好的牛皮纸做封面和封底,装订成册。多栏式、三栏式、数量金额式等活页账不得混装,应按同类业务、同类账页装订在一起。装订好后,应在封面上填明账目的种类、编号卷号,并由会计主管人员和装订人员签章。

③装订后会计账簿的封口要严密,封口处要加盖有关印章。封面要齐全、平整,并注明所属年度和账簿名称和编号。不得有折角、缺角、错页、掉页、加空白纸的现象。会计账簿要按保管期限分别编制卷号。

（二）按期移交档案部门进行保管

年度结账后,更换下来的账簿,可暂由本单位财务会计部门保管一年,期满后原则上应由财务会计部门移交本单位档案部门保管。移交时需要编制移交清册,填写交接清单,交接人员按移交清册和交接清单项目核查无误后签章,并在账簿使用日期栏内填写移交日期。

已归档的会计账簿作为会计档案可为本单位提供使用便利,原件不得借出,如有特殊需要,须经上级主管单位或本单位领导、会计主管人员批准,在不拆散原卷册的前提下,可以提供查阅或者复制,并要办理登记手续。

账簿是重要的会计档案。因此,账簿的保管既要安全、完整,又要保证需用时能迅速查到。为此,会计人员必须在年度结束以后,将各种活页式账簿连同账簿启用和经管人员一览表一起装订成册,加上封面,统一编号与各种订本式账簿一起归档保管。账簿借出时,应当办理有关手续,并如期归还。

会计账簿是重要的会计档案之一,必须严格按《会计档案管理办法》规定的保管年限妥善保管,不得丢失和任意销毁。

【知识拓展】

表 7.21   企业和其他组织会计档案保管期限表

档案名称	保管期限
月度、季度财务会计报告	10 年
银行存款余额调节表	10 年
银行对账单	10 年
总账/明细账	30 年
记账凭证	30 年
原始凭证	30 年
现金/银行存款日记账	30 年
会计档案保管、销毁清册	永久

章节练习

一、单选题

1.编制会计报表的主要依据是(   )提供的核算信息。

　　A.日记账　　　　　　B.分类账簿　　　　　　C.备查账簿　　　　　　D.科目汇总表

2."管理费用"明细账应采用(   )。

　　A.三栏式　　　　　　B.多栏式　　　　　　C.数量金额式　　　　　　D.横线登记式

3.银行存款日记账与银行对账单之间的核对属于(   )。

　　A.账证核对　　　　　　B.账账核对　　　　　　C.账实核对　　　　　　D.余额核对

4.某记账人员将记账凭证贷记应付账款的金额 35 000 元错记为 3 500 元。下列各种更正方法中,(   )适用于此情况。

　　A.红字冲销法　　　　　　B.划线更正法　　　　　　C.补充登记法　　　　　　D.消除字迹法

5.总分类账户与其明细分类账户的主要区别在于(　　)。

A.记录经济业务的详细程度不同　　　　　B.记账的依据不同

C.记账的方向不同　　　　　　　　　　　D.记账的期间不同

6.下列项目中,可以采用卡片式账簿的是(　　)。

A.库存现金日记账　　　　　　　　　　　B.库存商品明细账

C.制造费用明细账　　　　　　　　　　　D.固定资产明细账

7.下列适合采用多栏式明细账格式核算的是(　　)。

A.原材料　　　　　B.制造费用　　　　　C.应付账款　　　　　D.库存商品

8.下列明细分类账中,一般不宜采用三栏式账页格式的是(　　)。

A.应收账款明细账　　　　　　　　　　　B.应付账款明细账

C.实收资本明细账　　　　　　　　　　　D.原材料明细账

9.总分类账户与其明细分类账户的主要区别在于(　　)。

A.记录经济业务的详细程度不同　　　　　B.记账的依据不同

C.记账的方向不同　　　　　　　　　　　D.记账的期间不同

10.下列错账中,可以采用补充登记法更正的是(　　)。

A.记账后发现记账凭证填写的会计科目无误,只是所记金额小于应记金额

B.在结账前发现账簿记录有文字或数字错误,而记账凭证没有错误

C.记账后在当年内发现记账凭证所记的会计科目错误

D.记账后在当年内发现记账凭证所记金额大于应记金额

二、多选题

1.对账的内容有(　　)。

A.账实核对　　　　　B.账证核对　　　　　C.账账核对　　　　　D.账表核对

2.下列明细账中,一般采用多栏式明细分类账的有(　　)。

A.应收账款明细账　　　　　　　　　　　B.库存商品明细账

C.管理费用明细账　　　　　　　　　　　D.主营业务收入明细账

3.下列各项中,属于错账更正方法的有(　　)。

A.补充登记法　　　　B.红字更正法　　　　C.划线更正法　　　　D.蓝字更正法

4.下列各项中,可以采用数量金额式账页格式的有(　　)。

A.库存商品明细分类账　　　　　　　　　B.银行存款日记账

C.应收账款明细分类账　　　　　　　　　D.原材料明细分类账

5.下列说法中错误的有(　　)。

A.库存现金日记账采用数量金额式账簿

B.应收账款明细账采用数量金额式账簿

C.生产成本明细账采用三栏式账簿

D.制造费用明细账采用多栏式账簿

6.下列说法中错误的有(　　)。

A.库存现金日记账采用数量金额式账簿

    B.产成品明细账采用数量金额式账簿

    C.生产成本明细账采用三栏式账簿

    D.制造费用明细账采用多栏式账簿

7.下列说法中,正确的有(　　　)。

    A.短期借款明细账应采用三栏式账页格式

    B.应收账款明细账应采用订本式账簿

    C.多栏式明细账一般适用于成本、费用、收入和利润类明细账

    D.对账的内容包括账证核对、账账核对、账实核对

三、现金日记账、银行存款日记账的登记练习

1.东方公司 2018 年 11 月 30 日账上现金余额为 10 000 元,12 月发生有关现金收付业务如下:

(1)2 日,开出现金支票,提取现金一共 50 000 元,凭证为银付字 012 号。

(2)5 日,零售某型号产品共 10 件,金额 2 000 元,凭证为现收字 093 号。

(3)7 日,收到一单位租用设备的租金共 1 000 元,凭证为现收字 094 号。

(4)10 日,为员工发放工资 52 000 元,凭证为现付字 104 号。

(5)15 日,销售科因业务需要领用了 2 000 元备用金,凭证为现付字 105 号。

(6)18 日,出纳员李婷赔前一天短款 100 元,凭证为现收字 095 号。

(7)20 日,收到某商品包装物 900 元押金,凭证为现收字 096 号。

(8)22 日,收到职工王华还回的 600 元借款,凭证为现收字 097 号。

(9)25 日,总务科李强报销因公出差的差旅费 1 950 元,凭证为现付字 106 号。

(10)28 日,向银行送存现金业务收入共 10 500 元,凭证为现付字 107 号。

2.东方公司 2018 年 11 月 30 日银行存款日记账余额为 560 000 元,12 月发生如下经济业务:

(1)12 月 1 日,公司向银行存入汇票 200 000 元存款,凭证号为银付字 001 号。

(2)12 月 1 日,提取 100 000 元现金为员工发放工资,凭证号为银付字 002 号。

(3)12 月 5 日,销售产品收到 70 200 元支票一张,凭证号是银收字 001 号。

(4)12 月 9 日,收到某公司一张价值 700 000 元的转账支票,用以归还应收账款,凭证号为银收字 002 号。

(5)12 月 10 日,公司兑付到期了一张商业汇票,支付票面金额为 300 820 元,凭证号为银付字 003 号。

(6)12 月 12 日,用转账支票向某企业购入了价值为 46 800 元的材料,凭证号为银付字 004 号。

(7)12 月 13 日,公司向银行借入了 300 000 元短期借款,凭证号为银收字 003 号。

(8)12 月 16 日,向异地的另一家企业销售公司生产的产品,采用托收承付的方式收到了 35 1 00 元款项,凭证号为银收字 004 号。

根据上述经济业务分别登记现金和银行存款日记账。

现金日记账

年		凭证		摘要	借方										贷方										√	余额										
月	日	字	号		亿	千	百	十	万	千	百	十	元	角	分	亿	千	百	十	万	千	百	十	元	角	分	亿	千	百	十	万	千	百	十	元	角	分

银行存款日记账

年		凭证		摘要	借方										贷方										√	余额										
月	日	字	号		亿	千	百	十	万	千	百	十	元	角	分	亿	千	百	十	万	千	百	十	元	角	分	亿	千	百	十	万	千	百	十	元	角	分

四、总账及明细账的登记练习

2018 年 1 月 1 日,某公司的"应付账款"总分类账户以及所属的明细分类账户的余额如下。

"应付账款"总账账户为贷方余额 100 000 元,其所属明细账户余额如下。

①"X 工厂"明细账户,贷方余额 60 000 元。

②"Y 工厂"明细账户,贷方余额 40 000 元。

2018 年 1 月份,某公司发生的相关交易、事项以及会计处理如下。

(1)1 月 9 日,向 X 工厂购入丙材料 5 000 千克,单价 10 元,计 50 000 元;向 Y 工厂购入丁材料 1 000 吨,单价 300 元,计 300 000 元,丙、丁材料已验收入库,货款均尚未支付。

(2)1 月 12 日,向 X 工厂购入丙材料 4 000 千克,单价 10 元,计 40 000 元;丁材料 500 吨,单价 300 元,计 150 000 元,材料均已验收入库,货款尚未支付。

(3)1 月 20 日,以银行存款付给之前拖欠 X 工厂的货款共 100 000 元,Y 工厂的货款共 300 000 元。

将上述交易或事项在"应付账款"总账账户及其所属的明细账户中进行登记。

总分类账

会计科目或编号_____

年		凭证	摘　要	借　方	√	贷　方	√	借或贷	余　额	√
月	日	字号		亿千百十万千百十元角分		亿千百十万千百十元角分			亿千百十万千百十元角分	

三栏式明细账

总第_____页

分第_____页

会计科目或编号_____

子目户名或编号_____

年		凭证		摘要	借　方											√	贷　方											√	借或贷	余　额											√
月	日	字	号		亿	千	百	十	万	千	百	十	元	角	分		亿	千	百	十	万	千	百	十	元	角	分			亿	千	百	十	万	千	百	十	元	角	分	

三栏式明细账

总第_____页

分第_____页

会计科目或编号_____

子目户名或编号_____

年		凭证		摘要	借　方											√	贷　方											√	借或贷	余　额											√
月	日	字	号		亿	千	百	十	万	千	百	十	元	角	分		亿	千	百	十	万	千	百	十	元	角	分			亿	千	百	十	万	千	百	十	元	角	分	

第八章　账务处理程序

【本章摘要】

　　账务处理程序是指对会计凭证、会计账簿、报表等会计核算流程和基本方法的规定，其内容主要包括：

　　1.根据国家统一会计制度的规定，确定单位会计科目和明细科目的设置和使用范围。

　　2.根据有关规定和单位会计核算的要求，确定本单位的会计凭证格式、填制要求、审核内容、传递程序和保管要求等。

　　3.根据国家有关规定和单位会计核算的要求，确定本单位总账、明细账、现金日记账、银行存款日记账、各种辅助账的设置、格式、登记、对账、结算和改错等要求。

　　4.根据国家统一会计制度的要求，确定对外财务处理的种类和编制要求，同时根据单位内部管理需要确定单位内部会计指标和考核指标。

【基本要求】

　　1.了解账务处理程序

　　2.掌握记账凭证账务处理程序

　　3.掌握汇总记账凭证账务处理程序

　　4.掌握科目汇总表账务处理程序

第一节　账务处理程序概述

一、账务处理程序的概念与意义

　　账务处理程序，又称会计核算形式，是指会计凭证、会计账簿、财务报表相结合的方式，包括账簿组织和记账程序。账簿组织是指会计凭证和会计账簿的种类、格式，会计凭证与账簿之间的联系方法；记账程序是指由填制、审核原始凭证到填制、审核记账凭证，登记日记账、明细分类账和总分类账，编制财务报表的工作程序和方法等。

　　科学、合理地选择账务处理程序有重要意义：①有利于规范会计工作，保证会计信息加工过程的严密性,提高会计信息质量;②有利于保证会计记录的完整性和正确性,增强会计信息的可靠性;③有利于减少不必要的会计核算环节,提高会计工作效率,保证会计信息的及时性。

二、账务处理程序的种类

企业常用的账务处理程序主要有记账凭证账务处理程序、汇总记账凭证账务处理程序和科目汇总表账务处理程序,它们之间的主要区别为登记总分类账的依据和方法不同。

(一)记账凭证账务处理程序

记账凭证账务处理程序是指对发生的经济业务,先根据原始凭证或汇总原始凭证填制记账凭证,再直接根据记账凭证登记总分类账的一种账务处理程序。

(二)汇总记账凭证账务处理程序

汇总记账凭证账务处理程序是指先根据原始凭证或汇总原始凭证填制记账凭证,定期根据记账凭证分类编制汇总收款凭证、汇总付款凭证和汇总转账凭证,再根据汇总记账凭证登记总分类账的一种账务处理程序。

(三)科目汇总表账务处理程序

科目汇总表账务处理程序,又称记账凭证汇总表账务处理程序,是指根据记账凭证定期编制科目汇总表,再根据科目汇总表登记总分类账的一种账务处理程序。

三、账务处理程序的要求

由于各个行业经营特点不同,业务性质和规模大小也不同,因而,管理要求也各不相同,会计核算形式和方法也会有所差异。因此,选择会计核算形式,一般应符合以下要求。

1.必须满足经营管理的需要

整个会计核算形式的建立,从填制会计凭证开始,经过登记账簿,到编制会计报表为止,均应按照经营管理的需要设计,提供必要的会计核算信息。要能够及时、准确、全面、系统地提供会计信息,满足各会计信息使用者对会计信息的需要。

2.必须符合本单位的实际情况

选择会计核算形式,要同本单位经济业务的特点、经营规模、业务繁简及会计部门技术力量相适应。经营业务单一、企业规模较小、会计部门技术力量比较薄弱的企业,可以采用比较简单的会计核算形式;反之,可采用较复杂的会计核算形式。这样,才便于科学地分工协作,落实岗位责任制。要与本单位的经济性质、经营特点、规模大小及业务的繁简相适应。

3.符合成本效益原则

在保证会计核算工作质量的前提下,要在保证核算资料及时、准确、完整的前提下,力求简化核算手续,尽可能地提高会计工作的效率,节约账务处理的费用。

第二节　记账凭证账务处理程序

一、记账凭证账务处理程序的一般步骤

记账凭证账务处理程序的特点是直接根据记账凭证逐笔登记总分类账,它是最基本的账务处理程序。其一般步骤为:

①根据原始凭证编制汇总原始凭证。

②根据原始凭证或汇总原始凭证编制收款凭证、付款凭证和转账凭证(也可采用通用的记账凭证)。

③根据收款凭证、付款凭证逐笔登记库存现金日记账和银行存款日记账。

④根据原始凭证、汇总原始凭证和记账凭证,登记各种明细分类账(一般情况下,明细账的登记依据为记账凭证,但为了反映详细的核算资料,有时也需要以一些原始凭证为依据)。

⑤根据记账凭证逐笔登记总分类账。

⑥期末,库存现金日记账、银行存款日记账和明细分类账的余额同有关总分类账的余额核对相符。

⑦期末,根据总分类账和明细分类账的记录,编制财务报表。记账凭证账务处理程序的步骤,可用图 8.1 表示。

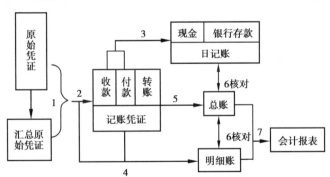

图 8.1　记账凭证账务处理程序流程图

二、记账凭证账务处理程序的内容

(一)记账凭证账务处理程序的特点

在记账凭证账务处理程序下,会计人员可以直接根据记账凭证登记总分类账。它是会计核算中最基本的账务处理程序,其他账务处理程序都是在这种账务处理程序的基础上发展、演变形成的。

（二）记账凭证账务处理程序的优缺点

记账凭证账务处理程序的优点是简单明了,易于理解,总分类账可以较详细地反映经济业务的发生情况;缺点是登记总分类账的工作量较大。

（三）记账凭证账务处理程序的适用范围

该账务处理程序适用于规模较小、经济业务量较小的单位。经济业务较多的单位,若采用记账凭证账务处理程序,为了简化编制记账凭证和减少登记总分类账的工作量,应尽量将内容相同的原始凭证先汇总编制成汇总原始凭证,再根据汇总原始凭证填制记账凭证。

第三节　汇总记账凭证账务处理程序

一、汇总记账凭证的编制方法

汇总记账凭证是按每个科目设置,并按科目借方或贷方对应科目进行汇总。汇总记账凭证分为汇总收款凭证、汇总付款凭证和汇总转账凭证 3 种格式。现分别说明其编制方法以及根据汇总记账凭证登记总分类账的方法。

（一）汇总收款凭证的编制

汇总收款凭证是按"库存现金"科目、"银行存款"科目借方分别编制,定期将这一期间内的全部库存现金收款凭证、银行存款收款凭证,分别按与所设置科目相对应的贷方科目加以归类、汇总填列一次,每月编制一张。月终时,结算出汇总收款凭证的合计数,据以登记总分类账。登记总分类账时,应根据汇总收款凭证上的合计数,记入"库存现金"或者"银行存款"总分类账户的借方,根据汇总收款凭证上各贷方科目的合计数分别记入有关总分类账户的贷方,如表8.1所示。

表 8.1　汇总收款凭证

借方科目:银行存款　　　　　　　　　　　　　　2018 年 3 月　　第　号

贷方科目	金　额				总账页数	
	1—10 日	11—20 日	21—30 日	合计	借方	贷方
主营业务收入	45 000		49 000	94 000	略	略
营业外收入		3 000		3 000	略	略
合计	45 000	3 000	49 000	97 000		

（二）汇总付款凭证的编制

汇总付款凭证是按"库存现金"科目、"银行存款"科目的贷方分别设置,定期将这一期间内的全部库存现金付款凭证、银行存款付款凭证,分别按与所设置科目相对应的借方科目加以归类、汇总填列一次,每月编制一张。月终时,结算出汇总付款凭证的合计数,据以登记总分类账。登记总分类账时,根据汇总付款凭证的合计数,记入"库存现金""银行存款"总分类账户的贷方,根据汇总付款凭证内各借方科目的合计数记入有关总分类账户的借方。具体编制方法同汇总收款凭证,如表8.2所示。

表8.2　汇总付款凭证

贷方科目:库存现金　　　　　　　　　　　　　　2018年3月　　第　号

借方科目	金　额				总账页数	
	1—10 日	11—20 日	21—30 日	合计	借方	贷方
管理费用	5 000		3 000	8 000	略	略
其他应收款		8 000		8 000	略	略
合计	5 000	8 000	3 000	16 000		

由于汇总付款凭证是按贷方科目设置的,因此为了便于编制汇总付款凭证,在日常填制会计凭证时,应编制一借一贷或多借一贷会计分录,不宜编制一借多贷或多借多贷会计分录,以免给编制汇总付款凭证带来不便。

(三)汇总转账凭证的编制

汇总转账凭证通常是按每一科目的贷方分别设置,定期将这一期间内的全部转账凭证,按与所设置科目相对应的借方科目加以归类、汇总填列一次,每月编制一张。月终时,结算出汇总转账凭证的合计数,据以登记总分类账。登记总分类账时,应根据汇总转账凭证的合计数,记入汇总转账凭证所列贷方科目的总分类账户的贷方,并将汇总转账凭证内各借方科目的合计数分别记入其相应的总分类账户的借方。由于汇总转账凭证上的科目对应关系是一个贷方科目与一个或几个借方科目相对应的,因此,为了便于编制汇总转账凭证,要求所有的转账凭证也应按一贷一借或者一贷多借的对应关系来编制,如表8.3所示。

表8.3　汇总转账凭证

贷方科目:原材料　　　　　　　　　　　　　　2018年3月　　第　号

借方科目	金　额				总账页数	
	1—10 日	11—20 日	21—30 日	合计	借方	贷方
生产成本	3 000	2 000	3 500	8 500	略	略
管理费用	300	600	500	1 400	略	略
合计	3 300	2 600	4 000	9 900		

二、汇总记账凭证的一般编制步骤

汇总记账凭证的特点是定期根据记账凭证分类编制汇总收款凭证、汇总付款凭证和汇总转账凭证,再根据汇总记账凭证登记总分类账,其一般程序如图8.2所示。

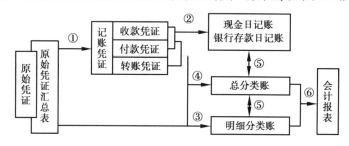

图 8.2　汇总记账凭证账务处理程序流程图

①根据原始凭证编制汇总原始凭证。

②根据原始凭证或汇总原始凭证,编制收款凭证、付款凭证和转账凭证,也可采用通用的记账凭证。

③根据收款凭证、付款凭证逐笔登记库存现金日记账和银行存款日记账。

④根据原始凭证、汇总原始凭证和记账凭证,登记各种明细分类账。

⑤根据各种记账凭证编制有关汇总记账凭证,包括汇总收款凭证、汇总付款凭证和汇总转账凭证(转账业务不多的会计主体可不填制汇总转账凭证,而直接根据转账凭证登记总分类账)。

⑥根据各种汇总记账凭证登记总分类账。

⑦期末,库存现金日记账、银行存款日记账和明细分类账的余额同有关总分类账的余额核对相符。

⑧期末,根据总分类账和明细分类账的记录,编制财务报表。

三、汇总记账凭证账务处理程序的内容

(一)汇总记账凭证账务处理程序的特点

汇总记账凭证账务处理程序的特点,就是先根据记账凭证定期编制汇总记账凭证,再根据汇总记账凭证登记总分类账。汇总记账凭证应定期汇总,如按每5日、10日或15日汇总一次,月终一次计入总分类账。

(二)汇总记账凭证账务处理程序的优缺点

①汇总记账凭证账务处理程序的优点是:根据汇总记账凭证月终一次登记总分类账,可以克服记账凭证账务处理程序登记总分类账工作量过大的缺点,大大减少了登记总分类账的工作量;同时,由于汇总记账凭证是按照会计科目的对应关系进行归类、汇总编制的,在总分类账中也注明了对方科目,因而在汇总记账凭证和总分类账中,可以清晰地反映科目之间的对应关系,便于查对和分析账目,从而克服科目汇总表账务处理程序

的缺点。

②汇总记账凭证账务处理程序的缺点是:编制汇总记账凭证的程序比较烦琐;按每一贷方科目编制汇总转账凭证,不利于会计核算的日常分工;当转账凭证较多时,编制汇总转账凭证的工作量较大。

(三)汇总记账凭证账务处理程序的适用范围

由于汇总记账凭证账务处理程序具有能够清晰地反映账户之间的对应关系和能够减轻登记总分类账的工作量等优点,它一般只适用于规模较大、经济业务量较多、专用记账凭证较多的单位。

第四节　科目汇总表账务处理程序

一、科目汇总表的编制方法

科目汇总表,又称记账凭证汇总表,是企业通常定期对全部记账凭证进行汇总后,按照不同的会计科目分别列示各账户借方发生额和贷方发生额的一种汇总凭证。科目汇总表的编制方法是,根据一定时期内的全部记账凭证,按照会计凭证进行归类,定期汇总出每一个账户的借方本期发生额和贷方本期发生额,填写在科目汇总表的相关栏内。科目汇总表的编制时间应根据企业业务量的多少来确定,一般是按旬或15天汇总一次,每月编制一张。任何格式的科目汇总表,都只反映各个账户的借方本期发生额和贷方本期发生额,不反映各个账户之间的对应关系,如表8.4所示。

表8.4　科目汇总表

编制单位:　　　　　　　　　　　　　　　　　年　月　日　第　号

会计科目	1—10 日		11—20 日		21—30 日		合计		总账页数
	借方	贷方	借方	贷方	借方	贷方	借方	贷方	
合计									

二、科目汇总表账务处理程序的一般步骤

科目汇总表账务处理程序(又称为记账凭证汇总表账务处理程序)的特点是根据记账凭证定期编制科目汇总表,再根据科目汇总表登记总分类账。其一般程序如图8.3

所示。

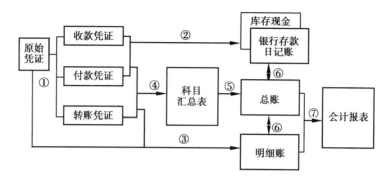

图8.3　科目汇总表账务处理程序流程

①根据原始凭证编制原始凭证汇总表。

②根据原始凭证或原始凭证汇总表,编制记账凭证。

③根据收款凭证、付款凭证逐笔登记现金日记账和银行存款日记账。

④根据原始凭证、原始凭证汇总表和记账凭证,登记各种明细分类账。

⑤根据各种记账凭证编制科目汇总表。

⑥根据科目汇总表登记总分类账。

⑦期末,现金日记账、银行存款日记账和明细分类账的余额同有关总分类账的余额核对相符。

⑧期末,根据总分类账和明细分类账的记录,编制会计报表。

三、科目汇总表账务处理程序的内容

(一)科目汇总表账务处理程序的特点

科目汇总表账务处理程序的特点是:先根据记账凭证,按各个会计科目定期归类、汇总编制科目汇总表(如按5日、10日或15日汇总一次。实际工作中,也有按一定数量的记账凭证进行汇总的情况,如按每本装订成册的记账凭证汇总一次,并将科目汇总表附在每本凭证上),然后根据科目汇总表分次或分期登记总分类账(总分类账可以根据每次汇总编制的科目汇总表随时进行登记,也可以在月末根据科目汇总表的借方发生额和贷方发生额的全月合计数一次登记),从而简化了总分类账的登记工作。

(二)科目汇总表账务处理程序的优缺点

①科目汇总表账务处理程序的优点是:科目汇总表的编制和使用较为简便,易学易做;根据科目汇总表一次或分次登记总分类账,可以大大减少登记总分类账的工作量;而且科目汇总表还可以起到试算平衡的作用,有利于保证总账登记的正确性。

②科目汇总表账务处理程序的缺点是:在科目汇总表和总分类账中,不反映各科目的对应关系,因而不便于根据账簿记录检查、分析经济业务的来龙去脉,不便于查对账目。

（三）科目汇总表账务处理程序的适用范围

这种账务处理程序适用于所有类型的单位,尤其适用于经济业务较多的单位。

章节练习

一、单选题

1.汇总记账凭证是依据(　　　)编制的。

　A.记账凭证　　　B.原始凭证　　　C.原始凭证汇总表　　　D.各种总分类账

2.科目汇总表账务处理程序和汇总记账凭证账务处理程序的主要相同点是(　　　)。

　A.记账凭证汇总的方法相同　　　B.登记总账的依据相同

　C.会计凭证的种类相同　　　　　D.记账凭证都需要汇总

3.直接根据记账凭证逐笔登记总分类账的账务处理程序是(　　　)。

　A.记账凭证账务处理程序　　　B.科目汇总表账务处理程序

　C.汇总记账凭证账务处理程序　D.日记总账账务处理程序

4.科目汇总表是依据(　　　)编制的。

　A.记账凭证　　　B.原始凭证　　　C.原始凭证汇总表　　　D.各种总分类账

5.在不同账务处理程序中,不能作为登记总账依据的是(　　　)。

　A.记账凭证　　　　　　　　B.汇总记账凭证

　C.汇总原始凭证　　　　　　D.科目汇总表

6.各种账务处理程序之间的区别主要在于(　　　)。

　A.总账的格式不同　　　　　　B.编制财务报表的依据不同

　C.登记总分类账的依据不同　　D.会计凭证的种类不同

第九章　财产清查

【本章摘要】

本章主要介绍财产清查的概念、意义、种类、一般程序、方法及财产清查结果的处理。学习时应重点掌握财产清查的方法、财产清查结果的处理。

本章的主要内容包括 3 个方面：

1.财产清查概述。

2.财产清查的方法。

3.财产清查结果的处理。

【基本要求】

1.熟悉货币资金、实物资产和往来款项的清查方法

2.掌握银行存款余额调节表的编制

3.掌握财产清查结果的账务处理

第一节　财产清查概述

一、财产清查的概念与意义

财产清查是指通过对货币资金、实物资产和往来款项等财产物资进行盘点或核对，确定其实存数,查明账存数与实存数是否相符的一种专门方法。

财产清查的意义主要有以下几点：

①保证账实相符,提高会计资料的准确性。

②切实保障各项财产物资的安全完整。

③加速资金周转,提高资金使用效率。

二、财产清查的种类

(一)按照清查范围

1.全面清查

①全面清查是指对所有的财产进行全面的盘点和核对。

②全面清查范围大、内容多、时间长、参与人员多,工作量大,不宜经常进行。

③需要进行全面清查的情况通常主要有:年终决算之前;单位撤销、合并或改变隶属关系前;中外合资、国内合资前;企业股份制改制前;开展全面的资产评估、清产核资前;单位主要领导调离工作前等。

2.局部清查

①局部清查是指根据需要对部分财产物资进行盘点与核对。主要是对货币资金、存货等流动性较大的财产的清查。

②局部清查范围小、内容少、时间短、参与人员少,但专业性较强。

③局部清查一般包括下列清查内容:库存现金应每日清点一次;银行存款每月至少同银行核对一次;债权债务每年至少核对一至两次;各项存货应有计划、有重点地抽查;贵重物品每月清查一次等。

(二)按财产清查的时间,分为定期清查和不定期清查

1.定期清查

①定期清查是指根据计划安排的时间对财产物资进行的清查。定期清查一般在期末(年末、季末、月末)进行。

②范围:可以是全面清查,如年终决算之前的清查;也可以是局部清查,如季末、月末结账前的清查。

2.不定期清查

①不定期清查是指根据实际需要对财产物资所进行的临时性清查。

②范围:不定期清查一般是局部清查,如改换财产物资保管人员进行的有关财产物资的清查;发生意外灾害等非常损失进行的损失情况的清查;有关部门进行的临时性检查等。但确有必要也可以进行全面清查,如单位撤销、合并或改变隶属关系时的清查。

(三)按照清查的执行系统分类

1.内部清查

内部清查是指由本单位内部自行组织清查工作小组所进行的财产清查工作。大多数财产清查都是内部清查。

2.外部清查

外部清查是指由上级主管部门、审计机关、司法部门、注册会计师根据国家有关规定或情况需要对本单位的财产进行清查。一般来讲,进行外部清查时应有本单位相关人员参加。

三、财产清查的一般程序

企业财产清查既是会计核算的一种专门方法，又是财产物资管理的一项重要制度。企业必须有计划、有组织地进行财产清查。财产清查的一般程序如图 9.1 所示。

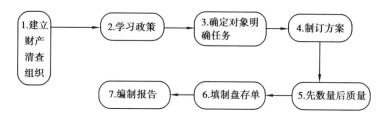

图 9.1 财产清查的一般程序

①建立财产清查组织；

②组织清查人员学习有关政策规定，掌握有关法律、法规和相关业务知识，以提高财产清查工作的质量；

③确定清查对象、范围，明确清查任务；

④制订清查方案，具体安排清查内容、时间、步骤、方法以及必要的清查前准备；

⑤清查时本着先清查数量、核对有关账簿记录等，后认定质量的原则进行；

⑥填制盘存清单，对各项财产物资的盘点结果，应逐一如实登记在有关盘点的相关记录中；

⑦根据盘存清单，填制实物、往来账项清查结果报告表。

第二节 财产清查的方法

一、货币资金的清查方法

（一）库存现金的清查

库存现金应采用实地盘点法进行清查，即通过实地盘点确定库存现金的实存数，并与库存现金日记账的账面余额核对，以查明账存与实存是否相符。库存现金的盘点应由清查人员会同出纳人员共同负责。重点检查账款是否相符、有无白条抵库、有无私借公款、有无挪用公款、有无账外资金等违纪违法行为。

库存现金盘点结束后，填制"库存现金盘点报告表"，由监盘人员、出纳人员及其相关负责人签名盖章，并据以调整库存现金日记账的账面记录。库存现金盘点报告表的一般格式如表 9.1 所示。

表 9.1　库存现金盘点报告表

单位名称：　　　　　　　　　　　年　　月　　日　　　　　　　　　单位：元

实存金额	账存金额	清查结果		备　注
		盘盈	盘亏	

负责人（签章）：　　　　　　盘点人（签章）：　　　　　　出纳员（签章）：

（二）银行存款的清查

银行存款的清查，采用与开户银行核对账目的办法。即将开户银行定期转来的银行存款对账单与本单位的银行存款日记账逐笔进行核对，来查明银行存款的实有数额。银行存款的清查一般在月末进行。

1.银行存款日记账与银行对账单不一致的原因

银行存款日记账与开户银行转来的对账单不一致的原因有两个方面：一是双方或一方记账有错误，如错账、漏账等，应及时查明更正；二是存在未达账项。未达账项是指企业和银行之间，由于记账时间不一致而发生的一方已经入账，而另一方尚未入账的事项。未达账项一般分为以下 4 种情况：

①企业已收款记账，银行未收款未记账的款项。例如，企业销售产品收到转账支票，送存银行后即可根据银行盖章后返回的"进账单"回单联登记银行存款的增加，而银行则要等款项收妥后再记增加。如果此时对账，就会出现企业已记银行存款增加，而开户银行尚未记增加的款项。

②企业已付款记账，银行未付款未记账的款项。例如，企业开出一张转账支票支付购料款，企业可根据支票存根等登记银行存款的减少，而此时银行由于尚未接到支付款项的凭证而尚未记减少。如果此时对账，就会出现企业已记银行存款减少，而开户银行尚未记减少的款项。

③银行已收款记账，企业未收款未记账的款项。例如，某单位给本企业汇来款项，银行收到汇款后，登记了企业存款增加，而企业由于尚未收到银行收账通知单而尚未登记银行存款增加。如果此时对账，就会出现银行已登记企业存款增加，而企业尚未登记增加的款项。

④银行已付款记账，企业未付款未记账的款项。例如，银行收取企业借款的利息，银行已从企业存款账户中收取并已登记企业存款减少，而企业尚未接到银行的计付利息通知单而尚未登记银行存款减少。

企业上述任何一种未达账项的存在，都会使企业银行存款日记账的余额与银行开出的对账单的余额不符。所以，在与银行对账时首先应查明是否存在未达账项，如果存在未达账项，就应该编制"银行存款余额调节表"，据以调节双方的账面余额，确定企业银行存款实有数。

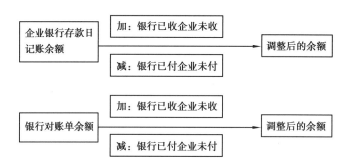

图 9.2　银行存款清查程序

下面举例说明银行存款余额调节表的格式和编制方法。

某企业 2018 年 3 月 31 日银行存款日记账余额 240 000 元,银行对账单余额 258 000 元。经逐笔核对,发现有几笔未达账项:

①企业开出转账支票用以偿还甲公司货款 30 000 元,企业已登记入账,但持票人未到银行办理转账手续。

②企业收到前期销售商品款 34 000 元已登记入账,但银行尚未登记入账。

③银行已划转电费 3 000 元登记入账,但企业尚未收到付款通知单,未登记入账。

④银行已收到外地汇入货款 25 000 元登记入账,但企业尚未收到收款通知单,未登记入账。

表 9.2　银行存款金额调节表

2018 年 3 月 31 日　　　　　　　　　　　　　　　　单位:元

项　　目	金　　额	项　　目	金　　额
银行存款日记账余额	240 000	银行对账单余额	258 000
加:银行已收,企业未收款	25 000	加:企业已收,银行未收款	34 000
减:银行已付,企业未付款	3 000	减:企业已付,银行未付款	30 000
调节后余额	262 000	调节后余额	262 000

2.银行存款余额调节表的作用

①银行存款余额调节表是一种对账记录或对账工具,不能作为调整账面记录的依据,即不能根据银行存款余额调节表中的未达账项来调整银行存款账面记录,未达账项只有在收到有关凭证后才能进行有关的账务处理。

②调节后的余额如果相等,通常说明企业和银行的账面记录一般没有错误,该余额通常为企业可以动用的银行存款实有数。

③调节后的余额如果不相等,通常说明一方或双方记账有误,需进一步追查,查明原因后予以更正和处理。

二、往来款项的清查方法

往来款项是指单位与其他单位之间的各种应收账款、应付账款、预收账款、预付账款及其他应收、应付账款。往来款项的清查一般采用发函询证的方法进行核对。

清查的方法一般是:先确定本单位的往来款项记录准确无误,总分类账与明细分类账的余额相符。在保证往来账户记录完整正确的基础上,编制"往来款项对账单",寄往各有关往来单位。"往来款项对账单"的格式一般为一式两联,其中一联作为回单,对方单位核对后退回,盖章表示核对相符;如不相符,对方单位另附说明。其格式如表9.3所示。

表9.3　函证信

××单位:

本公司与贵单位的业务往来款项有下列各项目,为了清查账目,特此发函查证,是否相符,请在回执联中注明后盖章寄回。

往来结算款项对账单

单位:_____	地址:_____	编号:_____	
会计科目名称	截止日期	经济事项摘要	账面余额

收到上述回单后,应据此编制"往来款项清查表"(见表9.4),注明核对相符与不相符的款项,对不符的款项按有争议、未达账项、无法收回等情况合并,针对具体情况及时采取措施予以解决。

表9.4　往来款项清查表

总分类账户名称:　　　　　　　　　　年　月　日

明细分类账户		清查结果		核对不符原因分析			备注
名称	账面余额	核对相符金额	核对不符金额	未达账项金额	有争议款项金额	其他	

第三节　财产清查结果的处理

一、财产清查结果处理的要求

财产清查的结果有3种:一是账存数与实存数相符(账实相符);二是账存数大于实存数,发生盘亏;三是账存数小于实存数,发生盘盈。对财产清查过程中发生的盘盈盘亏,查明原因,并根据国家统一会计制度的规定,按照一定的程序,严肃认真地予以处理。

1.分析产生差异的原因和性质,提出处理建议

一般来说,个人造成的损失,应由个人赔偿;因管理不善造成的损失,应作为企业管理费用入账;因自然灾害造成的非常损失,列入企业的营业外支出。

2.积极处理多余积压财产,清理往来款项

在财产清查后,应及时处理多余积压财产。清理往来款项,以减少资金不必要的占用,提高资金使用效率。

3.总结经验教训,建立和健全各项管理制度

财产清查后,要针对存在的问题和不足,总结经验教训,采取必要的措施,建立和健全财产管理制度,进一步提高财产管理水平。

4.及时调整账簿记录,保证账实相符

对财产清查中发现的盘盈或盘亏,应及时根据清查中取得的原始凭证编制记账凭证,登记有关账簿,调整财产账户,以保证账实相符。

二、财产清查结果的账务处理

(一)设置"待处理财产损溢"账户

为了反映和监督企业在财产清查过程中查明的各种财产物资的盘盈、盘亏、毁损及其处理情况,应设置"待处理财产损溢"账户(但固定资产盘盈和毁损分别通过"以前年度损益调整""固定资产清理"账户核算)。该账户属于双重性质的资产类账户,该账户应设置"待处理非流动资产损溢"和"待处理流动资产损溢"两个明细账户。企业清查的各种财产的盘盈、盘亏和毁损应在期末结账前处理完毕,所以"待处理财产损溢"账户在期末结账后没有余额。

"待处理财产损溢"账户的基本结构和内容如图9.3所示。

借方	待处理财产损溢	贷方
待处理财产盘亏、毁损金额 根据批准的处理意见结转的 待处理财产盘盈数		待处理财产盘盈金额 根据批准的处理意见结转的待处理 盘亏、毁损数

图9.3 待处理财产损溢的基本结构和内容

(二)库存现金清查结果的账务处理

1.库存现金盘盈的账务处理

库存现金盘盈时,按盘盈的金额借记"库存现金"科目,贷记"待处理财产损溢——待处理流动资产损溢"科目。

对于盘盈的库存现金,应及时查明原因,按管理权限报经批准后,按盘盈的金额借记"待处理财产损溢——待处理流动资产损溢"科目;按需要支付或退还他人的金额贷记"其他应付款"科目;按无法查明原因的金额贷记"营业外收入"科目。

【例9.1】 某公司在现金清查中发现现金溢余200元。要求:编制会计分录。

借:库存现金　　　　　　　　　　　　　　　　　200
　　贷:待处理财产损溢——待处理流动资产损溢　　　　　200

若盘盈金额无法查明原因。作会计分录如下:

借:待处理财产损溢——待处理流动资产损溢　　　　200
　　贷:营业外收入　　　　　　　　　　　　　　　　200

2.库存现金盘亏的账务处理

库存现金盘亏时,按盘亏的金额借记"待处理财产损溢——待处理流动资产损溢"科目,贷记"库存现金"科目。

对盘亏的库存现金,应及时查明原因,按管理权限报经批准后,按可收回的保险赔偿和过失人赔偿的金额借记"其他应收款"科目,按管理不善等原因造成净损失的金额借记"管理费用"科目,按自然灾害等原因造成净损失的金额借记"营业外支出"科目,贷记"待处理财产损溢——待处理流动资产损溢"科目。

【例9.2】 某企业在财产清查中发现库存现金盘亏500元,其中出纳人员应赔偿400元,剩余部分因管理不善造成。应作如下会计处理:

在未查明原因前,按实际短缺金额,编制会计分录:

借:待处理财产损溢——待处理流动资产损溢　　　　500
　　贷:库存现金　　　　　　　　　　　　　　　　　500

查明现金短缺金额的原因后,编制会计分录:

借:其他应收款　　　　　　　　　　　　　　　　400
　　管理费用　　　　　　　　　　　　　　　　　100
　　贷:待处理财产损溢——待处理流动资产损溢　　　　500

(三)存货清查结果的账务处理

1.存货盘盈的账务处理

存货盘盈时,应及时办理存货入账手续,调整存货账簿的实存数。盘盈的存货借记"原材料""库存商品"等科目,贷记"待处理财产损溢——待处理流动资产损溢"科目。

对于盘盈的存货,应及时查明原因,按管理权限报经批准后,冲减管理费用,即借记"待处理财产损溢——待处理流动资产损溢"科目,贷记"管理费用"科目。

【例9.3】 某公司在财产清查中,发现甲材料盘盈2 000元。要求:编制会计分录。

审批前,会计分录如下:

借:原材料——甲材料　　　　　　　　　　　　　2 000
　　贷:待处理财产损溢——待处理流动资产损溢　　　　2 000

经查明,甲材料盘盈是因计量不准造成,经批准冲减本月管理费用。会计分录为:

借:待处理财产损溢——待处理流动资产损溢　　　2 000
　　贷:管理费用　　　　　　　　　　　　　　　　2 000

2.存货盘亏的账务处理

存货盘亏时,应按盘亏的金额借记"待处理财产损溢——待处理流动资产损溢"科目,贷记"原材料""库存商品"等科目。

对于盘亏的存货,应及时查明原因,按管理权限报经批准后,按可收回的保险赔偿和过失人赔偿的金额借记"其他应收款"科目;按管理不善等原因造成净损失的金额借记"管理费用"科目;按自然灾害等原因造成净损失的金额借记"营业外支出"科目。

【例9.4】 某公司在财产清查过程中,发现甲材料毁损2 000元。要求:编制会计分录。

在批准之前,会计分录如下:

借:待处理财产损溢——待处理流动资产损溢 2 000
  贷:原材料——甲材料 2 000

经查明,甲材料毁损是由于非常损失造成,损失可记入"营业外支出"科目。会计分录如下:

借:营业外支出 2 000
  贷:待处理财产损溢——待处理流动资产损溢 2 000

(四)固定资产清查结果的处理

1.固定资产盘盈的账务处理

企业在财产清查过程中盘盈的固定资产,经查明确属企业所有,按管理权限报经批准后,作为前期差错处理,通过"以前年度损益调整"科目核算。盘盈的固定资产借记"固定资产"科目,贷记"以前年度损益调整"科目。

【例9.5】 某企业在财产清查中,盘盈设备一台,其市场价值20 000元,则编制会计分录如下:

借:固定资产 20 000
  贷:以前年度损益调整 20 000

2.固定资产盘亏的账务处理

固定资产盘亏时,按盘亏固定资产的账面价值,借记"待处理财产损溢——待处理非流动资产损溢"科目,按已提折旧额,借记"累计折旧"科目,按其原价,贷记"固定资产"科目。

对于盘亏的固定资产,应及时查明原因,按管理权限报经批准后,按过失人及保险公司应赔偿额,借记"其他应收款"科目,按盘亏固定资产的原价扣除累计折旧和过失人及保险公司赔偿后的差额,借记"营业外支出"科目,按盘亏固定资产的账面价值,贷记"待处理财产损溢——待处理非流动资产损溢"科目。

【例9.6】 某企业在财产清查中,发现盘亏设备一台,设备原值50 000元,已计提折旧30 000元。

批准前,编制会计分录如下:

```
借:待处理财产损溢——待处理非流动资产损溢          20 000
  累计折旧                                        30 000
  贷:固定资产                                              50 000
```

经批准,盘亏的设备可由保险公司赔偿其中的 15 000 元,编制会计分录如下:

```
借:其他应收款——保险公司                        15 000
  营业外支出                                       5 000
  贷:待处理财产损溢——待处理非流动资产损溢                  20 000
```

(五)结算往来款项盘存的账务处理

在财产清查过程中发现的长期结算的往来款项,应及时清查,对于经查确实无法支付的应付款项可按规定程序报经批准后,转作营业外收入。对于无法收回的应收款项则作为坏账损失冲减坏账准备。坏账是指企业无法收回或收回的可能性极小的应收款项。由于发生坏账而产生的损失,称为坏账损失。

企业通常应将符合下列条件之一的应收款项确认为坏账:①债务人死亡,以其遗产清偿后仍然无法收回;②债务人破产,以其破产财产清偿后仍然无法收回;③债务人较长时间内未履行其偿债义务,并有足够的证据表明无法收回或者收回的可能性极小。

企业对有确凿证据表明确实无法收回的应收款项,经批准后作为坏账损失。其相关处理如下:

①企业计提坏账准备时。

```
借:资产减值损失
  贷:坏账准备
```

②企业确实无法收回的应收款项经批准作为坏账损失时。

```
借:坏账准备
  贷:应收账款
```

③已确认为坏账又重新收回。

```
借:应收账款
  贷:坏账准备
借:银行存款
  贷:应收账款
```

【例9.7】　某企业 2013 年末应收账款余额为 400 000 元,假设从该年起企业开始计提坏账准备,坏账准备的提取比例为应收账款的 0.3%。2014 年末企业发生坏账损失 1 000元,年末应收账款余额为 800 000 元;2015 年末应收账款余额为 500 000 元。该企业采用应收账款余额百分比法计提坏账准备。企业应作如下会计分录:

①2013 年末提取坏账准备时

```
借:资产减值损失                                 1 200
  贷:坏账准备                                             1 200
```

②2014 年发生坏账损失时

借:坏账准备   1 000

  贷:应收账款   1 000

③2015 年末提取坏账准备时

2014 年末计提坏账准备时,当年保持的坏账准备余额为2400 元(800 000×0.3%),而"坏账准备"账户的期末贷方余额为 200 元,因此,应补提坏账准备 2 200 元。

借:资产减值损失   2 200

  贷:坏账准备   2 200

2015 年末应保持的坏账准备余额为 1 500 元(500 000×0.3%),而"坏账准备"账户的期末贷方余额为 2 400 元,应冲销坏账准备 900 元。

借:坏账准备   900

  贷:资产减值损失   900

章节练习

一、单选题

1.财产清查分为定期清查和不定期清查的分类标准是( )。

  A.清查范围   B.清查时间   C.清查地点   D.清查执行系统

2.库存现金清查中对无法查明原因的现金长款,经批准记入( )。

  A."管理费用"科目   B."营业外收入"科目

  C."其他应付款"科目   D."其他应收款"科目

3.下列关于银行存款清查方法的表述中,正确的是( )。

  A.定期盘存法   B.和往来单位核对账目的方法

  C.实地盘存法   D.与开户银行核对账目的方法

4.未达账项是指企业与银行双方,由于凭证传递和入账时间不一致,而发生的( )。

  A. 一方已入账,另一方未入账的款项   B.双方登账出现的款项

  C. 一方重复入账的款项   D.双方均未入账的款项

5.由于非正常损失导致存货的盘亏一般应作为( )处理。

  A.营业外支出   B.财务费用   C.管理费用   D.坏账损失

6.企业主要负责人调离工作,需要对该企业的财产、物资和往来款项等进行清查,这种清查属于( )。

  A.定期全面清查   B.定期局部清查

  C.不定期全面清查   D.不定期局部清查

7.企业确实无法收回的应收款项经批准作为坏账损失,应借记( )账户。

  A.应收账款   B.坏账准备   C.营业外支出   D.待处理财产损溢

8.经查明盘盈的材料,如果因收发错误所致,一般应当( )。

A.增加管理费用　　B.冲减管理费用　　　C.增加营业外支出　　D.冲减营业外支出

9.银行存款日记账余额为 56 000 元,调整前银行已收、企业未收的款项为 2 000 元;企业已收、银行未收款项为 1 200 元;银行已付、企业未付款项为 3 000 元。则调整后银行存款余额为( )。

A.56 200 元　　　　B.55 000 元　　　　C.58 000 元　　　　D.51 200 元

10.对所有的财产进行全面盘点和核对的是( )。

A.定期清查　　　B.局部清查　　　C.全面清查　　　D.不定期清查

二、多选题

1.下列各项中,宜采用发函询证方法清查的有( )。

A.应收账款　　B.应付账款　　C.存货　　　　D.预付账款

2.库存现金盘亏的账务处理中,批准后可能涉及的会计科目有( )。

A.库存现金　　B.管理费用　　C.其他应收款　　D.营业外支出

3.下列情况下,( )可能造成账实不符。

A.财产收发计量或检验不准确　　　B.管理不善

C.未达账项　　　　　　　　　　　D.账簿记录发生差错

4.财产清查按清查的范围分为( )。

A.内部清查　　B.全面清查　　C.局部清查　　D.外部清查

5.下列各项中,( )应采用实地盘点法进行清查。

A.固定资产　　B.库存商品　　C.银行存款　　D.库存现金

6.盘亏的固定资产,经批准转销时,应( )。

A.借记"待处理财产损溢"　　　　B.贷记"固定资产"

C.借记"营业外支出——固定资产盘亏"　D.贷记"待处理财产损溢"

7.下列应在"待处理财产损溢"科目借方登记的有( )。

A.财产物资盘亏、毁损的金额　　　B.财产物资盘盈的金额

C.财产物资盘盈的转销额　　　　　D.财产物资盘亏及毁损的转销额

8.下列说法正确的有( )。

A.存货盘盈可冲减管理费用

B.固定资产盘盈通过"固定资产清理"科目

C.由于人为原因造成的财产毁损,应由责任人赔偿

D.发生的坏账损失应计入营业外支出

三、计算分析题

1.某企业 2018 年 5 月 31 日银行存款日记账余额 240 000 元,银行对账单余额 258 000 元。经逐笔核对,发现有几笔未达账项:

(1)企业开出转账支票用以偿还甲公司货款 30 000 元,企业已登记入账,但持票人未到银行办理转账手续。

(2)企业收到前期销售商品款 34 000 元已登记入账,但银行尚未登记入账。

(3)银行已划转电费 3 000 元登记入账,但企业尚未收到付款通知单,未登记入账。

（4）银行已收到外地汇入货款 25 000 元登记入账，但企业尚未收到收款通知单，未登记入账。

要求：编制公司的银行存款余额调节表。

银行存款余额调节表

2018 年 5 月 31 日   单位：元

项　目	金　额	项　目	金　额
银行存款日记账余额	240 000	银行对账单余额	258 000
加：银行已收,企业未收款		加：企业已收,银行未收款	
减：银行已付,企业未付款		减：企业已付,银行未付款	
调节后余额		调节后余额	

2.某企业 2018 年年末进行财产清查，查明存在以下情况：

（1）盘存现金发现长款 900 元，无法查明原因。

（2）甲材料实际结存 85 000 元，账面记录为 90 000 元。后查明由于收发计量错误引起的。

（3）盘亏办公用设备一台，原价 10 000 元，已提折旧 8 000 元，经批准作为损失处理。

（4）应收乙公司一笔款项 50 000 元，确认无法收回，经批准后作为坏账损失。

要求：编制经批准前和批准后账务处理的会计分录。

第十章　财务报表

【本章摘要】

　　本章主要介绍财务报表的概念,财务报表的构成,财务报表编制的基本要求,资产负债表、利润表的相关概述和编制方法。

　　本章的主要内容包括3个方面:

　　1.财务报表概述。

　　2.资产负债表的一般格式及编制的基本方法。

　　3.利润表的一般格式及编制的基本方法。

【基本要求】

　　1.了解财务报表的概念与分类

　　2.熟悉财务报表编制的基本要求

　　3.熟悉资产负债表、利润表的列示要求与编制方法

第一节　财务报表概述

一、财务报表的概念与分类

(一)财务报表的概念

　　财务报表是对企业财务状况、经营成果和现金流量的结构性表述。一套完整的财务报表至少应当包括"四表一注",即:①资产负债表;②利润表;③现金流量表;④所有者权益变动表;⑤附注。

　　①资产负债表是反映企业在某一特定日期的财务状况的财务报表。即企业在特定日期所拥有的资产、需偿还的负债以及股东(投资者)拥有的权益情况。

　　②利润表是反映企业在一定会计期间的经营成果的财务报表。即企业的盈利或亏损情况,表明企业运用所拥有的资产的获利能力。

　　③现金流量表是反映企业在一定会计期间现金和现金等价物流入和流出的报表。

④所有者权益变动表是反映构成所有者权益各组成部分当期增减变动情况的财务报表。

⑤附注是对资产负债表、利润表、现金流量表和所有者权益变动表等报表中列示项目的文字描述或明细资料,以及对未能在这些报表中列示项目的说明等。

（二）财务报表的分类

1.按其编报期间不同,分为中期财务报表和年度财务报表

中期财务报表是指短于一个完整的会计年度的报表期间,如半年度、季度和月度。中期财务报表可分为月度财务报表、季度财务报表、半年度财务报表。

2.按其编报主体不同,分为个别财务报表和合并财务报表

个别财务报表是由企业在自身会计核算基础上对账簿记录进行加工而编制的财务报表,它主要用以反映企业自身的财务状况、经营成果和现金流量情况。合并财务报表是以母公司和子公司组成的企业集团为会计主体,根据母公司和所属子公司的财务报表,由母公司编制的综合反映企业集团财务状况、经营成果的财务报表。

二、财务报表编制的基本要求

（一）真实可靠

会计报表指标应当如实反映企业的财务状况、经营成果和现金流量。企业在编制年度财务会计报告前,应当按照国家统一的会计制度的规定进行,全面清查资产、核实债务;核对各会计账簿记录与会计凭证的内容、金额等是否一致,记账方向是否相符等。

（二）全面完整

会计报表应当反映企业生产经营活动的全貌,全面反映企业的财务状况、经营成果和现金流量。企业应当按照规定的会计报表的格式和内容编制会计报表。企业应按规定编报国家要求提供的各种会计报表,对于国家要求填报的有关指标和项目,应按照有关规定填列。

（三）前后一致

编制会计报表依据的会计方法,前后期应当遵循一致性原则,不能随意变更。如果确需改变某些会计方法,应在报表附注中说明改变的原因及改变后对报表指标的影响。

（四）编报及时

企业应根据有关规定,按月、按季、按半年、按年及时对外报送会计报表。会计报表的报送期限,由国家统一加以规定。

①月报应于月度终了后 6 天内（节假日顺延）对外提供,至少包括资产负债表和利润表;

②季报应于季度终了后 15 天内对外提供,至少包括资产负债表和利润表;

③半年度报应于年度中期结束后 60 天内对外提供,一般包括基本会计报表、利润分配表等附表以及财务情况说明书;

④年报应于年度终了后 4 个月内对外提供,包括财务报告的全部内容。

（五）相关可比

财务会计报告的相关可比,是指企业财务会计报告所提供的财务会计信息必须与财务会计报告使用者的决策相关,并且便于财务会计报告的使用者在不同企业之间及同一企业前后各期之间进行比较。

（六）便于理解

便于理解是指财务会计报告所提供的会计信息应当清晰明了,便于使用者理解和利用。

第二节　资产负债表

一、资产负债表的概念与作用

资产负债表是反映单位在某一特定日期财务状况的财务报表,是静态报表。其编制的理论依据是"资产＝负债+所有者权益"这一会计等式。资产负债表是企业基本会计报表之一,是所有独立核算的企业单位都必须对外报送的会计报表。企业编制资产负债表的目的是如实反映企业资产、负债和所有者权益金额及其构成情况,帮助使用者评价企业资产的质量以及短期偿债能力、长期偿债能力、资本保值增值能力等。

二、资产负债表的格式及内容

资产负债表通常有两种格式,即报告式和账户式。在我国,资产负债表采用账户式的格式,即左侧列示资产,右侧列示负债和所有者权益。

资产负债表由表头和表体两部分组成。表头部分应列明报表名称、编表单位名称、资产负债表日和人民币金额单位;表体部分反映资产、负债和所有者权益的内容。其中,各项资产和负债按流动性的大小排列,分为流动资产和非流动资产。流动性越大,变现能力越强的资产项目越往前排,反之,越往后排。所有者权益项目按稳定性排列。我国企业资产负债表的格式如表 10.1 所示。

表 10.1

资产负债表

会企 01 表

编制单位:　　　　　　　　　　　年　月　日　　　　　　　　　　单位:元

资　　产	期末余额	年初余额	负债和所有者权益（或股东权益）	期末余额	年初余额
流动资产:			流动负债:		
货币资金			短期借款		

续表

资　产	期末余额	年初余额	负债和所有者 权益（或股东权益）	期末余额	年初余额
交易性金融资产			交易性金融负债		
应收票据			应付票据		
应收账款			应付账款		
预付款项			预收款项		
应收利息			应付职工薪酬		
应收股利			应交税费		
其他应收款			应付利息		
存货			应付股利		
一年内到期的非流动资产			其他应付款		
其他流动资产			一年内到期的非流动负债		
流动资产合计			其他流动负债		
非流动资产：			流动负债合计		
可供出售金融资产			非流动负债：		
持有至到期投资			长期借款		
长期应收款			应付债券		
长期股权投资			长期应付款		
投资性房地产			专项应付款		
固定资产			预计负债		
在建工程			递延所得税负债		
工程物资			其他非流动负债		
固定资产清理			非流动负债合计		
生产性生物资产			负债合计		
油气资产			所有者权益（或股东权益）：		
无形资产			实收资本（或股本）		
开发支出			资本公积		

续表

资　产	期末余额	年初余额	负债和所有者权益(或股东权益)	期末余额	年初余额
商誉			减:库存股		
长期待摊费用			盈余公积		
递延所得税资产			未分配利润		
其他非流动资产			所有者权益(或股东权益)合计		
非流动资产合计					
资产总计			负债和所有者权益(或股东权益)总计		

三、资产负债表编制的方法

(一)资产负债表的一般填列方法

资产负债表分别按"年初余额"和"期末余额"设专栏,以便进行比较,借以考核编制报表日各项资产、负债和所有者权益指标与上年末相比的增减变动情况。

1."年初余额"的填列

"年初余额"栏内各项数字,应根据上年末资产负债表的"期末余额"栏内所列数字填列。如果本年度资产负债表的各项目的名称和内容与上年不一致,应对上年年末资产负债表各项目的名称和数字按照本年度的规定进行调整。

2."期末余额"栏的填列

资产负债表"期末余额"栏内各项数字,一般应根据资产、负债和所有者权益类科目的期末余额填列:

①根据一个或几个总账科目的余额填列。例如,资产负债表中"以公允价值计量且其变动计入当期损益的金融资产""短期借款""应付票据""应付职工薪酬""应交税费""实收资本""资本公积""盈余公积"等项目应直接根据总账科目的期末余额填列;"货币资金"项目应根据"库存现金""银行存款""其他货币资金"科目期末余额的合计数填列。

②根据明细科目的余额计算填列。例如,"预收款项"项目应根据"应收账款"和"预收账款"账户所属明细账贷方余额之和填列;"应付账款"项目根据"应付账款"和"预付账款"账户所属明细账贷方余额之和填列;"应收账款"项目应根据"应收账款"和"预收账款"账户所属明细账借方余额之和填列;"预付账款"项目应根据"应付账款"和"预付账款"账户所属明细账期末借方余额之和填列。

③根据总账科目余额和明细账科目余额计算填列。例如,资产负债表中的"长期应收款"和"长期待摊费用"项目应该分别根据"长期应收款"和"长期待摊费用"总账科目

的余额减去将于一年内收回的长期应收款和将于一年内摊销的长期待摊费用明细账科目余额计算填列。将于一年内收回的长期应收款和将于一年内摊销的长期待摊费用明细账科目余额应记入"一年内到期的非流动资产"项目。

④根据有关科目余额减去其备抵科目余额后的净额填列。如"固定资产"项目,应当根据"固定资产"科目的期末余额减去"累计折旧""固定资产减值准备"等科目余额后的净额填列。

⑤综合运用上述填列方法分析填列。例如,资产负债表中的"存货"项目应根据"原材料""库存商品""委托加工物资""周转材料""材料采购""在途物资""发出商品""材料成本差异"等总账账户期末余额的分析汇总数,再减去"存货跌价准备"账户余额后的净额填列。

(二)资产负债表各项目填列方法举例

【例10.1】 某企业2018年12月31日结账后,"库存现金"科目余额为200 000元,"银行存款"科目的余额为1 000 000元,"其他货币资金"科目余额为300 000元。

则该企业2018年12月31日资产负债表中的"货币资金"项目应填列的金额为:
200 000+1 000 000+300 000=1 500 000(元)

【例10.2】 某企业2018年12月31日结账后,"往来款项"等科目余额如下表所示。

单位:元

科目名称	明细科目借方余额合计	明细科目贷方余额合计
应收账款	1 200 000	300 000
预收账款	50 000	20 000
应付账款	40 000	1 000 000
预付账款	60 000	900 000

则该企业2018年12月31日资产负债表中相关项目的金额为:
①"应收账款"项目金额为:1 200 000+50 000=1 700 000(元);
②"预收款项"项目金额为:300 000+20 000=320 000(元);
③"应付账款"项目金额为:900 000+1 000 000=1 900 000(元);
④"预付账款"项目金额为:60 000+40 000=100 000(元)。

【例10.3】 某企业2018年12月31日结账后,"固定资产"科目的余额为2 000 000元,"累计折旧"科目的余额为90 000元。"固定资产减值准备"科目的余额为10 000元。

该企业2018年12月31日资产负债表中的"固定资产"项目的金额为:2 000 000-90 000-10 000=1 900 000(元)

【例10.4】 某企业2018年12月31日应付管理人员工资200 000元,应付车间工作人员工资100 000元。

该企业2018年12月31日资产负债表中的,"应付职工薪酬"项目的金额为:
2 00 000+100 000=300 000(元)

第三节 利润表

一、利润表的概念与作用

利润表是反映企业在一定会计期间的经营成果的财务报表。利润表主要是根据"收入-费用=利润"这一等式,依照一定的分类标准和顺序,将企业一定会计期间的各种收入、费用支出和直接计入当期损益的利得和损失进行适当分类、排列而成的。企业编制利润表的目的是如实反映企业实现的收入、发生的费用以及应当计入当期损失等金额及其构成情况,帮助使用者分析评价企业的盈利能力、利润构成及其质量。

二、利润表的格式与内容

利润表的格式有单步式和多步式两种。我国企业的利润表采用多步式,将不同性质的收入和费用分别进行对比,以便得出一些中间性的利润数据,帮助使用者理解企业经营成果的不同来源。

多步式利润表反映出了构成营业利润、利润总额、净利润的各项要素的情况,利润计算公式如下:

$$营业利润 = 营业收入 - 营业成本 - 税金及附加 - 销售费用 - 管理费用 -$$
$$财务费用 - 资产减值损失 + 公允价值变动收益(-公允价值变动损失) +$$
$$投资收益(-投资损失)$$
$$利润总额 = 营业利润 + 营业外收入 - 营业外支出$$
$$净利润 = 利润总额 - 所得税费用$$

利润表通常包括表头和表体两部分。表头应列明报表名称、编表单位名称、财务报表涵盖的会计期间和人民币金额单位等内容;利润表的表体,反映形成经营成果的各个项目和计算过程。我国企业利润表的格式一般如表 10.2 所示。

表 10.2

利润表

会企 02 表

编制单位: 年 月 单位:元

项 目	本期金额	上期金额
一、营业收入		
减:营业成本		
税金及附加		
销售费用		

续表

项　目	本期金额	上期金额
管理费用		
财务费用		
资产减值损失		
加:公允价值变动收益(损失以"－"号填列)		
投资收益(损失以"－"号填列)		
其中:对联营企业和合营企业的投资收益		
二、营业利润(亏损以"－"号填列)		
加:营业外收入		
减:营业外支出		
其中:非流动资产处置损失		
三、利润总额(亏损总额以"－"号填列)		
减:所得税费用		
四、净利润(净亏损以"－"号填列)		
五、每股收益:		
(一)基本每股收益		
(二)稀释每股收益		

三、利润表编制的基本方法

(一)利润表的一般填列方法

利润表各个项目需填列的数字分为"本期金额"和"上期金额"两栏。其中,"本期金额"栏内各项数字应填列本期各项目的实际发生额。"上期金额"栏内的各项数字,应根据上年该期利润表"本期金额"栏内所列数字填列。

①"营业收入"项目,反映企业经营主要业务和其他业务所确认的收入总额。本项目应根据"主营业务收入"和"其他业务收入"科目的发生额分析填列。

②"营业成本"项目,反映企业经营主要业务和其他业务发生的实际成本总额。本项目应根据"主营业务成本"和"其他业务成本"科目的发生额分析填列。

③"税金及附加"项目,反映企业经营业务应负担的消费税、城市维护建设税、资源税、土地增值税和教育费附加等。本项目应根据"税金及附加"科目的发生额分析填列。

④"销售费用"项目,反映企业在销售商品过程中发生的包装费、广告费等费用,以及

为销售本企业商品而专设的销售机构的职工薪酬、业务费等经营费用。本项目应根据"销售费用"科目的发生额分析填列。

⑤"管理费用"项目,反映企业为组织和管理生产经营而发生的管理费用。本项目应根据"管理费用"科目的发生额分析填列。

⑥"财务费用"项目,反映企业为筹集生产经营所需资金等而发生的筹资费用。本项目应根据"财务费用"科目的发生额分析填列。

⑦"资产减值损失"项目,反映企业各项资产发生的减值损失。本项目应根据"资产减值损失"科目的本期发生额分析填列。

⑧"公允价值变动收益"项目,反映企业交易性金融资产、交易性金融负债以及采用公允价值模式计量的投资性房地产等公允价值变动形成的应计入当期损益的利得或损失。本项目应根据"公允价值变动损益"科目的发生额分析填列。如果为公允价值变动损失,以"-"填列。

⑨"投资收益"项目,反映企业以各种方式对外投资所取得的收益。其中,"对联营企业和合营企业的投资收益"项目,反映采用权益法核算的对联营企业和合营企业投资在被投资单位实现的净利润中应享有的份额(不包括处置投资形成的收益)。本项目应根据"投资收益"科目的发生额分析填列。如果为投资损失,以"-"填列。

⑩"营业利润"项目,反映企业实现的营业利润,如为亏损,本项目以"-"填列。

⑪"营业外收入"和"营业外支出"项目,反映企业发生的与生产经营无直接关系的各项收入和支出。这两个项目分别根据"营业外收入"和"营业外支出"科目的发生额分析填列,其中,处置非流动资产损失应当单独列示。

⑫"利润总额"项目,反映企业实现的利润总额。如果为亏损总额,以"-"填列。根据"营业利润"项目加上"营业外收入"项目减去"营业外支出"项目后的金额填列。

⑬"所得税费用"项目,反映企业根据所得税准则确认的应从当期利润总额中扣除的所得税费用。本项目应根据"所得税费用"科目的发生额分析填列。

⑭"净利润"项目,反映企业实现的净利润。如果为净亏损,以"-"填列。根据"利润总额"项目减去"所得税费用"项目的金额填列。

（二）利润表各项目的填列方法举例

【例10.5】　某企业2018年12月31日"主营业务收入"科目贷方发生额为2 000 000元,"其他业务收入"贷方发生额为500 000元。

则该企业2018年12月31日利润表的"营业收入"项目的金额为:2 000 000+500 000=2 500 000(元)

【例10.6】　某企业2018年12月31日"资产减值损失"科目借方发生额为80 000元,贷方发生额为20 000元。

则该企业2018年12月31日利润表"资产减值损失"项目的金额为:80 000-20 000=60 000(元)。

第四节　现金流量表

一、现金流量表概述

现金流量表是反映企业在一定会计期间现金和现金等价物流入和流出的报表。

现金流量是指一定会计期间内企业现金和现金等价物的流入和流出。企业从银行提取现金、用现金购买短期到期的国库券等现金和现金等价物之间的转换不属于现金流量。

现金是指企业库存现金以及可以随时用于支付的存款,包括库存现金、银行存款和其他货币资金(如外埠存款、银行汇票存款、银行本票存款)等。不能随时用于支付的存款不属于现金。

现金等价物是指企业持有的期限短、流动性强、易于转换为已知金额现金、价值变动风险很小的投资。期限短,一般是指从购买日起 3 个月内到期。现金等价物通常包括 3 个月内到期的债券投资等。权益性投资变现的金额通常不确定,因而不属于现金等价物。企业应当根据具体情况,确定现金等价物的范围,一经确定不得随意变更。

企业的现金流量分为三大类。

1.经营活动产生的现金流量

经营活动是指企业投资活动和筹资活动以外的所有交易事项。经营活动产生的现金流量主要包括销售商品或提供劳务、购买商品、接受劳务、支付工资和缴纳税款等流入和流出的现金和现金等价物。

2.投资活动产生的现金流量

投资活动是指企业长期资产的购建和不包括在现金等价物范围内的投资及其处置活动。投资活动产生的现金流量主要包括购建固定资产、处置子公司及其他营业单位等流入和流出的现金和现金等价物。

3.筹资活动产生的现金流量

筹资活动是指导致企业资本及负债规模或构成发生变化的活动。筹资活动产生的现金流量主要包括吸收投资、发行股票、分配利润、发行债券、偿还债务等流入和流出的现金和现金等价物。偿还应付账款、应付票据等应付款项属于经营活动,不属于筹资活动。

二、现金流量表的结构

我国企业现金流量表采用报告式结构,分类反映经营活动产生的现金流量、投资活动产生的现金流量和筹资活动产生的现金流量,最后汇总反映企业某一期间现金及现金等价物的净增加额。现金流量表如表 10.3 所示。

表 10.3 现金流量表

编制单位：ㅤㅤㅤㅤㅤㅤㅤㅤㅤㅤ年ㅤㅤ月ㅤㅤ单位:元

项　目	本期金额	上期金额
一、经营活动产生的现金流量		
销售商品、提供劳务收到的现金		
收到的税费返还		
收到其他与经营活动有关的现金		
经营活动现金流入小计		
购买商品、接受劳务支付的现金		
支付给职工以及为职工支付的现金		
支付的各项税费		
支付其他与经营活动有关的现金		
经营活动现金流出小计		
经营活动产生的现金流量净额		
二、投资活动产生的现金流量		
收回投资收到的现金		
取得投资收益收到的现金		
处置固定资产、无形资产和其他长期资产收回的现金净额		
处置子公司及其他营业单位收到的现金净额		
收到其他与投资活动有关的现金		
投资活动现金流入小计		
购建固定资产、无形资产和其他长期资产支付的现金		
投资支付的现金		
取得子公司及其他营业单位支付的现金净额		
支付其他与投资活动有关的现金		
投资活动现金流出小计		
投资活动产生的现金流量净额		
三、筹资活动产生的现金流量		
吸收投资收到的现金		
取得借款收到的现金		

续表

项 目	本期金额	上期金额
收到其他与筹资活动有关的现金		
筹资活动现金流入小计		
偿还债务支付的现金		
分配股利、利润或偿付利息支付的现金		
支付其他与筹资活动有关的现金		
筹资活动现金流出小计		
筹资活动产生的现金流量净额		
四、汇率变动对现金及现金等价物的影响		
五、现金及现金等价物净增加额		
六、期末现金及现金等价物余额		

章节练习

一、单选题

1.下列关于资产负债表的说法中,错误的是( )。

　A.反映企业一定会计期间的财务状况

　B.是静态报表

　C.我国一般采用账户式结构

　D.可以通过该表分析企业债务偿还能力,为未来经济决策提供参考信息

2.资产负债表的下列项目中,必须根据总账科目和明细账科目两者的余额分析计算填列的是( )。

　A.短期借款　　　　B.长期借款　　　　C.应收账款　　　　D.应付账款

3.在利润表上,利润总额减去( )后,得出净利润。

　A.管理费用　　　　B.资产减值损失　　　　C.营业外支出　　　　D.所得税费用

4.资产负债表中的资产项目应按其( )大小顺序排列。

　A.流动性　　　　B.重要性　　　　C.变动性　　　　D.盈利性

5.我国要求编制利润表时,采用的格式是( )。

　A.账户式　　　　B.报告式　　　　C.单步式　　　　D.多步式

6.下列各项中,不属于利润表项目的是( )。

　A.营业利润　　　　B.利润分配　　　　C.财务费用　　　　D.净利润

7.某公司"库存现金"总账余额为 2 万元,"银行存款"总账余额为 50 万元,"其他货币资金"总账余额为 20 万元,"应收票据"总账余额为 30 万元,编制资产负债表时,"货币资金"项目应填列(　　)万元。

A. 102　　　　　　B.100　　　　　　C.72　　　　　　D.70

8."预收账款"在资产负债表中,应属于(　　)项目。

A.流动资产　　　B.非流动资产　　　C.流动负债　　　D.非流动负债

二、多选题

1.企业财务会计报表按其编报的期间不同,分为(　　)。

A.半年度报表　　B.月度报表　　　C.季度报表　　　D.年度报表

2.资产负债表中的"预付款项"项目,应根据(　　)之和填列。

A."预付账款"明细科目的借方余额

B."预付账款"明细科目的贷方余额

C."应付账款"明细科目的贷方余额

D."应付账款"明细科目的借方余额

3.下列各项中,会影响营业利润计算的有(　　)。

A.营业外收入　　B.其他业务成本　　C.营业成本　　　D.销售费用

4.下列各项中,会影响企业利润总额计算的有(　　)。

A.营业成本　　　B.投资收益　　　C.营业外支出　　　D.所得税费用

5.资产负债表中"货币资金"项目,应根据(　　)科目的借方余额合计数填列。

A.库存现金　　　B.银行存款　　　C.预收账款　　　D.其他货币资金

6.关于利润表,下列说法正确的有(　　)。

A.它属于静态财务报表

B.它有助于判断净利润的质量及其风险

C.它反映企业在一定会计期间的经营成果

D.可据以分析企业的获利能力及利润的未来发展趋势

7.利润表中"营业收入"项目的填列依据有(　　)。

A."主营业务收入"发生额

B."其他业务收入"发生额

C."营业外收入"发生额

D."税金及附加"发生额

8.下列各项中,(　　)属于企业财务报表的组成部分。

A.资产负债表　　　　　　　　B.利润表

C.现金流量表　　　　　　　　D.所有者权益变动表

三、计算分析题

A 公司为增值税一般纳税人,适用的所得税税率为 25%,2016 年年末各损益类科目余额如下:

损益类科目余额表

编制单位:A公司　　　　　　　　　2018 年 12 月　　　　　　　　　单位:元

主营业务收入	600 000(贷)	主营业务成本	350 000(借)
其他业务收入	150 000(贷)	其他业务成本	100 000(借)
营业外收入	23 000(贷)	营业外支出	18 000(借)
管理费用	80 000(借)	财务费用	5 000(借)
销售费用	10 000(借)		

要求计算:

1.营业利润;

2.利润总额;

3.所得税费用;

4.净利润。

综合练习一

一、单选题(15 小题,每小题 2 分,共 30 分)

1.下列关于会计的表述中,不正确的是(   )。

   A.会计的主要工作是核算和监督   B.会计是一项经济管理活动

   C.会计对象是特定主体的经济活动   D.货币是会计唯一的计量单位

2.下列各项中,(   )反映企业在一定会计期间的经营成果。

   A.资产负债表   B.利润表   C.现金流量表   D.账务状况变动表

3.下列经济业务,会引起资产总额减少的是(   )。

   A.接受投资者投资,款项存入银行

   B.从银行提取现金

   C.用银行存款偿还应付账款

   D.采购材料入库,暂未付款

4.投资人投入的资金和债权人投入的资金,投入企业后,形成企业的(   )。

   A.成本   B.所有者权益   C.资产   D.负债

5."预收账款"科目按其所归属的会计要素不同,属于(   )类科目。

   A.资产   B.负债   C.成本   D.所有者权益

6.简单会计分录中的对应关系可称为(   )。

   A.一借一贷   B.一借多贷   C. 一贷多借   D.多借多贷

7.某公司期初资产总额为 20 万元,当期期末负债总额比期初减少 2 万元,期末所有者权益比期初增加 6 万元,则该企业期末资产总额为(   )。

   A.18 万   B.20 万   C.24 万   D.26 万

8.单位员工小王出差预借差旅费 1 000 元,应计入的借方科目是(   )。

   A.其他应收款   B.应收账款   C.短期借款   D.预付账款

9.股份有限公司发行股票的溢价收入,应计入会计科目的(   )。

   A.资本公积   B.营业外收入   C.盈余公积   D.股本

10.下列应计入产品成本的工资费用是(   )。

   A.基本生产车间管理人员工资   B.行政管理部门人员工资

   C.在建工程人员工资   D.销售部门人员工资

11.企业取得的罚款收入,应贷记的会计科目是( )。

    A.主营业务收入　B.其他业务收入　　C.偶然利得　　　　D.营业外收入

12.公司按照生产工时比例分配制造费用,其中 A 产品生产工时 4 500 小时,B 产品生产工时为 4 000 小时。本月发生的制造费用为 68 000 元,按照生产工时比例进行分配,则 A 产品应负担的制造费用是( )元。

    A.36 000　　　　　B.32 000　　　　　C.31 000　　　　　D.37 000

13.下列各项中,( )属于从银行提取库存现金的业务应编制的凭证。

    A.库存现金收款凭证　　　　　　　　B.银行存款收款凭证

    C.库存现金付款凭证　　　　　　　　D.银行存款付款凭证

14.在审核原始凭证时,对于内容不完整、填制有错误或手续不完备的原始凭证,应当( )。

    A.拒绝办理,并向本单位负责人报告

    B.予以抵制,对经办人员进行批评

    C.由会计人员重新填制或予以更正

    D.予以退回,要求更正、补充,或者重新填制

15.更正错账时,划线更正法的适用范围是( )。

    A.记账凭证上会计科目或记账方向错误,导致账簿记录错误

    B.记账凭证正确,在记账时发现账簿记录有文字错误或数字错误

    C.记账凭证上会计科目或记账方向正确,所记金额大于应记金额,导致账簿记录错误

    D.记账凭证上会计科目或记账方向正确,所记金额小于应记金额,导致账簿记录错误

二、多选题(8 小题,每小题 2 分,共 16 分)

1.我国《企业会计制度》规定,会计期间分为( )。

    A.年度　　　　　　B.半年度　　　　　C.季度　　　　　　D.月度

2.下列各项中,可以作为一个会计主体进行核算的有( )。

    A.销售部门　　　　B.分公司　　　　　C.母公司　　　　　D.企业集团

3.下列各项中,反映资金运动静态的会计要素有( )。

    A.资产　　　　　　B.负债　　　　　　C.所有者权益　　　D.费用

4.下列各项,属于损益类科目的有( )。

    A.主营业务收入　B.其他业务收入　　C.制造费用　　　　D.管理费用

5.收到投资者投入的固定资产 20 万元(假定不考虑增值税,且不产生溢价),正确的说法有( )。

    A.借记"固定资产"20 万元　　　　　B.贷记"实收资本"20 万元

    C.贷记"固定资产"20 万元　　　　　D.借记"实收资本"20 万元

6.下列费用应计入材料采购成本的是( )。

    A.装卸费　　　　　B.保险费　　　　　C.价款　　　　　　D.采购机构的经费

7.关于原始凭证错误的更正,下列说法正确的有( )。

A.原始凭证记载的各项内容均不得涂改

B.随意涂改的原始凭证虽然不符合要求,但是属于有效的凭证

C.原始凭证金额出现错误的,不得更正,只能由原始凭证开具单位重新开具

D.原始凭证开具单位应当依法开具准确无误的原始凭证

8.会计要素包括( )。

A.固定资产　　　B.流动负债　　　C.所有者权益　　　D.收入

三、判断题(7小题,每小题2分,共14分)

1.资产和收入类的账户借方登记增加额,贷方登记减少额。 （ ）

2.会计科目是对会计对象的具体内容进行分类的,它既有分类的名称,又有一定的格式。 （ ）

3.收入类账户期末一般有余额。 （ ）

4.会计凭证所提供的各种核算信息,是编制财务报表的直接依据。 （ ）

5.在会计处理中,只能编制一借一贷、一借多贷、一贷多借的会计分录,而不能编制多借多贷的会计分录,以避免对应关系混乱。 （ ）

6.对于涉及库存现金和银行存款之间的收、付款业务,一般编制转账凭证。 （ ）

7.资产负债表中"货币资金"项目,应根据"银行存款"账户的期末余额填列。（ ）

四、业务题(共40分)

根据以下每笔业务编制出相应的会计分录:

1.向银行申请3个月期限的临时周转借款资金100 000元,款已经划入企业银行账户。

2.购入设备一台,价值250 000元,以银行存款支付。

3.以银行存款偿还短期借款50 000元。

4.以银行存款偿还上月欠华兴工厂货款40 000元。

5.向A工厂购入甲材料30吨,每吨1 600元,购入乙材料30吨,每吨2 400元,材料验收入库,增值税税率为16%,款项未支付。

6.从B工厂购入A材料500千克,买价50 000元,增值税税率为16%,运杂费400元,款项已支付,材料验收入库。

7.企业购入不需要安装的设备一台,买价750 000元,运杂费1 250元,保险费250元,款项已全部支付。

8.仓库发出材料,生产产品耗用12 000元,车间一般耗用4 200元,厂部一般耗用1 500元。

9.计提本月固定资产折旧,其中车间折旧额1 100元,管理部门折旧额500元。

10.企业销售产品18台,单价2 000元,税率17%,价税款暂未收到。

11.用银行存款支付产品广告费1 500元。

12.企业销售产品价款80 000元,税率17%,收到一张商业承兑汇票。

综合练习二

一、单选题(15 小题,每小题 2 分,共 30 分)

1.在会计核算的基本前提中,界定会计工作和会计信息的空间范围的是(   )。

    A.会计主体   B.持续经营   C.会计分期   D.货币计量

2.会计核算上将融资租入固定资产视为企业的资产,这反映的会计信息质量要求是(   )。

    A.实质重于形式   B.重要性   C.相关性   D.及时性

3.某企业"长期借款"账户期末贷方余额为 100 000 元,本期贷方发生额为 60 000 元,本期借方发生额为 80 000 元,则该账户的上期期末余额为(   )元。

    A.借方 80 000 元   B.贷方 120 000 元   C.借方 120 000 元   D.贷方 80 000 元

4.股份有限公司发行股票的溢价收入,应计入会计科目的(   )。

    A.资本公积   B.营业外收入   C.盈余公积   D.股本

5."预收账款"科目按其所归属的会计要素不同,属于(   )类科目。

    A.资产   B.负债   C.成本   D.所有者权益

6.下列各项应作为销售费用核算的是(   )。

    A.广告费   B.诉讼费   C.差旅费   D.借款利息

7.借贷记账法下,期末余额在贷方的账户是(   )。

    A.生产成本   B.盈余公积   C.管理费用   D.固定资产

8.下列各项中,不属于记账凭证应具备的内容的是(   )。

    A.会计科目   B.业务摘要

    C.所附原始凭证张数   D.填制凭证单位名称

9.下列会计凭证中,属于原始凭证的是(   )。

    A.收款凭证   B.付款凭证   C.转账凭证   D.折旧计算表

10.下列各项不属于企业收入的是(   )。

    A.销售商品收入   B.提供劳务收入

    C.销售多余材料收入   D.罚款收入

11.负债类账户的结构是(   )。

    A.借方登记增加额,余额在贷方   B.贷方登记增加额,余额在贷方

C.借方登记增加额,余额在借方　　　　　D.贷方登记增加额,余额在借方

12.记账以后,发现记账凭证中科目正确,但所记金额小于应记的金额,应采用( )进行更正。

A.红字更正法　　B.平行登记法　　C.补充登记法　　D.划线更正法

13."管理费用"明细账应采用( )。

A.多栏式　　B.数量金额式　　C.三栏式　　D.横线登记式

14.按照我国会计准则的规定,利润表的编制格式是( )。

A.单步式　　B.多步式　　C.账户式　　D.报告式

15.( )是对会计对象的基本分类,是会计核算对象的具体化。

A.会计事项　　B.会计科目　　C.经济业务　　D.会计要素

二、多选题(8 小题,每小题 2 分,共 16 分)

1.下列经济业务中,不会引起所有者权益总额发生增减变化的有( )。

A.将资本公积转增资本　　　　　B.提取法定盈余公积

C.宣告分配现金股利　　　　　　D.收到投资者追加投资款

2.下列各项中属于制造费用的有( )。

A.生产工人的工资　　　　　　　B.车间管理人员的工资

C.企业行政管理部门固定资产折旧费　D.生产车间发生的机器设备折旧费

3.企业从银行取得期限为 2 个月的借款到期,偿还借款本息时编制的会计分录可能涉及的会计科目有( )。

A.管理费用　　B.短期借款　　C.财务费用　　D.银行存款

4.材料采购采用计划成本法核算时,需要设置的账户有( )。

A.原材料　　B.在途物资　　C.材料采购　　D.材料成本差异

5.企业分配工资 600 000 元,其中,生产工人工资 500 000 元,车间主任工资 40 000元,行政管理人员工资 60 000 元,则计算分配工资的会计分录为( )。

A.借:生产成本 500 000　　　　　B.借:管理费用 60 000

C.借:制造费用 40 000　　　　　　D.贷:应付职工薪酬 600 000

6.对账的内容主要有( )。

A.账证核对　　B.账账核对　　C.账表核对　　D.账实核对

7.下列选项可以作为会计主体核算的有( )。

A.企业的事业部　　　　　　　　B.分公司

C.企业集团　　　　　　　　　　D.销售部门或生产车间

8.下列会计科目中,属于成本类的有( )。

A.制造费用　　B.坏账准备　　C.生产成本　　D.股本

三、判断题(7 小题,每小题 2 分,共 14 分)

1.年末企业应将"本年利润"账户的数额转入"利润分配——未分配利润"账户。( )

2.年终结账时,应在"本年合计"下面通栏画双红线。( )

211

3.复合会计分录是指多借多贷形式的会计分录。 （　）

4.预收账款和预付账款均属于负债。 （　）

5.如果试算平衡表的编制结果是平衡的,则记账一定无差错。 （　）

6.无论发生什么经济业务,会计等式两边会计要素总额的平衡关系都不会被破坏。

（　）

7.资产是指企业过去的交易或事项形成的、由企业拥有或控制的资源。 （　）

四、业务题(共40分)

以下是晨光公司2018年6月份发生的经济业务,根据每笔业务编制出相应的会计分录:

①6月1日,收到投资者投资50 000元,存入银行。

②6月1日,取得银行借款24 000元,期限3个月,年利率为10%。

③6月3日,购买价值100 000元的设备一台立即投入使用,款项已用支票支付。

④6月4日,预收购货单位货款50 000元,款项已存入银行。

⑤6月5日,用现金支付购买的行政办公用品价值800元。

⑥6月6日,将4 000元现金存入银行。

⑦6月7日,从飞天公司购入甲材料一批,共3 000千克,每千克5元,增值税税率为17%,飞天公司代垫运杂费200元,材料已验收入库,款未支付。

⑧6月10日,从B公司购买乙原材料,B公司开来的增值税专用发票上注明货款为100 000元,增值税额为17 000元。财务部门签发一张期限为3个月不带息商业汇票承付,材料尚未到达。

⑨6月13日,出售产品C一批给W公司,共300件,单价每件100元,增值税税率为17%;同时用现金垫付400元运费,货款尚未收到。

⑩6月15日,结转13日销售给W公司的产品C的销售成本。产品C的单位成本为50元。

⑪6月18日,公司销售部门王某从财务部门借现金2 000元出差。

⑫6月21日,报销管理部门办公用品费用900元,以现金付讫。

⑬6月25日,以银行存款发放行政管理人员工资30 000元。

⑭6月29日,计提本月固定资产折旧8 000元,其中车间固定资产折旧5 000元,行政管理部门固定资产折旧3 000元。

⑮6月30日,上述6月1日取得银行借款按月支付利息,月底以现金支付。

⑯月末,结转损益类账户。

综合实训一

一、实训企业概况

企业名称:桂林宏宇钢铁有限公司

企业地址:桂林净瓶路 88 号

联系电话:0773-3862727

税务登记号:450332244145053

企业代码:41230839

开户行:工商银行桂林分行瓦窑支行

账号:450-030663688

二、前期会计资料

1.2016 年 1 月初账户余额表   单位:元

总账科目	子目细目	期初余额	余额方向
库存现金		500	借方
银行存款	工商银行桂林分行瓦窑支行	146 000	借方
应收账款		56 000	借方
	太原钢铁公司	44 000	借方
	石家庄钢铁公司	12 000	借方
坏账准备	应收账款	560	贷方
其他应收款	何庆	1 060	借方
原材料		110 000	借方
	钢锭	100 000	借方

续表

总账科目	子目细目	期初余额	余额方向
	铁锭	10 000	借方
库存商品		290 000	借方
	钢筋	228 000	借方
	铁板	62 000	借方
生产成本		91 600	借方
固定资产		230 000	借方
累计折旧		24 600	贷方
短期借款		63 000	贷方
应付账款		30 000	贷方
	上海汇丰钢材经营部	30 000	贷方
长期借款		100 000	贷方
实收资本		600 000	贷方
盈余公积		40 000	贷方
利润分配	未分配利润	67 000	贷方

2.2016 年 1 月初原材料结存表

材料名称	计量单位	数量	单价/元	金额/元
钢锭	吨	20	5 000	100 000
铁锭	吨	10	1 000	10 000
合计	—	—	—	110 000

3.2016 年 1 月初在产品成本表

在产品＼成本项目	数量/吨	直接材料/元	直接人工/元	制造费用/元	合计/元
钢筋	10	55 000	5 000	10 000	70 000
铁板	8	9 600	4 000	8 000	21 600
合计	—	—	—	—	91 600

4.2016 年 1 月初库存商品结存表

产成品＼成本项目	数量/吨	直接材料/元	直接人工/元	制造费用/元	合计/元
钢筋	30	180 000	18 000	30 000	228 000
铁板	20	30 000	12 000	20 000	62 000
合计	—	—	—	—	290 000

三、2016 年 1 月份发生的经济业务

①4 日，出纳签发现金支票一张，从银行提取现金 1 000 元备用。

②6 日，向湖南涟源钢材经营部购入钢锭 6 吨，单价 5 000 元，计 30 000 元，增值税 5 100 元，同时收到增值税专用发票一张。当即签发转账支票支付款项。材料验收入第三仓库，填制收料单。

③7 日，从第三仓库领用材料一批，其中生产钢筋领用钢锭 16 吨；生产铁板领用铁锭 8 吨。

④11 日，售给石家庄钢铁公司（地址电话：石家庄市中山路五号 0311-2012816；税务登记号：130185613850451；开户银行账号：工行 208-002210016-668）钢筋 30 吨，每吨售价 15 000 元，价款 450 000 元、增值税额 76 500 元，办妥银行托收手续。开出增值税专用发票。

⑤14 日，何庆出差回来报销差旅费 800 元，退回现金 260 元。填制报销单。

⑥15 日，签发转账支票，发放本月职工工资 24 900 元。

⑦18 日，签发转账支票，偿还前欠上海汇丰钢材经营部货款 30 000 元。

⑧20 日，出纳签发现金支票购办公用品，其中车间用办公用品 1 000 元，厂部行政管理部门用 600 元。

⑨31 日，根据折旧计算表计提本月固定资产折旧 30 000 元。

⑩31 日，根据工资结算单分配本月职工工资，其中生产钢筋职工工资 14 000 元，生产铁板职工工资 2 800 元，车间管理人员工资 2 000 元，行政管理人员工资 6 100 元。

⑪31 日，签发转账支票，支付本月水电费 22 000 元。其中，车间负担 11 000 元，厂部

行政管理部门负担 11 000 元。（假设增值税不允许抵扣）

⑫31 日,编制制造费用分配表,按工时分配并结转本月发生的制造费用(钢筋本月耗用 400 工时,铁板本月耗用 280 工时)。

⑬31 日,本月生产的产品(钢筋 25 吨,铁板 16 吨)全部完工并验收入库,填制产品成本计算单,计算并结转完工产品成本。

⑭31 日,填制库存商品收发存月报表,结转已销产品成本。（采用先进先出法）

⑮31 日,按 25％ 的税率计算本月应交所得税(无纳税调整事项)。

⑯31 日,将损益账户本月发生额结转到本年利润账户。

要求：

①根据桂林宏宇钢铁有限公司 2016 年 1 月份发生的交易或事项填制原始凭证。

②根据桂林宏宇钢铁有限公司 2016 年 1 月份发生的交易或事项编制记账凭证。

③根据桂林宏宇钢铁有限公司 2016 年 1 月份发生的交易或事项设置及登记总账账户和有关明细分类账账户。

④编制本月资产负债表及利润表。

四、有关原始凭证及相关表格

业务1

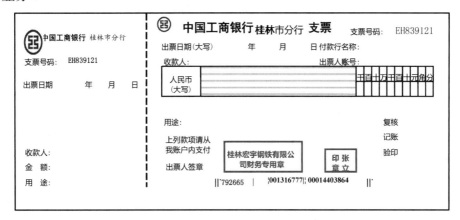

业务2

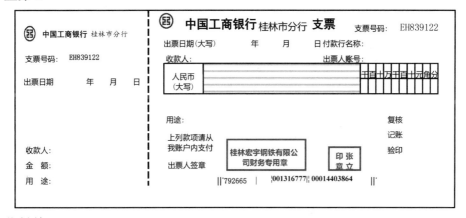

收料单

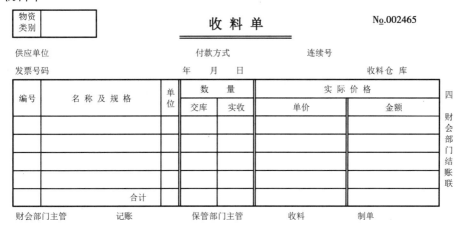

湖南增值税专用发票　　　　No.03411862

发票联

开票日期：　　2016年1月6日

<table>
<tr><td rowspan="2">购货
单位</td><td>名称</td><td colspan="4">桂林宏宇钢铁有限公司</td><td>税务登记号</td><td colspan="13">4 5 0 3 3 2 2 4 4 1 4 5 0 5 3</td><td rowspan="14">第二联：发票联　购货方记账凭证</td></tr>
<tr><td>地址电话</td><td colspan="4">桂林净瓶路88号 3862727</td><td>开户银行及账号</td><td colspan="13">工行瓦窑支行450-030663688</td></tr>
<tr><td rowspan="2">货物或应税劳务名称</td><td rowspan="2">规格型号</td><td rowspan="2">计量
单位</td><td rowspan="2">数量</td><td rowspan="2">单价</td><td colspan="8">金额</td><td>税率
(%)</td><td colspan="9">税额</td></tr>
<tr><td>百</td><td>十</td><td>万</td><td>千</td><td>百</td><td>十</td><td>元</td><td>角分</td><td></td><td colspan="2">百</td><td>十</td><td>万</td><td>千</td><td>百</td><td>十</td><td>元</td><td>角分</td></tr>
<tr><td>钢锭</td><td></td><td>吨</td><td>6</td><td>5000</td><td></td><td>3</td><td>0</td><td>0</td><td>0</td><td>0</td><td>0</td><td>0</td><td>17</td><td></td><td></td><td>5</td><td>1</td><td>0</td><td>0</td><td>0</td><td>0</td></tr>
<tr><td></td><td></td><td></td><td></td><td></td><td></td><td></td><td></td><td></td><td></td><td></td><td></td><td></td><td></td><td></td><td></td><td></td><td></td><td></td><td></td><td></td><td></td></tr>
<tr><td></td><td></td><td></td><td></td><td></td><td></td><td></td><td></td><td></td><td></td><td></td><td></td><td></td><td></td><td></td><td></td><td></td><td></td><td></td><td></td><td></td><td></td></tr>
<tr><td></td><td></td><td></td><td></td><td></td><td></td><td></td><td></td><td></td><td></td><td></td><td></td><td></td><td></td><td></td><td></td><td></td><td></td><td></td><td></td><td></td><td></td></tr>
<tr><td colspan="5">合计</td><td></td><td>3</td><td>0</td><td>0</td><td>0</td><td>0</td><td>0</td><td>0</td><td></td><td></td><td></td><td>5</td><td>1</td><td>0</td><td>0</td><td>0</td><td>0</td></tr>
<tr><td colspan="5">价税合计</td><td colspan="17">／佰／拾叁万伍 仟壹佰零拾零元零角零分 ¥35100.00</td></tr>
<tr><td rowspan="2">销货
单位</td><td>名称</td><td colspan="4">湖南涟源钢材有限公司</td><td>税务登记号</td><td colspan="13">4 0 3 5 5 2 4 4 2 1 3 8 2 0 3</td></tr>
<tr><td>地址电话</td><td colspan="4">湖南解东路12号 4655762</td><td>开户银行及账号</td><td colspan="13">工行市分行营业部043252-121313</td></tr>
</table>

销货单位(章)　【湖南涟源钢材有限公司发票专用章】　　收款人：王山　　复核：　　开票人 刘平

业务3

领料单

No.0048216

领料部门 _____　　年 月 日　　发料仓库

材料类别	名称及规格	计量单位	数量 请领	数量 实领	金额	用途
主要材料						
主要材料						
合计						

仓库主管：　　发料人：　　领料部门主管：　　领料人：

业务4

广西增值税专用发票

№.10001812

开票日期:

购货单位	名称			税务登记号												
	地址电话			开户银行及账号												

货物或应税劳务名称	规格型号	计量单位	数量	单价	金额								税率(%)	税　额							
					百	十	万	千	百	十	元	角	分		百	十	万	千	百	十	元	角	分
合计																							
价税合计		佰　　拾　　万　　仟　　佰　　拾　　元　　角　　分																					

销货单位	名称			税务登记号												
	地址电话			开户银行及账号												

第五联

销货单位(章):　　桂林宏宇钢铁有限公司发票专用章　　　收款人:　　　复核:　　　开票人

邮　　中国工商银行**托收承付**结算凭证(回单)　　　1　托收号码: 8628

委托日期　　　年　　　月　　　日

收款单位	全　称			付款单位	全　称											
	账　号				账号或住址											
	开户银行		行号		开户银行											

委收金额	人民币(大写)			千	百	十	万	千	百	十	元	角	分

附　　件	商品发运情况	合同名称号码
附寄单证张数或册数		

备注:

款项收妥日期

　　年　　月　　日收款单位开户行盖章　月　日

此联是收款单位开户银行给收款单位的回单

单位主管　　　会计:　　　复核:　　　记账:

业务5

桂林宏宇钢铁有限公司外埠出差报销单

2016 年 1 月 14 日

出差人姓名			何庆		工作部门			财务科				预借金额		1 060
出差事由			参加会议		出差日期			11 月 28 日到 12 月 10 日				返回金额		260
出差地点			北京		出差天数			12 天				应补金额		—
起程				到达				车船费		住勤伙食费			住宿费	市内交通费
月	日	时	分	地点	月	日	时	分	地点	交通工具	金额	人	单位标准	金额		

月	日	时	分	地点	月	日	时	分	地点	交通工具	金额	人	单位标准	金额	住宿费	市内交通费
11	28	11	45	桂林	11	29	15	16	北京	火车	125	1	5	60	400.00	90.00
12	9	19	26	北京	12	10	17	25	桂林	火车	125					
合计金额				（小写）￥800.00				￥250.00				￥60.00			400.00	90.00
				（大写）捌佰元整				审核洪枚 出纳常红 主管朱西 报销人何庆								

业务6

业务7

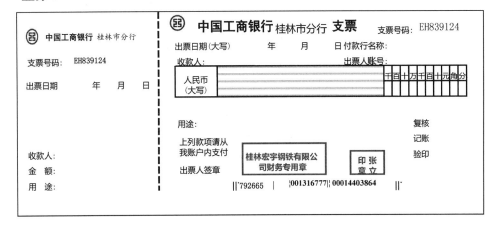

业务 8

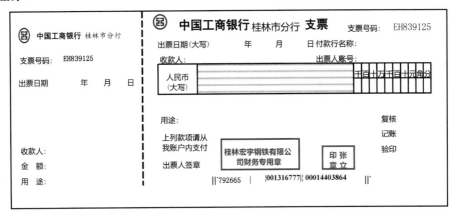

业务 9

固定资产折旧计算汇总表

2016 年 1 月 单位:元

固定资产类别	使用部门	本月折旧
房屋、建筑物	车间	12 000
	行政	6 000
	小计	18 000
生产设备	车间	8 000
管理设备	行政	4 000
合计		30 000

业务 10

工资分配汇总表

编制单位:桂林宏宇钢铁有限公司 2016 年 1 月 单位:元

部门	应借科目	生产成本	制造费用	管理费用	合计
生产部门	钢筋车间	14 000			14 000
	铁板车间	2 800			2 800
	小计	16 800			16 800
车间管理人员			2 000		2 000
行政管理人员				6 100	6 100
合计		16 800	2 000	6 100	24 900

会计主管: 复核: 制表:

业务 11

中国工商银行桂林市分行

支票号码： EH839133

出票日期　　年　月　日

收款人：
金　额：
用　途：

中国工商银行 桂林市分行 **支票**　　支票号码： EH839133

出票日期(大写)　　年　月　日　付款行名称：

收款人：　　　　　　　　　　出票人账号：

人民币(大写)		千百十万千百十元角分

用途：　　　　　　　　　　　　复核
上列款项请从　　　　　　　　　记账
我账户内支付　桂林宏宇钢铁有限公司财务专用章　印张章立　　验印
出票人签章

‖˙792665　‖¦001316777¦‖　00014403864‖˙

业务 12

制造费用分配表

年　月

项目	工时	制造费用	
		分配率	金额/元
钢筋			
铁板			
合计			

业务 13

产品成本计算表

产品＿＿＿＿＿　　　年　月　　　车间＿＿＿＿＿

项目	直接材料	直接人工	制造费用	合计
月初在产品				
本月生产费用				
累计				
月末在产品				
完工总成本(产量：　吨　)				
单位成本				

产品成本计算表

产品＿＿＿＿＿＿＿＿　　　　　　　　年　　月　　　　　　　　车间＿＿＿＿＿＿

项目	直接材料	直接人工	制造费用	合计
月初在产品				
本月生产费用				
累计				
月末在产品				
完工总成本(产量：　)				
单位成本				

业务 14

产成品收、发、存月报表

年　　月

产品名称	计量单位	期初余额			本期完工			本期销售				期末余额		
		数量	单价	金额	数量	单价	金额	用途	数量	单价	金额	数量	单价	金额
钢筋														
铁板														
合计	×	×	×		×	×		×	×	×		×	×	

资产负债表

编制单位：　　　　　　　年　月　日　　　　　　　　　　　　　　单位:元

资　产	期末余额	年初余额	负债和所有者权益(或股东权益)	期末余额	年初余额
流动资产：			流动负债：		
货币资金			短期借款		
交易性金融资产			交易性金融负债		
应收票据			应付票据		
应收账款			应付账款		
预付款项			预收款项		
应收利息			应付职工薪酬		
应收股利			应交税费		
其他应收款			应付利息		
存货			应付股利		
一年内到期的非流动资产			其他应付款		
其他流动资产			一年内到期的非流动负债		
流动资产合计			其他流动负债		
非流动资产：			流动负债合计		
可供出售金融资产			非流动负债：		
持有至到期投资			长期借款		
长期应收款			应付债券		
长期股权投资			长期应付款		
投资性房地产			专项应付款		
固定资产			预计负债		
在建工程			递延所得税负债		
工程物资			其他非流动负债		
固定资产清理			非流动负债合计		
生产性生物资产			负债合计		
油气资产			所有者权益(或股东权益)：		
无形资产			实收资本(或股本)		
开发支出			资本公积		
商誉			减:库存股		

续表

资　产	期末余额	年初余额	负债和所有者权益(或股东权益)	期末余额	年初余额
长期待摊费用			盈余公积		
递延所得税资产			未分配利润		
其他非流动资产			所有者权益(或股东权益)合计		
非流动资产合计					
资产总计			负债和所有者权益(或股东权益)总计		

利润表

编制单位：　　　　　　　　　年　月　　　　　　　　　　　　　单位：元

项　目	本期金额	上期金额
一、营业收入		
减：营业成本		
税金及附加		
销售费用		
管理费用		
财务费用		
资产减值损失		
加：公允价值变动收益（损失以"－"号填列）		
投资收益（损失以"－"号填列）		
其中：对联营企业和合营企业的投资收益		
二、营业利润（亏损以"－"号填列）		
加：营业外收入		
减：营业外支出		
其中：非流动资产处置损失		
三、利润总额（亏损总额以"－"号填列）		
减：所得税费用		
四、净利润（净亏损以"－"号填列）		
五、每股收益：		
（一）基本每股收益		
（二）稀释每股收益		

233

综合实训二

一、基本信息

东南公司是一生产型企业,为一般纳税人,增值税适用税率为16%。主要生产经营甲、乙两种产品。

企业名称:东南公司

纳税人识别号:914301006202153215

地址、电话:丰源路562号,86523149

开户行及账号:工商银行丰源支行521362512435

二、企业前期资料

1.2017年6月初账户余额表

单位:元

账户名称	明细账户	余额	方向
库存现金	—	5 000.00	借方
银行存款	—	450 000.00	借方
应收账款	红星公司	68 000.00	借方
	红枫公司	100 000.00	借方
	润南公司	78 500.00	借方
其他应收款	李军	500.00	借方
预付账款	中润公司	125 000.00	借方
原材料	A材料	60 000.00	借方
	B材料	70 000.00	借方
库存商品	甲产品	65 000.00	借方
	乙产品	230 000.00	借方

续表

账户名称	明细账户	余额	方向
生产成本	—	70 000.00	借方
固定资产	—	230 000.00	借方
累计折旧	—	24 600.00	贷方
短期借款	—	100 000.00	贷方
应交税费	应交城建税	5 950.00	贷方
	应交教育费附加	2 550.00	贷方
	应交地方教育费附加	1 700.00	贷方
预收账款	意美公司	82 000.00	贷方
应付账款	中美公司	26 000.00	贷方
	普光公司	5 000.00	贷方
	晨光公司	6 000.00	贷方
长期借款	—	148 200.00	贷方
实收资本	—	600 000.00	贷方
盈余公积	—	400 000.00	贷方
利润分配	未分配利润	150 000.00	贷方

2.2017 年 6 月初原材料结存表

材料名称	单价	数量	金额
A 材料	6.00 元	10 000 kg	60 000.00 元
B 材料	10.00 元	7 000 kg	70 000.00 元

3.2017 年 6 月初在产品成本表

产品名称	直接材料	直接人工	制造费用
甲产品	13 000.00 元	6 000.00 元	26 000.00 元
乙产品	14 000.00 元	8 000.00 元	3 000.00 元

4.2017 年 6 月初库存商品结存表

产品名称	单价	数量	金额
甲产品	140.00 元	200 件	65 000.00 元
乙产品	230.00 元	1 000 件	230 000.00 元

三、2017 年 6 月企业发生的相关经济业务

①6 月 1 日,收到红星公司所欠货款 68 000 元,存入银行。

②6 月 1 日,收到股东投入设备一台,价值 60 000 元。

③6 月 2 日,从银行提取现金 10 000 元,作为备用金。

④6 月 2 日,以现金预付销售部张强差旅费 1 800 元。

⑤6 月 3 日,开出转账支票一张,预付中润公司采购 B 材料款 20 000 元。

⑥6 月 3 日,接银行收款通知,银行存款利息收入 215 元已到账。

⑦6 月 4 日,根据销售合同,预收宝塘公司购货款 20 000 元。

⑧6 月 5 日,收到中润公司发来的 B 材料,材料已验收入库,开出转账支票补付其余货款 96 000 元。

⑨6 月 5 日,向宝塘公司出售甲产品 1 000 件,含税单价 232 元,收到尾款212 000 元。

⑩6 月 5 日,归还银行到期的长期借款 100 000 元。

⑪6 月 8 日,以银行存款购买设备一台,取得增值税专用发票,价款 20 000 元,增值税 3 200 元,该设备已投入使用。

⑫6 月 9 日,以银行存款支付办公费 5 200 元,其中生产车间 3 000 元,管理部门 2 200元。

⑬6 月 9 日,销售部张强报销差旅费 2 000 元(出差前向公司借款 1 800 元),以现金支付 200 元。

⑭6 月 10 日,向润南公司销售乙产品 1 500 件,含税单价 351 元。货款尚未收到。

⑮6 月 11 日,收到银行通知,收回红枫公司货款 100 000 元。

⑯6 月 13 日,以银行存款支付广告宣传费用 20 000 元。

⑰6 月 13 日,以银行存款支付下半年书刊费 1 800 元。

⑱6 月 15 日,以银行存款缴纳 5 月份应交的城建税 5 950 元,教育费附加 2 550 元,地方教育费附加 1 700 元。

⑲6 月 15 日,以银行存款发放职工工资 126 000 元。

⑳6 月 18 日,开出支票,向希望工程捐款 50 000 元。

㉑6 月 20 日,通知银行同意承付前欠中美公司材料款 26 000 元。

㉒6 月 21 日,盘亏电脑一台,账面原价 6 000 元,已提折旧为 3 500 元。经批准后将其净值转入营业外支出。

㉓6 月 22 日,以银行存款支付电费 3 800 元(其中生产车间 3 200 元,管理部门600 元)。

㉔6 月 25 日,厂部管理部门报销汽油费 1 600 元,以现金支付。

㉕6 月 29 日,分配本月应付职工工资 125 600 元,其中甲产品工人工资 35 000 元,乙产品工人工资 30 000 元,生产车间管理人员工资 20 600 元,企业管理人员工资 40 000 元。

㉖6 月 29 日,结转本月领用材料成本。

㉗6 月 30 日,计提本月的固定资产折旧费 12 000 元,其中生产车间 8 000 元,管理部门 4 000 元。

㉘6 月 30 日,计算本月应负担的借款利息 2 000 元。

㉙6 月 30 日,按生产工人工资比例分配并结转本月制造费用。

㉚6 月 30 日,甲产品完工 1 000 件,乙产品完工 600 件(无月末在产品),结转本月完工产品生产成本。

㉛6 月 30 日,结转本月已售产品成本。(采用先进先出法)

㉜6 月 30 日,计算本月应交城市维护建设税(7%),教育费附加(3%),地方教育费附加(2%)。

㉝6 月 30 日,结转本月损益类各账户。

㉞6 月 30 日,按本年利润总额的 25%计算所得税(假设:利润总额=纳税所得)。

㉟6 月 30 日,结转本期所得税费用。

根据以上业务填制记账凭证、登记相关账簿并编制资产负债表和利润表。

业务 1

中国工商银行　进账单　（回单或收账通知）

2017年6月1日

<table>
<tr><td rowspan="3">付款人</td><td>全称</td><td>红星公司</td><td rowspan="3">收款人</td><td>全称</td><td colspan="9">东南公司</td><td rowspan="8">此联是开户行交给收款人的回单</td></tr>
<tr><td>账号</td><td>866000212123336666</td><td>账号</td><td colspan="9">521362512435</td></tr>
<tr><td>开户银行</td><td>中国银行白沙支行</td><td>开户银行</td><td colspan="9">中国工商银行丰源支行</td></tr>
<tr><td rowspan="2">金额</td><td>人民币（大写）</td><td>陆万捌仟元整</td><td>亿</td><td>千</td><td>百</td><td>十</td><td>万</td><td>千</td><td>百</td><td>十</td><td>元</td><td>角</td><td>分</td></tr>
<tr><td></td><td></td><td></td><td></td><td></td><td></td><td>¥</td><td>6</td><td>8</td><td>0</td><td>0</td><td>0</td><td>0</td><td>0</td></tr>
<tr><td colspan="2">票据种类</td><td>转账</td><td colspan="11" rowspan="3">

中国工商银行
丰源支行
业务章

收款人开户银行盖章</td></tr>
<tr><td colspan="2">票据张数</td><td>1张</td></tr>
<tr><td colspan="2">单位主管　　记账</td><td>会计　　复核</td></tr>
</table>

业务 2

固定资产交接单

2017 年 6 月 1 日

移交单位	华南公司	接收单位	办公室
固定资产名称	机器 A	规格	
附属物		数量	1
建造单位	联想集团	出厂或建造年月	2015 年 10 月 11 日
安装单位		安装完成年月	
原值	¥60 000.00	其中:安装费	
移交单位负责人:		接收单位负责人:	

财务主管:　　　　　　制单:　　　　　　复核:

239

业务 3

中国工商银行现金支票存根

XX005952

附加信息：

出票日期	2017年06月02日

收款人	东南公司
金 额	¥10 000.00
用 途	备用金
备 用	

单位主管：　　　　　会 计：

复 核：　　　　　　记 账：

业务 4

借 款 单 据

日期：2017-06-02

借款部门：销售部			
借款理由：出差			
借款金额：人民币(大写) 壹仟捌佰元整	现金付讫	¥1 800.00	
本部门负责人意见：同意			借款人：张强
领导意见： 同意	会计主管人员核批： 同意		备注：

业务5

中国工商银行转账支票存根

XX005952

附加信息：

出票日期	2017年06月03日
收款人	中润公司
金 额	￥20 000.00
备 用	材料款

单位主管： 会 计：

复 核： 记 账：

业务6

中国工商银行 客户回单

日期：2017年6月3日

业务类型：行内转账　　　　　　　　　　　　　　　　币种：人民币

付款人全称：中国工商银行丰源支行　　　　收款人全称：东南公司
付款人账号：　　　　　　　　　　　　　　收款人账号：521362512435
开户银行：　　　　　　　　　　　　　　　开户银行：中国工商银行丰源支行

金额：（大写）人民币贰佰壹拾伍元整
　　　（小写）￥215.00

摘要：
利息收入

中国工商银行
丰源支行
业务章

回单编号：000000002

业务7

中国工商银行 客户回单

日期：2017年6月4日

业务类型：跨行转账　　　　　　　　　　　　　　　　　　　　币种：人民币

付款人全称：宝塘公司　　　　　　　　　　收款人全称：东南公司
付款人账号：100235216253214　　　　　　收款人账号：521362512435
开户银行：邮储银行东塘支行　　　　　　　开户银行：中国工商银行丰源支行

金额：（大写）人民币贰万元整
　　　（小写）￥20 000.00

摘要：
货款

中国工商银行
丰源支行
业务章

回单编号：000000003

业务8

增值税专用发票

4200151160　　　　　　　　　发票联　　　　　　　　No.10000001

开票日期：2017年6月5日

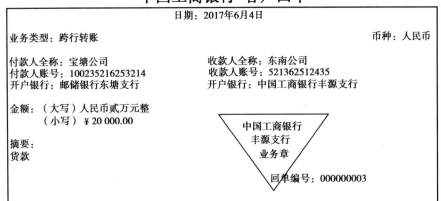

购买方	名　称：东南公司							
	纳税人识别号：914301006202153215					密码区	2546*/95*/2*156439852 1643*4516248//2162134 561.32/326*65984*0516	
	地址、电话：丰源路562号、86523149							
	开户行及账号：工商银行丰源支行521362512435							
货物或应税劳务、服务名称	规格型号	单位	数量	单价	金额	税率	税额	
B材料		千克	10 000	10.00	100 000.00	16%	16 000.00	
合计					￥100 000.00		￥16 000.00	
价税合计（大写）	壹拾壹万陆仟元整				（小写）￥116 000.00			
销货方	名　称：中润公司							
	纳税人识别号：914302001256230154					中润公司 914302001256230154 发票专用章	略	
	地址、电话：中山路67号、25632145							
	开户行及账号：中山路67号、25632145							

收款人　李林　　　　复核　张德华　　　　开票人　胡越　　　　盖章有效

第三联：发票联 购货方记账凭证

中国工商银行转账支票存根

XX005952

附加信息：

出票日期　　　2017年06月05日

收款人	中润公司
金　额	￥96 000.00
备　用	材料款

单位主管：　　　　　会　计：

复　核：　　　　　　记　账：

收 料 单

供应单位：　中润公司　　　　　收料日期：2017年06月05日　　　第　002　号

材料类别	名称及规格	单位	数量		金额	
			应收	实收	单价	总额
原材料	B材料	kg	10 000	10 000	10.00	100 000.00
检验结果：		检验员：			合计：	100 000.00
备注：			运杂费：			

仓库主管　　　　材料会计　　　　收料员　　　　制单

业务9

中国工商银行 客户回单

日期：2017年6月5日

业务类型：跨行转账　　　　　　　　　　　　　　　　　　　币种：人民币

付款人全称：宝塘公司　　　　　　　　收款人全称：东南公司
付款人账号：100235216253214　　　　收款人账号：521362512435
开户银行：邮储银行东塘支行　　　　　开户银行：中国工商银行丰源支行

金额：（大写）人民币贰拾壹万贰仟元整
　　　（小写）　¥ 212 000.00

摘要：
货款

中国工商银行
丰源支行
业务章

回单编号：000000004

增值税专用发票

1200002170

发票联

No.000591031

2017年06月05日

购货单位	名　称：	宝塘公司			密码区		
	纳税人识别号：	91430265684215321 45					
	地址、电话：	福华路268号、86521256					
	开户行及账号：	邮储银行东塘支行100235216253214					
货物或应税劳务名称	计量单位	数量	单价（含税价）	金额	税率	税额	
甲产品	件	1 000	232.00	200 000.00	16%	32 000.00	
价税合计（大写）		贰拾叁万贰仟元整			（小写）　¥ 232 000.00		
销货单位	名　称：	东南公司			东南公司 91430100620215 3215 发票专用章		
	纳税人识别号：	914301006202153215					
	地址、电话：	丰源路562号、86523149					
	开户行及账号：	工商银行丰源支行521362512435					
收款人：张华　　复核：舒野　　开票人：姚删　　销货单位（章）							

业务 10

中国工商银行 客户回单

日期：2017年6月5日

业务类型：跨行转账　　　　　　　　　　　　　　　　　　币种：人民币

付款人全称：东南公司　　　　　　　收款人全称：中国银行丰源支行
付款人账号：521362512435　　　　　收款人账号：588562157864
开户银行：中国工商银行丰源支行　　开户银行：中国银行丰源支行

金额：（大写）人民币壹拾万元整
　　　（小写）¥100 000.00

摘要：
归还借款

中国工商银行
丰源支行
业务章

回单编号：000000005

业务 11

中国工商银行 客户回单

日期：2017年6月8日

业务类型：跨行转账　　　　　　　　　　　　　　　　　　币种：人民币

付款人全称：东南公司　　　　　　　收款人全称：美盛设备厂
付款人账号：521362512435　　　　　收款人账号：623415879526
开户银行：中国工商银行丰源支行　　开户银行：中国银行丰源支行

金额：（大写）人民币贰万叁仟贰佰元整
　　　（小写）¥23 200.00

摘要：
设备款

中国工商银行
丰源支行
业务章

回单编号：000000006

固定资产入库单
2017 年 6 月 8 日

名称	加工设备	数量	1	购置日期	2017.06.08
财产编号	JGSB-562	购（造）价	20 000.00	耐用年限	5
规格型号		预计残值	0.00	已使用年数	
移出单位		移入单位	东南公司	已折旧金额	
				账面净值	20 000.00
备注					

增值税专用发票

4200151160 发票联 No.26514268

开票日期：2017年6月8日

购买方	名 称：东南公司 纳税人识别号：914301006202153215 地址、电话：丰源路562号、86523149 开户行及账号：工商银行丰源支行521362512435	密码区	2546*/95*/2*156439852 1643*4516248//2162134 561.32/326*65984*0516

货物或应税劳务、服务名称	规格型号	单位	数量	单价	金额	税率	税额
设备		台	1	20 000.00	20 000.00	16%	3 200.00
合计					¥ 20 000.00		¥ 3 200.00

价税合计（大写） 贰万叁仟贰佰元整　　（小写）¥ 23 200.00

销货方	名 称：峰控公司 纳税人识别号：914301001256845179 地址、电话：花山路873号、86514723 开户行及账号：工商银行花山支行 689512451236	略

峰控公司 914301001256845179 发票专用章

收款人 张琳　　复核 徐烨　　开票人 汪亮　　盖章有效

第三联：发票联 购货方记账凭证

业务 12

中国工商银行 客户回单

日期：2017年6月9日

业务类型：跨行转账　　　　　　　　　　　　　　　　币种：人民币

付款人全称：东南公司　　　　　　　　收款人全称：祥明广告制作部
付款人账号：521362512435　　　　　　收款人账号：251320124578120
开户银行：中国工商银行丰源支行　　　开户银行：中国建设银行高新支行

金额：（大写）人民币伍仟贰佰元整
　　　（小写）￥5 200.00

摘要：
办公费

> 中国工商银行
> 丰源支行
> 业务章

回单编号：000000007

业务 13

差旅费报销费
2017 年 6 月 9 日

月	日	时间	出发地	月	日	到达地	机票费	车船费	卧铺费	夜行车补助		宿费			出差补助		其他	合计
										小时	金额	标准	实支	提成扣减	天数	金额		
6	3	8：10	武昌	6	3	上海	350							1 000		6	300		1 300
6	8	19：10	上海	6	8	武昌	350												
合计							700							1 000		6	300		1 300

出差任务	开拓市场	报销金额(大写)人民币贰仟元整					预借金额	1 800
	单位领导	汪平	部门负责人	赵胜	出差人	张强	结余或超支	超支200

业务 14

增值税专用发票
发票联

1200002170

2017年06月10日

No.000591031

购货单位	名　称：	润南公司				密码区		
	纳税人识别号：	916201352142651287						
	地址、电话：	黄月路687号、65421485						
	开户行及账号：	中国银行河西支行						
货物或应税劳务名称	计量单位	数量	单价（含税价）	金额	税率	税额		
乙产品	件	1 500	348.00	450 000.00	16%	72 000.00		
价税合计（大写）		伍拾贰万贰仟元整			（小写）　¥522 000.00			
销货单位	名　称：	东南公司						
	纳税人识别号：	914301006202153215			东南公司 914301006202153215 发票专用章			
	地址、电话：	丰源路562号、86523149						
	开户行及账号：	工商银行丰源支行521362512435						
收款人：张华　　复核：舒野　　开票人：姚删　　销货单位（章）								

业务 15

中国工商银行　客户回单

日期：2017年6月11日

币种：人民币

业务类型：行内转账

付款人全称：红枫公司　　　　　　收款人全称：东南公司
付款人账号：421632152168　　　　收款人账号：521362512435
开户银行：中国工商银行丰源支行　开户银行：中国工商银行丰源支行

金额：（大写）人民币壹拾万元整
　　　（小写）¥100 000.00

摘要：
货款

中国工商银行
丰源支行
业务章

回单编号：000000008

业务 16

中国工商银行 客户回单

日期：2017年6月13日

币种：人民币

业务类型：跨行转账

付款人全称：东南公司
付款人账号：521362512435
开户银行：中国工商银行丰源支行

收款人全称：旭日广告有限公司
收款人账号：69548213521756
开户银行：中国工商银行香樟支行

金额：（大写）人民币贰万元整
　　　（小写）￥20 000.00

中国工商银行
丰源支行
业务章

摘要：
广告宣传费

回单编号：000000009

业务 17

中国工商银行 客户回单

日期：2017年6月13日

币种：人民币

业务类型：行内转账

付款人全称：东南公司
付款人账号：521362512435
开户银行：中国工商银行丰源支行

收款人全称：新华日报
收款人账号：4685123574692
开户银行：中国工商银行八一支行

金额：（大写）人民币壹仟捌佰元整
　　　（小写）￥1 800.00

中国工商银行
丰源支行
业务章

摘要：
书刊费

回单编号：000000009

业务 18

中 华 人 民 共 和 国
税 收 完 税 凭 证

填发日期：2017年06月15日　　　　税务机关：**地税局

纳税人识别号	914301006202153215		纳税人名称		东南公司	
原凭证号	税种	品目名称	税款所属时期	入（退）库日期	实缴（退）金额	
	城建税 教育费附加 地方教育费附加	·	201705 201705 201705	20170615 20170615 20170615	5 950.00 2 550.00 1 700.00	
金额合计	（大写）壹万零贰佰元整				（小写）10 200.00	
**地方税务局 征税专用章		填票人　张华		备注		

妥 善 保 管、手 写 无 效

第一联（收据）交纳税人作完税凭证

业务 19

中国工商银行　客户回单

日期：2017年6月15日

业务类型：行内转账　　　　　　　　　　　　　　　　币种：人民币

付款人全称：东南公司　　　　　收款人全称：
付款人账号：521362512435　　　收款人账号：
开户银行：中国工商银行丰源支行　开户银行：

金额：（大写）人民币壹拾贰万陆仟元整
　　　（小写）¥126 000.00

摘要：
工资

中国工商银行
丰源支行
业务章

回单编号：000000010

业务 20

希望工程捐款专用收据

PROJECT HOPE DONATION RECEIPT

财政监督字161-1号

2017-06-18

捐赠者：东南公司	捐赠号：201706253
Donor（s）	
捐赠货币（实物）种类：**小学	
Cuenency or Goods	
捐赠金额（实物价值）Total Amount：	
小写：￥50 000.00	
大写：伍万元整	

第一联

收款单位（盖章）　　　　　　　　经手人：

业务 21

中国工商银行 客户回单

日期：2017年6月20日

业务类型：跨行转账　　　　　　　　　　　　　　　币种：人民币

付款人全称：东南公司　　　　　收款人全称：中美公司
付款人账号：521362512435　　　收款人账号：865231485796
开户银行：中国工商银行丰源支行　开户银行：中兴银行华路支行

金额：（大写）人民币贰万陆仟元整
　　　（小写）￥26 000.00

摘要：
材料款

中国工商银行
丰源支行
业务章

回单编号：000000010

业务 22

固定资产盘亏(盈)处理通知单

2017 年 6 月 21 日

经审查确认,2017 年 6 月 21 日盘亏电脑一台属于非正常损失,盘亏处理如下:

账面原价为 6 000 元,已提折旧为 3 500 元。经批准后将其净值转入营业外支出。

单位主管:陈翔	会计主管:李林	会计:许飞
2017 年 6 月 21 日	2017 年 6 月 21 日	2017 年 6 月 21 日

业务 23

中国工商银行 客户回单

日期:2017年6月22日

业务类型:跨行转账　　　　　　　　　　　　　　　　　　币种:人民币

付款人全称:东南公司　　　　　　　收款人全称:华宇物业

付款人账号:521362512435　　　　　收款人账号:865657485796

开户银行:中国工商银行丰源支行　　开户银行:中兴银行荣万支行

金额:(大写)人民币叁仟捌佰元整

　　　(小写)￥3 800.00

摘要:

电费

中国工商银行
丰源支行
业务章

回单编号:000000011

业务 24

费用报销单

报销部门:厂部管理部门　　　　2017 年 06 月 25 日

报销项目	摘要	金额										备注
		千	百	十	万	千	百	十	元	角	分	
汽油费	报销汽油费用					1	6	0	0	0	0	
合计						¥	1	6	0	0	0	0
金额 大写:壹仟陆佰元整		原借款:0 元						应退(补)款:¥1 600.00 元				

业务 25

工资分配表

2017 年 6 月

部　门		金额(元)
生产工人	甲产品	35 000.00
	乙产品	30 000.00
车间管理		20 600.00
管理部门		40 000.00
合计		125 600.00

业务 26

领用材料汇总表

2017 年 6 月 29 日

材料名称	单价	甲产品领用	乙产品领用	车间领用	管理部门领用
A 材料	6.00 元	6 000 kg	—	2 000 kg	1 000 kg
B 材料	10.00 元	—	6 500 kg	1 500 kg	2 000 kg

业务 27

固定资产折旧计算表

2017 年 6 月 30 日

金额单位:元

固定资产名称	所属部门	固定资产原值	残值（5%）	使用年限（年）	本期折旧期间	本期应计提折旧金额
生产设备	生产车间	1 010 526.32	50 526.32	10	2017 年 6 月 1 日至 2017 年 6 月 30 日	8 000.00
办公设备	管理部门	189 473.68	9 473.68	5	2017 年 6 月 1 日至 2017 年 6 月 30 日	3 000.00
轿车	管理部门	63 157.89	3 157.89	5	2017 年 6 月 1 日至 2017 年 6 月 30 日	1 000.00

会计主管:李林　　　　　　　　制单:许飞

业务 28

金融机构借款利息计算表

2017 年 6 月 30 日　　　　　　　　　　　　　金额单位:元

借款证号	借款类型	计息起止期	本期计息期	借款金额	年利率	本期应计利息	已提利息	合计
005	短期	2017 年 1 月 1 日至 2017 年 12 月 31 日	2017 年 6 月 1 日至 2017 年 6 月 30 日	100 000	24%	2 000	10 000	12 000

会计主管:　　　　制单:　　　　复核:

业务 29

制造费用分配表

	待分配金额	生产工人工资	分配率	金额
甲产品				
乙产品				
小计				

业务 30

产品成本计算表

产品_____　　　　年　月　　　　车间_____

项　目	直接材料	直接人工	制造费用	合计
月初在产品				
本月生产费用				
累计				
月末在产品				
完工总成本(产量:　)				
单位成本				

产品成本计算表

产品＿＿＿＿＿＿＿＿　　　　　　　年　　月　　　　　　　车间＿＿＿＿＿＿＿

项　目	直接材料	直接人工	制造费用	合计
月初在产品				
本月生产费用				
累计				
月末在产品				
完工总成本(产量：　　)				
单位成本				

业务 32

城建税、教育费附加等计算表

2017 年 6 月 30 日　　　　　　　　单位：元

项　目	计税基数	税率	应缴税额
城市维护建设税		0.07	
教育费附加		0.03	
地方教育费附加		0.02	
合计			

资产负债表

会企 01 表

编制单位：　　　　　　　年　月　日

单位:元

资　产	期末余额	年初余额	负债和所有者 权益（或股东权益）	期末余额	年初余额
流动资产：			**流动负债：**		
货币资金			短期借款		
交易性金融资产			交易性金融负债		
应收票据			应付票据		
应收账款			应付账款		
预付款项			预收款项		
应收利息			应付职工薪酬		
应收股利			应交税费		
其他应收款			应付利息		
存货			应付股利		
一年内到期的非流动资产			其他应付款		
其他流动资产			一年内到期的非流动负债		
流动资产合计			其他流动负债		
非流动资产：			流动负债合计		
可供出售金融资产			**非流动负债：**		
持有至到期投资			长期借款		
长期应收款			应付债券		
长期股权投资			长期应付款		
投资性房地产			专项应付款		
固定资产			预计负债		
在建工程			递延所得税负债		
工程物资			其他非流动负债		
固定资产清理			非流动负债合计		
生产性生物资产			负债合计		

资　产	期末余额	年初余额	负债和所有者权益（或股东权益）	期末余额	年初余额
油气资产			**所有者权益（或股东权益）：**		
无形资产			实收资本（或股本）		
开发支出			资本公积		
商誉			减：库存股		
长期待摊费用			盈余公积		
递延所得税资产			未分配利润		
其他非流动资产			所有者权益（或股东权益）合计		
非流动资产合计					
资产总计			**负债和所有者权益（或股东权益）总计**		

利润表

会企 02 表

编制单位：　　　　　　　　　　年　　月　　　　　　　　　　　　　　单位：元

项　目	本期金额	上期金额
一、营业收入		
减：营业成本		
税金及附加		
销售费用		
管理费用		
财务费用		
资产减值损失		
加：公允价值变动收益（损失以"－"号填列）		
投资收益（损失以"－"号填列）		
其中：对联营企业和合营企业的投资收益		
二、营业利润（亏损以"－"号填列）		
加：营业外收入		
减：营业外支出		
其中：非流动资产处置损失		
三、利润总额（亏损总额以"－"号填列）		
减：所得税费用		
四、净利润（净亏损以"－"号填列）		
五、每股收益：		
（一）基本每股收益		
（二）稀释每股收益		

参考文献

［1］会计从业资格考试辅导教材编写组.会计基础［M］.北京:人民出版社,2016.

［2］张春萍,张金奎.实用会计基础［M］.沈阳:辽宁大学出版社,2017.

［3］东奥会计在线.会计基础［M］.北京:北京大学出版社,2017.

［4］李海波,蒋瑛.新编会计学原理——基础会计［M］.17版.上海:立信会计出版社,2015.

［5］吴国萍.基础会计学［M］.上海:上海财经大学出版社,2016.

［6］沃健,赵敏.基础会计学［M］.北京:高等教育出版社,2016.

［7］罗胜强,刘兵,赵团结.会计领军人才手把手教你学会计［M］.上海:立信会计出版社,2014.

［8］王莉莉,余军.初级会计理论与实务［M］.北京:人民邮电出版社,2014.

［9］朱小平.初级会计学［M］.7版.北京:中国人民大学出版社,2015.

［10］毛洪涛.会计学原理［M］.北京:清华大学出版社,2016.

［11］余海宗.初级会计学学习指导［M］.成都:西南财经大学出版社,2016.

［12］东奥会计在线.财经法规与会计职业道德［M］.北京:北京大学出版社,2017.

［13］东奥会计在线.经济法基础［M］.北京:北京大学出版社,2015.